Nikolas Pravda

ILLUMINATENBLUT 2

Jagdgesellschaften der Eliten – sie benutzen Rituale und Magie um Dich zu kontrollieren!

Apricus Ltd
1st Floor Dekk House
Zippora Street, Providence Industrial Estate
Mahe
Seychelles

Druck:
Apricus Ltd
Satz und Layout:
Nikolas Pravda
Umschlaggestaltung:
Nikolas Pravda

ISBN 978-1-63848-369-4

Inhaltsverzeichnis

Vorwort

> *Die Korrupten stehen auf Rituale, während die Tugendhaften spirituell sind.*
>
> (Abhaidev)

Die vorliegenden Informationen sind für Leser geeignet, die offen und angstfrei die verborgenen und hier enthüllten Machenschaften der Herrschenden hinter den Kulissen, mit all ihren abartigen und bösartigen Facetten, wahrnehmen, aufsaugen und dennoch kritisch überprüfen.

Sie werden überrascht sein, welche nachfolgenden Geschichten gar im Mainstream erwähnt werden, natürlich nicht auf den Titelseiten, wo kämen wir dahin!? Der geneigte Wissenshungrige muss bereit sein, tief in den Wust von verfügbaren Enthüllungen scharf zu blicken und die absichtlichen Falschinformationen oder Fehlleitungen seitens der Mächtigen in Form von Psyops aussieben, um an den Kern der Wahrheit zu gelangen.

Insider, Augenzeugen und Opfer enthüllen die Verbrechen an unschuldigen Menschen, vor allem Kinder werden schamlos und erniedrigend gequält, gejagt und getötet. Wenigen gelingt die Flucht.

Menschenhandel in großem Stil, globale Rituale zwecks Beeinflussung der Massen und medienwirksame Erlöser werden eingesetzt, um die Maschinerie der Elite anzutreiben.

Doch wer ist an diesen ineinandergreifenden Elementen zuvorderst beteiligt? Es sind die üblichen Verdächtigen, einflussreiche Organisationen, Regierungen und Königsfamilien.

Die Spuren führen nicht nur in die ostentativen Schaltzentralen der Welt, wie Washington, London, New York, sondern auch nach Europa. Vor allem Deutschland spielt im Andrenochrom-Geschäft aufgrund von vorliegenden Dokumenten eine gewichtige Rolle.

Selbst der Vatikan und die Rothschilds nutzen ihre Kanäle und hatten ein immenses Interesse, die Coronavirus-Pandemie zu implementieren.

Warum wird das ganze dreckige Spiel gespielt? Sehr simpel. Sie nutzen Magie und Rituale, um ihre Sinne zu bezirzen. Die auferlegte Angst, Dunkelheit und Bösartigkeit in Form der Magie sowie Rituale, soll Sie entweder in Schockstarre versetzen oder antreiben, mehr über die Hintergründe zu erfahren.

Der vermeintliche Kaninchenbau entpuppt sich als etwas Neues. Schauen Sie genau hin.

1 Der Tiefe Staat steckt hinter den Unruhen zur Einleitung der Neuen Weltordnung und weltweit operierenden Pädophilen-Netzwerke

Indem sich unsere Welt unmittelbar vor unseren Augen rapide verändert, ist es zumindest für diejenigen, die den alternativen Medien und nicht den propagandistischen Konzernmedien folgen, geläufig, dass es einen Gesamtplan gibt, der sehr schnell umgesetzt wird, und natürlich stellt sich für diejenigen, die dies erkennen, die Frage: Wer steckt hinter all dem?

Es ist kein neuer Plan. Es ist ein Plan, der schon sehr lange existiert, und diejenigen, die an der Umsetzung des Plans arbeiten, verstecken ihn nicht einmal mehr, wie wir bereits berichtet haben. Es ist ein Plan für eine Neue Weltordnung.

Diejenigen, die an der Verwirklichung des Plans arbeiten, haben dies im Laufe der Jahre meistens hinter den Kulissen getan, und diejenigen, die die Führer dieser Bewegung entdecken und es wagen, sie zu veröffentlichen, wurden entweder eliminiert, wenn sie eine zu große Bedrohung darstellten, oder sie wurden einfach als „Verschwörungstheoretiker“ verspottet, da erstere die Medien kontrollieren und die Öffentlichkeit seit vielen, vielen Jahren darauf getrimmt haben, an die Dinge zu glauben, an die wir glauben sollen.

Ein Film namens *Out of Shadows*, der jetzt ganz offensichtlich als prophetisch angesehen wird, enthüllt, wer der wahre Feind hinter all dem ist, und wenn Sie ihn noch nicht gesehen haben, ist es Zeit, dies zu tun.

Er wurde bisher von fast 14 Millionen Menschen auf YouTube angesehen. Selbst wenn Google ihn von YouTube entfernt, können Sie ihn auf anderen Plattformen ansehen, solange das Internet bestehen bleibt.

Die Produzenten von *Out of Shadows* sind natürlich nicht die ersten, die den wahren Feind hinter der Neuen Weltordnung entlarven. Daher wird dieses Kapitel Beweise und weitere Zeugenaussagen liefern, um zu zeigen, wer der wahre Feind ist und welche Gruppe von Menschen seiner Führung in einer Gruppe folgt, die als Illuminati aka Schattenregierung aka Tiefer Staat bekannt ist.

Viele Gruppen werden jetzt in den Konzernmedien und sogar in den alternativen Medien beschuldigt, die damaligen Unruhen im ganzen Land verursacht zu haben.

Und obwohl etwas Wahres dran ist, diese Gruppen zu benennen, ist es offensichtlich, dass dieser Plan sehr gut organisiert und finanziert wird.

Was wir heute in den USA vor unseren Augen sehen, ähnelt sehr dem, was wir im Laufe der Geschichte in Ländern gesehen haben, in denen Regimewechsel durch soziale Unruhen stattgefunden haben, und in den meisten dieser Situationen findet man insbesondere Verbindungen zu den US-Geheimdiensten, insbesondere der CIA.

Vieles, was in diesem Kapitel vorgestellt wird, basiert auf der Zeugenaussage von zwei Whistleblowern: einem vom FBI und einem von der CIA.

Bitte haben Sie Verständnis dafür, dass jemand, der aus einem der US-Geheimdienste kommt, die größtenteils im Verborgenen arbeiten, sein eigenes Leben und seine Karriere aufs Spiel setzt, und die propagandistischen Konzernmedien, die wir zuvor entlarvt haben, hauptsächlich von der CIA beeinflusst werden, um eine einheitliche Botschaft zu verfassen, an die Sie glauben sollen, und alles tun, um Ihren Ruf in den Dreck zu ziehen, wenn sie Ihnen erlauben, am Leben zu bleiben.

Die großen Technologiekonzerne gehen mit diesen Propagandamedien konform, indem sie Informationen aus sozialen Medien zensieren und die Internetsuche kontrollieren.

Wenn Sie also nach Informationen über diese beiden Männer suchen, rechnen Sie damit, dass Sie meistens negative Informationen über sie finden, manchmal sogar in den alternativen Medien.

Antifa »geleaked«: Terroristische Methoden, Gewaltschulungen, paramilitärisches Training

Dem „Project Veritas“ (Wahrheit) ist es gelungen, einen Mitarbeiter in die gewaltbefürwortende Gruppe „RoseCity Antifa“ einzuschleusen und deren Methoden aufzudecken (= leaken). Er berichtet von terroristischen Methoden, von paramilitärischem Training und Schulungen zur Anwendung von Gewalt.

Die Antifa sei keine Gruppe, kein Verein, sondern eine Lebenseinstellung. Das behaupten linke Politiker jeder Färbung sowie die Lobbygruppen jener Vorstadtterroristen. Es gebe auch keine festen Strukturen bei der Antifa, behaupten die oben erwähnten Leute gebetsmühlenartig. Die Antifa sei eine lose Zusammenkunft von Gleichgesinnten, ohne Vereinsregister, ohne Mitgliedsausweise und so weiter.

Aber offensichtlich sind sie mit Arbeitsverträgen ausgestattet, sofern Renate Künast bei ihren entsprechenden Aussagen wusste, wovon sie redete. Jedenfalls fasst man hier in Deutschland die Antifa mit Samthandschuhen an. Nachvollziehbar, reichen doch manchmal die direkten Familienbände von Politikern bis tief in die Antifa hinein. In den USA sieht man seitens der Bundesregierung die Antifa ganz anders. Da sind das Terroristen, denen das Handwerk gelegt gehört, sagt der Präsident. Ganz so einfach ist das aber auch in den USA nicht, weil die Antifa auch dort versucht, im Geheimen zu agieren und ihre Spuren bestmöglich zu verwischen. Unerwartet Hilfe bekamen die Bestrebungen des US-Präsidenten aktuell von dem „Project Veritas“ („Wahrheit“), einer Gruppe Journalisten.

Ihnen ist es gelungen, einen Mitarbeiter in die „RoseCity Antifa“ in Portland einzuschmuggeln. In einem Bericht und einem Video[1] werden Methodik, Trainingsprogramme und Schulungen der Antifa enthüllt oder „geleaked“, wie es in der Zwischenzeit international genannt wird.

Gewaltanwendung gehört zum Kerninhalt der Antifa, sagt der Journalist. Die Leute werden gezielt geschult, „rauszugehen und gefährliche Dinge so sicher wie möglich (für sich selbst) zu tun“. Es geht nicht um einen fairen Kampf, „nicht um Boxen, es geht nicht um Kickboxen, es geht darum, euren Feind zu vernichten“, werden die Antifanten auf Kurs gebracht.

Black Lives Matter wurde von George Soros unterwandert

Der frühere Sheriff von Milwaukee County, David Clarke, sagte bereits 2017 - laut „FOXBusiness“ -, George Soros habe die Organisation Black Lives Matter „entführt“, um den Antikapitalismus zu fördern.

„Darauf steht die Finanzierung von George Soros, seine Bewegung ist die Antikapitalismusbewegung, die antisozialistische Bewegung hat Black Lives Matter entführt und sie benutzen sie als Maske. Sie dachten, dass sie aus den 60ern kamen, als sie mit dieser Bewegung versagten, sich zu weiß fühlten und Farbe hinzufügen mussten“, sagte er.

Der Milliardär George Soros hat laut der „Washington Times“ über seine „Open Society Foundation“ Millionen von Dollar an Black Lives Matter gespendet. Soros bestreitet, Demonstranten für Unruhen zu bezahlen. Nach den Anschuldigungen, dass bezahlte Demonstranten die Proteste von George Floyd unterwandern und zu Unruhen anregen, hat die Open Society Foundation von George Soros eine seltene Erklärung abgegeben, in der behauptet wird, dass er - und niemand anderes - das Chaos finanziert.

Sprecher Michael Vachon stellt die Erklärung vor und schreibt:

„Facebook, Twitter und andere Social-Media-Plattformen werden verwendet, um die mittlerweile bekannte und gründlich entlarvte Verschwörungstheorie zu verbreiten, dass George Soros und die ‚Open Society Foundations' Menschen dafür bezahlen, dass sie protestieren, in diesem Fall wegen des Mordes an George Floyd. Wir sind entsetzt über diesen Versuch, die echte Wut und Besorgnis der Menschen in den USA und auf der ganzen Welt zu delegitimieren."

In der Erklärung der „Open Society" heißt es: *„Wir verabscheuen Gewalt jeglicher Art und werden nicht zulassen, dass die destruktiven Handlungen einiger weniger uns von der entscheidenden Arbeit ablenken, zusammenzukommen und eine bessere Zukunft für alle unsere Nachbarn zu schmieden."*

Soros behauptet dann, dass die „Open Society Foundation" oder „andere" Proteste finanzieren.

„Diejenigen, die gegen den Tod von Mr. Floyd und die Brutalität der Polizei im ganzen Land protestieren, tun dies aus tiefer und beständiger Sorge um ihr Land. Sie tun dies nicht gegen Bezahlung von diesen oder anderen Stiftungen, wie einige Zyniker behaupten. Solche Behauptungen sind falsch, beleidigend und wirken sich negativ auf das Fundament unserer Demokratie aus, wie es im ersten Änderungsantrag verankert ist."

Viele begannen sich zu fragen, ob die Proteste eine organisierte, inszenierte Komponente haben, nachdem in großen Proteststädten Stapel mysteriöser Ziegel entdeckt wurden, und es entstand ein Video von einem Organisator, der einen Demonstranten bezahlt.

Soros' Erklärung kommt Tage nach dem Erscheinen eines Scherzflyers im US-Bundesstaat Washington, in dem behauptet wird, die Thurston County Democrats suchten nach einem „professionellen Anarchisten" mit Mitteln der „Open Society Foundation".

Dies war zwar nicht das erste Mal, dass sich Linke verschworen haben, um ansonsten friedliche Ereignisse zu stören. Im Jahr 2016 trat der Clinton-Agent Robert Creamer, der fast 350 Mal das Weiße Haus von Obama besuchte, von seiner Rolle als Organisator zurück, nachdem ein Undercover-Video von Project Veritas eine Diskussion über die Bezahlung von Agitatoren für die Anstiftung zu Gewalt bei Trump-Kundgebungen im Jahr 2016 enthüllte.

„*Eines der Dinge, die wir tun, ist, dass wir bei ihren eigenen Veranstaltungen sehr authentische Basisproteste direkt vor ihren Augen veranstalten. Die wir infiltrieren*", sagte Creamer einem ehemaligen Günstling, Scott Foval.

Soros hat vorzeitig 90 Millionen US-Dollar an feministische Gruppen gespendet, die hinter den Protesten gegen Donald Trumps Amtseinführung im Januar 2017 standen.

Der ehemalige FBI-Chef Ted Gunderson

Einer der Ersten der im Internet gelöscht wurde, war der ehemalige FBI-Chef Ted Gunderson, der 2011 verstorben ist. Viele seiner Videos sind von YouTube verschwunden, aber einige bleiben vorhanden, und andere bleiben auf anderen Plattformen.

Ted Gunderson wurde in Colorado Springs geboren. 1950 schloss er sein Studium an der University of Nebraska ab. Gunderson trat im Dezember 1951 unter J. Edgar Hoover in das Federal Bureau of Investigation (FBI) ein.

Er war in den Büros von Mobile, Knoxville, New York City und Albuquerque tätig. Er war als stellvertretender Sonderbeauftragter in New Haven und Philadelphia tätig.

1973 wurde er Leiter des FBI in Memphis und 1975 Leiter des FBI in Dallas. Ted Gunderson wurde 1977 zum Leiter des FBI in Los Angeles ernannt.

1979 war er einer von wenigen, die für den Job des FBI-Direktors vorsprachen, der schließlich an William H. Webster vergeben wurde.

Nach seinem Rücktritt vom FBI gründete Gunderson in Santa Monica eine private Ermittlungsfirma, Ted L. Gunderson and Associates.

Auf einer Konferenz warnte Gunderson 1995 in Dallas vor der Verbreitung geheimer satanischer Gruppen und der Gefahr durch die Neue Weltordnung, einer Schattenregierung, die (nicht nur) die US-Regierung kontrolliert.

Er behauptete auch, dass in Las Vegas eine „Sklavenauktion" stattgefunden habe, bei der Kinder an Männer in Turbanen verkauft worden seien, dass jedes Jahr viertausend rituelle Menschenopfer in New York City durchgeführt würden und dass 1995 der Bombenanschlag auf das Alfred P. Murrah Federal Building in Oklahoma City von der US-Regierung durchgeführt wurde.

Gunderson fand heraus, dass es in den USA ein geheimes, weit verbreitetes Netzwerk von Gruppen gibt, die Kinder und Kleinkinder entführen und sie satanischem rituellem Missbrauch und anschließenden Menschenopfern unterwerfen.

Eine dieser Gruppen heißt „The Finders" und wird laut Gunderson von der CIA betrieben.

Gunderson reiste durch das Land und hielt Vorträge über seine Arbeit, darunter Fälle, in denen er die verborgenen Gruppen entlarvte, die in satanischen Okkultismus verstrickt sind, wozu sexueller Kindesmissbrauch und Kinderopfer gehören.

Sein allgemeiner Vortrag dauerte ungefähr vier Stunden, aber es gibt heute noch einen Vortrag, den er auf etwas mehr als eine Stunde verkürzte. Am Ende dieses Vortrags lässt Gunderson eine Frau namens Linda Weigand zu Wort kommen, die ihre Zeugenaussage macht. Als er sie vorstellte, sagte Gunderson:

„Dies ist eines der klassischsten Beispiele für Verdorbenheit, von denen ich je gehört habe. Und glauben Sie mir, Sie können meinem Vortrag entnehmen, dass ich einige ziemlich schreckliche Beispiele für Verdorbenheit gehört habe.“

Da ihre Zeugenaussage am Ende seines Vortrags ist, haben wir sie in ein separates Video extrahiert, sodass Sie sie zuerst ansehen können, wenn Sie einen Eindruck davon bekommen möchten, worum es bei diesem Thema geht. Hier der Link: https://www.youtube.com/watch?v=EqjNa-Jpsf0

Es wäre ratsam, seine Dokumente zu kopieren, bevor sie verschwinden.

Der ehemalige CIA-Agent Robert David Steel

Die zweite Person, die an die Öffentlichkeit gegangen ist, um Details über Kinderhandel und satanischen rituellen Missbrauch zu enthüllen, ist der ehemalige CIA-Agent Robert David Steele.

Steele ist ein ehemaliger Operations Officer (C/O) im Clandestine Service der Central Intelligence Agency (CIA), Mitbegründer der Marine Corps Intelligence Activity und Gründer der modernen Open Source Intelligence (OSINT)-Disziplin. Derzeit ist er CEO von Earth Intelligence Network (gemeinnützig) und Open Source Everything, Inc.

Im Jahr 2018 war Steele als Oberster Anwalt bei der Justizkommission für Ermittlungen in Bezug auf Menschenhandel und Kindesmissbrauch in Westminster (London) beim Internationalen Tribunal für natürliche Gerechtigkeit (ITNJ) tätig.

Die Justizkommission setzt sich aus führenden Persönlichkeiten der Welt zusammen, die seit Jahren an der Bekämpfung des Kinderhandels beteiligt sind. Dazu gehören Geheimdienstler, Politiker, Rechtswissenschaftler und viele andere: Website: https://commission.itnj.org

Das Internationale Tribunal wurde gegründet, weil die meisten Regierungsstellen der Welt heute korrumpiert sind und nicht mehr das Volk vertreten, sondern dem Interesse privater Unternehmen dienen. Daher ist Gerechtigkeit in den meisten staatlichen Gerichten der Welt heutzutage selten anzutreffen, um ein solch abscheuliches Verbrechen wie den Kinderhandel zu stoppen.

Tatsächlich wird das Kinderhandelsnetzwerk heute von den Reichen und Mächtigen unterstützt, deren Einfluss bis in die politischen und juristischen Zweige der Gesellschaft reicht.

In das Gerichtsverfahren der ersten Justizkommission des Tribunals wurden aussagekräftige Zeugenaussagen von Opfern einbezogen, die unvorstellbare Gräuel erlitten hatten, durch dieses mächtige weltweit operierende Pädophilen-Netzwerk als Kinder sexuell missbraucht und gehandelt wurden, ein Menschenhandelsnetzwerk, das mehr Umsätze macht als der Handel mit Waffen und Drogen.

In den USA werden jährlich 800.000 Kinder vermisst, von denen viele über Pädophilen-Netzwerke sexuell gehandelt werden, in denen die Kinder unvorstellbare Gräuel wie satanischen rituellen Missbrauch erleiden.

Diese Zahl umfasst dokumentierte Fälle von vermissten Kindern und umfasst keine Kinder, die in Pädophilen-Netzwerke geboren und aufgewachsen sind und keine Geburtsurkunden haben, oder Kinder ohne Papiere, die über die Grenzen kommen.

Weltweit werden fast acht Millionen Kinder vermisst und zu sexuellen Zwecken gehandelt.

Während der Eröffnungssitzung im Plenum faßte der Oberste Anwalt Robert David Steele den Zweck der Justizkommission des Tribunals in einem 15-minütigen Video vielleicht am besten zusammen: https://youtu.be/PU0YDyThImk

Hier eine teilweise Abschrift:

„Als Elternteil und als Patriot bin ich seit einiger Zeit empört über die klare und gegenwärtige Gefahr der Pädopredation (Kindesmissbrauch oder Pädophilie) für die Gesellschaft.

Ich erkenne jetzt, dass Kinderfolter, Kindermord und Organraub eine ‚akzeptierte' Praxis auf höchster Regierungsebene, in Nichtregierungsorganisationen und multinationalen Unternehmenssektoren sowie in akademischen Einrichtungen und in der Zivilgesellschaft sind.

Dieses Übel bleibt bestehen, weil es von den mitschuldigen Behörden zugelassen wird.

Als ehemaliger Spion und Pionier für Open Source Intelligence (OSINT) habe ich mit INTERPOL, EUROPOL, Scotland Yard, dem FBI und den nationalen Geheimdiensten und Strafverfolgungsbehörden oder deren Vertretern aus über 66 Ländern zusammengearbeitet.

Was ich ausnahmslos festgestellt habe, ist, dass sie alle von guten Menschen besetzt sind, die in schlechten Systemen gefangen sind - Systemen, die dieses Übel nicht richtig bekämpfen dürfen -, dem als Pädophilie bekannten Verbrechen gegen die Menschlichkeit über mehrere Generationen hinweg.
Pädophilie - eine ‚Liebe zu Kindern' - ist kein genauer Begriff. Es gibt keine Liebe zu Kindern, die sich in irgendeinem Aspekt der Kindersklaverei, des sexuellen Missbrauchs, der Folter, des Mordes oder der Organentnahme manifestiert.

Aus diesem Grund wurde bei der Eröffnungssitzung der Untersuchungskommission für Menschenhandel und Kindesmissbrauch auf Geheiß von ITNJ-Kommissarin Carine Hutsebaut (Kriminologin und Psychotherapeutin) der Begriff ‚Pädopredation' zusammen mit dem Begriff ‚pädosexuell' als angemessener Begriff fur diese erhebliche Untergruppe des Missbrauchs von Kindern außerhalb des satanischen Ritualnetzwerks bezeichnet.

Es ist wichtig anzumerken, dass viele Organisationen, die mit den besten Absichten angefangen haben - von den Pfadfindern über die Kindertagesstätten über Hilfs- und Entwicklungsgruppen der Vereinten Nationen bis hin zu Oxfam als jungstem Beispiel - offenbar von Pädopredatoren infiltriert wurden.

Aufgrund des täglichen Kontakts mit den verwundbarsten Mitgliedern der Gesellschaft, unseren Kindern, haben viele der beauftragten Organisationen im Laufe der Zeit zahlreiche Pädopredatoren angezogen und wurden auch durch das Fehlen angemessener Überprüfungsverfahren kompromittiert, indem sie gegenüber den Übertretungen des Personals die Augen verschließen.

Dies muss nicht der Fall sein, wenn die Regierungen ehrlich sind und Spionageabwehr betrieben werden soll. Es scheint eine Frage der Politik auf höchster Ebene der globalen Führung zu sein, die Augen vor Pädopredation und Pädosexualität zu verschließen.

Es scheint, dass Pädopredation - einschließlich der damit verbundenen Folter und Ermordung von Kleinkindern, um durch rituellen satanischen Missbrauch adrenalisiertes Blut zu produzieren - in einigen Fällen als Privileg der Elite angesehen wird, woraufhin diese Ränge ungestraft solche Perversität praktizieren dürfen. Es gibt zwei zusätzliche alarmierende Ursachen.

Erstens scheint es eine gezielte Kampagne der Elite zu geben, um lokale, staatliche (provinzielle) und nationale Polizei, Staatsanwälte und Richter - von Australien bis Simbabwe - mit einem ‚Appetit' auf Pädosexualität zu infizieren.

Sie wird sowohl als Initiationsritus in den Tiefen Staat und die Schattenregierung als auch als Grundlage für Erpressung verwendet.

Schlimmer noch, wir sehen jetzt zwei schreckliche Tendenzen: eine, Kinder zu missbrauchen und zu ermorden, bevor sie sprechen lernen (sie können keine Zeugenaussage machen); und die andere, die möglicherweise von US-Streitkräften aus Afghanistan zurückgebracht wurde, die Kombination von Kriegshunden und Kleinkindern in einer verheerenden Kombination der Vergewaltigung von Kindern und Bestialität - Hunde, die Kinder vergewaltigen, um Videos davon zu verkaufen.

Hinzu kommt der wachsende Markt für Föten, von denen die teuersten im Rahmen eines satanischen Rituals eingesetzt werden, und man ahnt das größte Übel auf dem Planeten.

Zweitens ist aus unseren frühen Untersuchungen mit umfangreichen Unterlagen klar geworden, dass sowohl die Familiengerichte als auch die Insolvenzgerichte dazu verwendet werden, Kinder von Familien zu trennen, um die Kinder in eine Ware umzuwandeln, die gegen Bargeld verkauft werden kann und auch verwendet wird, um Vermögen von wohlhabenden Personen abzuziehen, die nicht Teil des Netzwerks des Tiefen Staates sind.

Regierungen sind an der Entfernung von Kindern und Vermögenswerten beteiligt, was nicht der Fall wäre, wenn Registrare, Anwälte (Rechtsanwälte) und Richter zur Rechenschaft gezogen würden.

Falsche Behauptungen und Dokumente sind im Überfluss vorhanden und stellen in ihrer tolerierten Existenz die Legitimität der Regierung in Frage.

GENUG! Der Zweck der Kommission besteht darin, das zu tun, was zuvor noch nicht getan wurde: die tatsächliche Gesamtzahl der vermissten Kinder pro Jahr zu dokumentieren (vorläufige Schätzungen, die noch dokumentiert werden müssen, sind acht Millionen pro Jahr oder 22.000 pro Tag); und auch zu dokumentieren, was mit diesen Kindern passiert, wenn sie in das lokale bis globale Netzwerk von Pädo-Netzwerken aufgenommen werden.

Die durchschnittliche Lebenserwartung eines Kindes im Pädopredationssystem (Kindesmissbrauch oder Pädophilie) wird auf einige Jahre geschätzt - diejenigen, die auf Führungsrollen vorbereitet werden, die die Pädosexualität auf allen Ebenen aufrechterhalten, leben viel länger.“ (2)

Kommt Ihnen das bekannt vor? Wieder ein Tribunal, wieder eine Kommission. Erinnern Sie sich an Drake 2011? Der mit seinen guten Militärs Obama und seine Regierung verhaften und vor ein Tribunal stellen wollte, oder dann Kevin Annett und sein „ITCCS“, welche die Queen und den Papst vor sein Gericht als Mörder stellen wollte, gefolgt von Q und den Massenverhaftungen, oder von dem Anwalt Reiner Fuellmich, seiner Sammelklage gegen die beteiligten Figuren an dem Corona-P(l)andemie-Fake.

Seien Sie auf der Hut!

1.1 Hinter den Kulissen der Vereinten Nationen: Wer wirklich das Sagen hat

Es heißt, dass die Vereinten Nationen (UNO) eine internationale Organisation sind, die darauf abzielt, durch sozialen Fortschritt, ökonomische Entwicklung, internationale Sicherheit und internationales Recht die Kooperation zu begünstigen. Sie stellt sich selbst nach außen hin als eine angesehene Vereinigung dar, die sich um Frieden, Sicherheit, Entwicklung, Menschenrechte und humanitäre Angelegenheiten kümmert.

Daher überrascht es nicht, dass die UNO bei internationalen Konflikten und Krisen an vorderster Front steht, da genau diese Umstände eine ideale Atmosphäre schaffen, sich als Überbringer all des vorher Genannten in Szene zu setzen. Autoritäre Figuren haben im Verlauf der Geschichte immer versucht, ihre öffentliche Wahrnehmung schönzufärben, in der Hoffnung, durch Beeinflussung und Gehirnwäsche der Massen eine erwünschte Agenda zu etablieren.

Mit dem Versuch, sich selbst ins rechte Licht zu rücken, meine ich, wie sich die UNO Mainstream-Medien-Sender wie CNN zunutze macht. CNN gehört *Time Warner*, welches wiederum im Besitz von *JP Morgan Chase* und *Dodge & Cox* ist, um nur einige zu nennen. Es gibt auch einen erlesenen Kreis direkter Inhaber wie Jeffrey L. Bewkes. Bewkes hat seinen Sitz in der Zentrale von Time Warner, die nicht zufällig aus zwei Türmen besteht, die 2001 gebaut wurden und somit an das ehemalige World Trade Center in New York City erinnern.

Bewkes ist auch Mitglied des Council on Foreign Relations (CFR), der von den Rothschild- und Rockefeller-Familien geleitet und finanziert wird. Tatsächlich sind eine große Mehrheit der Eigentümer von Mainstream-Medien-Sendern sowohl Mitglieder des CFR als auch der Trilateralen Kommission. Ein weiteres Beispiel hierfür ist Richard D. Parsons, der von Mai 2003 bis Januar 2009 Vorstandsvorsitzender von Time Warner war.

Zur Zeit ist Parsons Kuratoriumsmitglied und leitender Berater der Rockefeller Foundation. Ich könnte die Liste auch mit Frank J. Caufield fortsetzen, einem weiteren hochrangigen unmittelbaren Eigner von *Time Warner*, der ebenfalls ein Mitglied des CFR ist.

Lassen Sie mich abermals daran erinnern, dass *Time Warner* im Besitz von CNN ist, welches einer Reihe von Individuen und Unternehmen gehört, die von einigen wenigen Familien geleitet werden. Diese Familien verstecken sich hinter den von ihnen geleiteten Unternehmen, indem sie Angestellte und Politiker anheuern, um ihre schmutzige Arbeit zu erledigen. Es ist mir unbegreiflich, warum wir weiterhin einem kleinen elitären Zirkel, der keinerlei Rücksicht auf die Menschheit nimmt, unsere Wahrnehmung des Weltgeschehens überlassen.

Als Kind verstand ich nicht, wie ein menschliches Wesen derart negative Absichten hegen kann, um hinterlistig so viele Konflikte zu verursachen. Bis zum heutigen Tag glaube ich immer noch, dass ein menschliches Wesen nicht in der Lage ist, das zu tun, wozu diese „Führungsgremien" und multinationalen Konzerne imstande sind. Gleichgültig, ob es Ihnen genauso ergeht oder nicht, hoffe ich, dass die oben genannten Verbindungen bei Ihnen zumindest für ein Stirnrunzeln sorgen.

Es ist nicht nötig, auf die JP Morgan/Rockefeller-Verbindungen hinzuweisen, die ebenfalls eine große Rolle bei der Erschaffung des Federal Reserve-Systems im Jahre 1912 gespielt haben.

Also, was hat all dies mit den Vereinten Nationen zu tun? Nun, dieselben, denen all die Mainstream-Medien-Sender gehören, besitzen, leiten und schufen auch die Vereinten Nationen. Die Inhaber der Vereinten Nationen benutzen ihre Rundfunkanstalten, um die Wahrnehmung von Milliarden von Menschen zu beeinflussen. Nicht viele Leute wissen, dass unsere Mainstream-Medien im Besitz von weniger als fünf multinationalen Konzernen sind und dass all diese Unternehmen Verbindungen zu den Rothschild- und Rockefeller-Familien haben.

Bei genauerer Betrachtung stehen all die gleichen Konzerne damit in Verbindung, Technologien zur Erzeugung sauberer Energie zu unterdrücken, so wie *General Electric* kann man noch mehr über die Unterdrückung freier Energie herausfinden. Weitere Verbindungslinien können auch in die Nahrungsmittel- und Medizinbranche gezogen werden. Unser Planet ist im Besitz einer kleinen Gruppe von Familien und den von ihnen geleiteten Konzernen; dies ist kein Geheimnis und keine Verschwörungstheorie mehr. Es wird offensichtlich, dass diese „Leute" nicht unser Bestes im Sinn haben.

Abb. 1: Ein Trojanisches Pferd?

Völkerbund / Versailler Vertrag

Der Vorläufer der Vereinten Nationen war der Völkerbund. Er wurde geschaffen unter dem Versailler Vertrag von 1919. Viele glauben, dass die Idee zur Erschaffung der UNO im Zweiten Weltkrieg begründet war, doch dem ist nicht so. Ein Plan zur globalen Kontrolle durch eine als Friedensvereinigung gut getarnte Organisation begann lange vor 1945. Der Völkerbund war ein zwischenstaatlicher Verband, der bei der Pariser Friedenskonferenz geschaffen wurde, die den Ersten Weltkrieg beendete. Die Entwicklung internationaler Organisationen aufgrund von Konflikten ist eine Art der Täuschung. Die UNO wurde 1945 als Ergebnis des Zweiten Weltkriegs geschaffen. Bei jedem globalen Konflikt entsteht daraus etwas, das die Illusion erzeugt, dass das aus dem Konflikt Hervorgegangene eine direkte Lösung dieses Konfliktes darstellt. Haben Sie je darüber nachgedacht, dass diejenigen, die den Konflikt heraufbeschwören, dies tun, um dessen Lösung zu propagieren? Welch ein Schwindel wäre das, nicht wahr?

Welch ein Trick, sich unseres Willens zu bemächtigen und ihn unter Kontrolle zu bringen. Dabei liefern sie unseren Willen jenen aus, die danach streben, uns zu übervorteilen, an diejenigen, die nicht anderen zu Diensten sind, sondern nur sich selbst. Der Völkerbund wurde durch die Rockefeller-Familie ins Leben gerufen, sie waren dafür verantwortlich, die ganze Operation zu finanzieren. Gleichzeitig wurde die Internationale Arbeitsorganisation (IAO) entwickelt, die in hohem Maße von den Rockefeller- und Rothschild-Familien finanziert wurde und wird. Es ist eindeutig, dass die Gründung der Vereinten Nationen auf die Rockefeller- und Rothschild-Familien zurückgeht, denn ohne sie wäre das Entstehen dieser globalen Organisation nicht möglich gewesen.

Erschufen die gleichen Leute, die Nazi-Deutschland finanzierten, auch die Vereinten Nationen? Wurden beide Kriegsparteien von der gleichen Gruppe finanziert?

Die entscheidende Frage, die wir uns in Bezug auf globale Regierungsorganisationen stellen müssen, ist, wer hat das Sagen? Wer trifft die Entscheidungen? Welche Verbindungslinien können zwischen den Vereinten Nationen und den anderen wichtigen Leitungsorganen des gesamten Globus gezogen werden? Und wie oft erkennen wir sie? Wenn die Vereinten Nationen für Frieden und Stabilität in konfliktreichen Kriegszeiten erschaffen wurden, warum sollten dieselben Gruppierungen beide Seiten des Krieges unterstützen? Geht es nur um den Profit oder wollten sie Kriege anzetteln, um Führungsgremien den Weg zu ebnen, die den ganzen Planeten kontrollieren? Den Vereinten Nationen ist die Weltgesundheitsorganisation (WHO) angegliedert, die zu weiteren Abzweigungen wie den Codex Alimentarius und die Food and Drug Administration (FDA) führt.

Ich möchte Paul M. Warburg erwähnen, einen deutschstämmigen Bankier, der in den Vorstand des Federal-Reserve-Systems berufen wurde. Ist die Federal Reserve Bank denn nicht eine Entität der Vereinigten Staaten? Warburg war in hohem Maße in die Erschaffung der Federal Reserve involviert, während eine Verflechtung seiner Familie mit I.G. Farben bestand. I.G. Farben war zu dieser Zeit das größte Chemieunternehmen der Welt und eines der aufstrebendsten Unternehmen neben Rockefellers Firma Standard Oil und General Motors. I.G. Farben war verantwortlich für zahlreiche Kriegsverbrechen, indem sie die Nazis mit Waffen unterstützten und sogar die NSDAP mitfinanzierten.

Warum standen das Federal-Reserve-System und die Rockefellers in Verbindung mit I.G. Farben? Ist Federal Reserve denn nicht eine amerikanische Entität? Haben sie denn nicht auch die Vereinigten Staaten finanziell unterstützt? Paul Warburg und seine Familie waren in die Erschaffung der Federal Reserve involviert, die Warburg-Familie stand I.G. Farben vor, einem Unternehmen, das die nationalsozialistische Bewegung unterstützte.

Also was geht hier eigentlich vor? Es gibt eine Menge Indizien, die darauf hindeuten, dass beide Seiten des Zweiten Weltkriegs von den selben Leuten finanziert wurden – daher denke ich, dass wir hereingelegt wurden. Federal Reserve ist durch die Umgestaltung in mehrere multinationale Unternehmen und Finanzinstitutionen wie Warburg Pincus immer noch eng verknüpft mit der Warburg-Familie.

Es ist kein Geheimnis, dass die Bush-Familie ebenfalls stark vom Krieg profitierte. Wussten Sie, dass Mitglieder der Bush-Familie auch mit der Federal-Reserve verbunden waren und dass auch sie der Rockefeller-Familie sehr nahe steht? Es ist bekannt, dass die Präsidentschaftsfrage immer mit der Federal Reserve in Zusammenhang stand. Prescott Bush arbeitete sogar für die Nazis, er kooperierte mit und profitierte von den gleichen Unternehmen, die Hitler finanzierten. Wenn man der Spur des Geldes folgt, ist anhand all dieser Verbindungen leicht zu erkennen, inwiefern die tatsächlichen Gründer der Vereinten Nationen mit vielen Verbrechen gegen die Menschlichkeit in Verbindung stehen. Also wodurch sollte man veranlasst sein zu glauben, dass es heute nicht mehr der Fall ist? Was würde es bedeuten, wenn die Vereinten Nationen Ihnen die Illusion einer friedensstiftenden Organisation vermitteln, um Chaos und Angst voranzutreiben und eine Agenda durchzusetzen, die lange begann, bevor wir alle das Licht der Welt erblickten? Wie kann die UNO uns zum Beispiel vor Minengesellschaften schützen, die überall auf der Welt Gräueltaten begehen, wenn die Gründungsväter der UNO gleichzeitig alle wichtigen Bergbaufirmen besitzen, so wie die Rockefeller Hughes Corporation?

Ich habe meine Behauptungen mit Quellen untermauert und gleichzeitig einige ausgelassen, um meine Leser dazu zu veranlassen, eigene Recherchen anzustellen. Überzeugen Sie sich doch selbst von den Verbindungen der Bushs! Denken Sie daran, dass ich nur einige wenige Beispiele und Verbindungen in diesem Artikel aufgegriffen habe, aber es gibt eine enorme Menge, die Sie selbst herstellen können, wenn Sie zu weiteren Nachforschungen angeregt wurden.

Ein Aspekt der gegenwärtigen Bewusstseinsveränderung ist das Erwachen gegenüber neuen Fakten und Möglichkeiten darüber, was wirklich in unserer jüngeren Menschheitsgeschichte geschehen ist. Viele Leute schlagen verschiedene Wege der Bewusstwerdung ein, aber letztendlich läuft alles auf das Gleiche hinaus: Wir müssen selbst die Veränderung sein, die wir (in der Welt) sehen wollen. Im Lauf der Jahre sind wir Zeuge vieler globaler Turbulenzen auf der Welt geworden und im Gegenzug hat dies einen sehr verdichteten energetischen Zustand für den Planeten Erde geschaffen. Immer mehr Menschen beginnen in Frieden zu leben, sie erfahren mehr Freude und verlangen Veränderungen für alle Erdenbürger. Durch unser Erwachen transformieren wir die Schwingungsfrequenz der Erde.

Jahrtausendelang waren wir für viele Dinge unempfänglich. Wir leben im Zeitalter der Transparenz, alles hat sich unserer Erkenntnis offenbart, von den "dunkelsten" bis hin zu den "lichtesten" Erfahrungen. Wie auch immer man es betrachtet, alles was sich auf der Erde abspielt, ist ein Erkenntnisgewinn für die Menschheit. Ereignisse passieren, um uns aufzurütteln, damit wir aufwachen und die Wahrheit erkennen. Zum Beispiel hat der 11. September viele aufgeschreckt. Ob es um die Wahrheit über Hanf, Federal Reserve, die Illuminati, Außerirdische, das Verbreiten von Liebe oder irgendetwas anderes geht, das Zeitalter der Transparenz führt Milliarden von Leuten zu einer neuen Wahrheit und dass Liebe die Wahrheit ist. Liebe ist unerlässlich als notwendiger Grundstein einer neuen Welt. Wir sind verantwortlich für das was hier passiert, wenn wir aus unserem Schlaf erwachen; ich bin sicher, dass wir es nicht weiter zulassen werden, was wir so lange Zeit gewähren ließen. Nicht länger werden wir es gewohnt sein, ein System aufrechtzuerhalten, das nicht mit uns in Einklang ist – stattdessen werden wir ein neues erschaffen, das das alte obsolet machen wird.

Es gibt vielerlei Quellen, die über meine hinausgehen, ich hätte noch viel mehr verwenden können. Bitte scheuen Sie nicht davor zurück, eigene Nachforschungen anzustellen, um einige Fakten weiter zu verifizieren.[3]

1.2 Keine Macht ohne Drogen – vom British Empire bis zur Neuen Weltordnung

In früheren Zeiten war Afghanistan für seine Granatäpfel, Melonen und Trauben, oder auch das blaue Gestein Lapislazuli bekannt, heute denkt man dabei aber vor allem an Taliban und Opium – beides jedoch dank tatkräftiger Unterstützung aus dem Westen.

Innerhalb weniger Jahrzehnte wurde Afghanistan mit Hilfe von CIA und NATO zum wichtigsten Opium-Exporteur der Welt.

Während der Westen einerseits großspurig den „War on Drugs“ proklamiert und der ehemalige britische Premierminister Tony Blair einst behauptete, dass der Kampf gegen den Drogenanbau einer der Hauptgründe für die Intervention in Afghanistan sei, sprechen die Statistiken eine ganz andere Sprache:

Während der Opiumanbau unter dem Höhepunkte der Taliban im Jahre 2001 einen absoluten Tiefpunkt von nur 5-10 % der weltweiten Menge erreichte, sind es mittlerweile 90-95 %:

Potential opium production in Afghanistan, 1994-2021

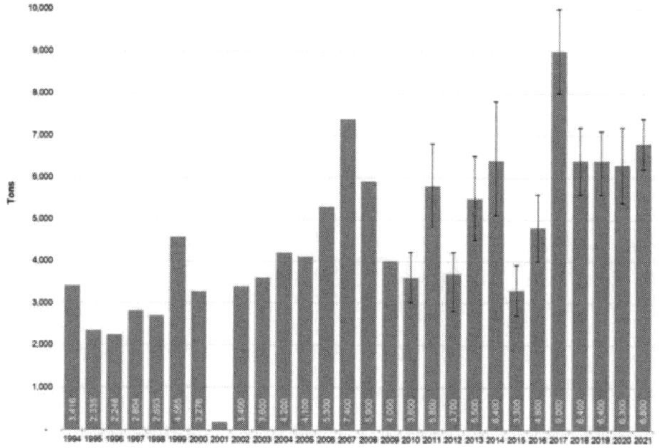

Figures refer to oven-dry opium. The vertical lines represent the upper and lower bounds of the 95% confidence interval.

Abb. 2: Potentielle Opium-Produktion

Nach UN-Berichten sind zudem jährlich neue Rekordernten zu erwarten, die Tendenz ist also weiterhin steigend.

Während man für die Situation häufig die Afghanen selbst verantwortlich macht, wird die Rolle des Westens zumeist verschwiegen, daher ist es angebracht, sich noch einmal einen Überblick über die historische Entwicklung des Opiumanbaus und der Verbreitung von Drogen zu werfen, um auch die Verantwortung für die gegenwärtigen Verhältnisse besser einschätzen zu können.

Der Opiumhandel des British Empire

Zwar bezogen bereits die indischen Mogul-Herrscher ihren Schlafmohn aus einigen Teilen des heutigen Afghanistans und auch in China kannte man die medizinische Anwendung des Schlafmohns aufgrund seiner schmerzlindernden Wirkung, aber erst durch die späteren anglo-afghanischen Kriege und das Interesse der britischen Krone an der Droge, konnte sich der Opiumhandel im großen Stil entwickeln. So sorgten die beiden Opiumkriege zwischen Großbritannien und China dafür, dass letzteres als Verlierer von den Briten gezwungen wurde, den Opiumhandel zu dulden, was letztendlich auch den Untergang des Kaiserreichs herbeiführte.

Die Parallelen zur jetzigen Situation sind evident: Während sich heute vor allem der Hegemon USA aufgrund seiner hohen Staatsverschuldung „gezwungen" sieht, weltweit seinen „War on Terror" zu führen, der in Wirklichkeit vorrangig ökonomischen und geostrategischen Interessen dient, war es einst das British Empire, dessen Strategen auf die „glorreiche" Idee kamen, zur Abwendung eines Konkurses der britischen Wirtschaft ganz unverhohlen „neue Märkte" zu erobern und zu plündern, wie in diesem Fall China. Und während heute eine Vielzahl von Konzernen, allen voran solche aus der Rüstungsbranche, die Nutznießer von internationalen Konflikten sind, war es die Britische Ostindien-Kompanie, die in erster Linie für die Opiumkriege verantwortlich war.

Im Prinzip handelte es sich dabei um einen Zusammenschluss reicher Londoner Kaufleute, die im Jahre 1600 einen Freibrief von Königin Elisabeth I. erhielten, (zunächst für 15 Jahre begrenzt), sämtlichen Handel zwischen dem Kap der Guten Hoffnung und der Magellanstraße abzuwickeln. Die Flagge der Britischen Ostindien-Kompanie hat offensichtlich als Vorlage für die US-Flagge „Stars and Stripes" gedient, wodurch bereits ersichtlich wird, wessen Geistes Kind die USA tatsächlich sind.

Nachdem sie sich bereits 1729 in Hongkong niedergelassen hatte, begann die Britische Ostindien-Kompanie später mit dem Import chinesischer Waren wie Seide und Tee, für die China die Bezahlung mit Silber verlangte, dabei allerdings hochwertigeres spanisches statt britisches Silber bevorzugte, was der Kompanie zunehmend ein Dorn im Auge war und woraufhin sie dazu überging, die Bezahlung mit Opium voranzutreiben, das aus Bengalen nach China importiert wurde, wo sie ein Monopol über den Opiumanbau innehatte. Während die chinesischen Kaiser bereits seit langem versuchten, die stark süchtig machende und äußerst gefährliche Droge aus ihrem Reich zu verbannen, importieren die Briten sie sogar in ihr Heimatland, wo ihr Gebrauch von der High Society auf die Arbeiterklasse übergriff, die darin eine Möglichkeit sah, dem harten Arbeitsalltag auf billigere Weise zu entfliehen als durch den Konsum von heimischem Bier.

1832 wurde das Unternehmen *Jardine, Matheson & Co* gegründet, das chinesische Waren wie Tee und Seide nach Großbritannien transportierte und im Gegenzug indisches Opium nach China. Der Handel mit Opium entwickelte sich in dieser Zeit zum bis heute weltweit lukrativsten Geschäft mit einem Jahresumsatz von 100-200 Milliarden Dollar. Als die chinesische Regierung ganze Schiffsladungen mit Opium konfiszierte, wandte sich das Unternehmen an die britische Regierung um Hilfe, was schließlich zum Ersten Opiumkrieg (1839-1843) führte, der mit dem Zweiten Opiumkrieg (1857-1860) seine Fortsetzung fand.

Doch auch im 20. Jahrhundert behielt Großbritannien eine führende Rolle beim Handel mit Opium und anderen Drogen bei, wenn auch nicht mehr so offen wie in der Vergangenheit. Während es bei der Haager Konferenz gegen Rauschgift von 1911 sein Wort gab, kein Opium nach China zu importieren, wuchsen die Lagerbestände an Opium in den britischen Niederlassungen in Hongkong und Schanghai von 1911 bis 1914 fast um das Zehnfache. Auch entgegen seiner Beteuerungen bei der Völkerbund-Konferenz stellte sich heraus, dass die Briten auch riesige Mengen der Droge nach Japan verschifften und dass ihnen trotz aller Widerstände in Indien wenig daran gelegen war, die dortige Opiumproduktion einzuschränken, da es sich dabei um eine „äußerst wichtige Einnahmequelle" handele, wie aus einem Bericht der von Lord Inchcape geleiteten Kommission hervorgeht.

Dass dies auch für Königin Elisabeth II. persönlich galt – deren Coutts-Bank zudem von der britischen Aufsichtsbehörde FSA für Wertpapierhandel eine Strafe von umgerechnet 10,5 Millionen Euro wegen Geldwäsche auferlegt wurde –, dafür spricht die Behauptung des ehemaligen französischen Präsidentschaftskandidaten Jacques Cheminade, indem er gegenüber dem französischen Fernsehsender LCP erklärte, dass ein Teil des Vermögens der Queen dem Handel mit illegalen Drogen entstamme, der über die Banker der City of London abgewickelt werde. Daneben soll auch der britische Geheimdienst MI6 zu den Profiteuren des illegalen Drogenhandels gehören.

Drogenschmuggel und US-Außenpolitik

Obwohl auch andere Nationen wie etwa Frankreich (in Form der GCMA) im Indochinakrieg sich ähnlicher Methoden bedienten, gab es jedoch bereits hierbei eine Kooperation mit der CIA, so dass es seit dem 20. Jahrhundert bis heute allen voran die USA sind, die den illegalen Drogenhandel zur Finanzierung paramilitärischer Gruppierungen und Armeen verwenden – und damit letztendlich auch als außenpolitisches Machtinstrument einsetzen. Dies war z.B. im Vietnamkrieg der Fall, als insbesondere die CIA eine Fluglinie namens „Air America" vorrangig zu dem Zweck unterhielt, Heroin auf dem Weltmarkt zu verkaufen und auf diese Weise verbündete Armeen mit der benötigten Geldspritze zu versorgen – aber auch amerikafreundliche Politiker.

„Air America" übernahm dabei die Rolle von „Air Laos Commerciale" und anderer Fluggesellschaften, die als „Air Opium" bekannt waren und von der französischen Luftwaffe in Südostasien betrieben wurden.

Detailliert nachzulesen sind diese Machenschaften im Buch „The Politics of Heroin. CIA Complicity in the Global Drug Trade", dass die CIA 1972 unter dem üblichen Vorwand „aus Gründen der nationalen Sicherheit" erfolglos zu zensieren versuchte. Die Veröffentlichung des Buches zog mehrere Untersuchungskommissionen nach sich, bei denen die Zeugen der CIA selbstverständlich jede Beteiligung an illegalen Handlungen verleugneten. Dem berühmten Investigativjournalisten Seymour Hersh ist es zu verdanken, dass die Zensurversuche der CIA durch einen Artikel in der Washington Post öffentlich wurden.

Ein weiterer Enthüllungsjournalist namens Gary Webb beleuchtete 1996 in einer Reihe von Artikeln namens „Dark Alliance" die Rolle der CIA beim Kokainschmuggel in die USA durch nicaraguanische Contra-Rebellen, der zur Finanzierung ihres Krieges gegen die linksgerichteten Sandinisten diente. Webb stützte seine Behauptungen mit Hilfe von Ergebnissen einer von Senator John Kerry 1986 durchgeführten Untersuchungskommission, deren Richtigkeit zudem anhand weiterer interner Untersuchungsberichte der CIA bewiesen werden konnte.

Ein wichtiger Zeuge dafür, dass das Problem des ausufernden Opiumanbaus im heutigen Afghanistan ebenfalls mit der CIA in Zusammenhang steht, ist der ehemalige Chef der zur Bekämpfung des Drogenschmuggels eingesetzten Drug Enforcement Agency (DEA), Edward Follis, der seine Erfahrungen in dem 2014 erschienenen Buch „The Dark Art: My Undercover Life in Global Narcoterrorism" veröffentlichte und worin er erklärt:

„Fast überall in der Welt, wo ich gearbeitet habe, hatte ich Reibungen mit der CIA. Wir arbeiten auf demselben Gebiet, aber mit verschiedenen rechtlichen und moralischen Parametern. [...] Die existieren vollkommen im Dunklen."

Die Rolle der CIA-Abteilung „Directorate of Operations" (seit 2005: „National Clandestine Service") beim strategischen Drogenschmuggel fasste der amerikanische Professor Christopher Simpson im Jahr 2001 mit folgenden Worten zusammen:

„Das Directorate of Operations der CIA – mit anderen Worten, die Abteilung für verdeckte Operationen, paramilitärische Operationen oder „Schmutzige Tricks", wie immer Sie es nennen wollen – hat dokumentiert über einen Zeitraum von mindestens 40 Jahren für einen signifikanten Teil ihrer Arbeit durch den Verkauf von Heroin und Kokain bezahlt. Dies geschah in Vietnam und in Afghanistan, und es passierte in Südamerika und in der Iran-Contra-Affäre. [...] Drogengeld ist ein wesentlicher Bestandteil der verdeckten Operationen der CIA, und zwar praktisch seit den Anfängen dieser Behörde."

Sogar noch deutlicher äußerte sich der ehemalige US-Präsidentschaftskandidat und heutige US-Außenminister John Kerry 1987 im Rahmen der Senatsanhörungen zur Rolle des CIA bei der Iran-Contra-Affäre:

„Unser Land machte sich zum Komplizen im Drogenhandel, zur selben Zeit in der wir unzählige Dollars dafür ausgaben, die durch Drogen verursachten Probleme in den Griff zu bekommen – es ist einfach unglaublich. [...] Ich weiß nicht, ob wir das schlechteste Geheimdienstsystem der Welt haben; ich weiß nicht, ob wir das beste haben, und sie haben alles gewusst, und einfach weggesehen – aber unabhängig davon, wie man es betrachtet, läuft etwas falsch, etwas läuft wirklich falsch da draußen."

Drogen als innenpolitisches Machtinstrument

Von 1953 bis in die 70er Jahre hatte die CIA unter den Decknamen „Artischocke", „Bluebird" und „MK Ultra" geheime Experimente mit halluzinogenen Drogen wie LSD, Mescalin und MDA zum Zweck der Gehirnwäsche durchgeführt, wobei schwerste körperliche und psychische Störungen auftraten, die bis zum Tod führen konnten.

Unter dem damals neuen CIA-Direktor Allan Dulles begannen solch menschenverachtende Experimente, die auf ähnliche Versuche der Nazis zurückgingen und die vor dem Hintergrund des Kalten Krieges mit der Sowjetunion gerechtfertigt wurden. Mitte der 70er Jahre wurde eine Untersuchungskommission des US-Senats eingerichtet, um die Vorfälle zu untersuchen, die unter Beteilung des FBI und anderer Geheimdienste durchgeführt wurden. Die Aufarbeitung wurde dadurch behindert, dass der damalige CIA-Direktor Richard Helms 1973 die Anweisung gab, alle internen Dokumente hierzu zu vernichten.

Während sich die Programme vordergründig gegen die Eindämmung des Kommunismus richteten, bestand eine wesentliche Zielsetzung aber offenbar darin, einzelne Individuen gezielt manipulieren zu können – einschließlich amerikanischer Staatsbürger –, sei es zur Entlockung persönlicher Geheimnisse und der Auslöschung der Erinnerung oder sei es dazu, Menschen zu willenlosen Wesen zu machen, indem man sie z.B. in perfekte Mordinstrumente verwandeln konnte, ob als Auftragskiller, dessen Erinnerung an die Tat man nachträglich auslöschen konnte, oder als Soldat, der ohne irgendwelche Skrupel zu jeglicher Art von Kriegsverbrechen bereit ist.

Die Aktivitäten der CIA richteten sich aber auch in anderer Form direkt gegen die eigene Bevölkerung, indem z.B. Kokain besonders an Schwarze in Los Angeles verkauft wurde, womit man eine ähnliche Strategie verfolgte, die sich bereits bei den amerikanischen Ureinwohnern wie bei den australischen Aborigines „bewährt" hatte, indem man sie mit Hilfe des Alkohols zusätzlich außer Gefecht setzte, um keine Gegenwehr gegen die Regierung zu erzeugen.

In diesem Zusammenhang ist es auch erwähnenswert, dass die in den 1960ern aufkommende Black-Panther-Bewegung, die sich für eine Stärkung der Bürgerrechte von Schwarzen einsetzte vom damaligen FBI-Chef J. Edward Hoover im Rahmen des COINTELPRO Programms bekämpft und gar als „größte Bedrohung der nationalen Sicherheit" bezeichnet wurde.[(4)]

1.3 Die bizarrsten Straftaten der UNO: 173 Kilo Marihuana, Kinderpornografie und eine Kettensäge

Laut eines von der internationalen Organisation herausgegeben Jahresberichts bezüglich disziplinärer Angelegenheiten und Fällen krimineller Verhaltensweisen luden Mitarbeiter der Vereinten Nationen Kinderpornografie herunter und tauschten sie untereinander, transportierten ungefähr 173 Kilo Marihuana in einem offiziellen Fahrzeug und drohten sich untereinander Mord an.

Der vom UNO-Sekretariat stammende Bericht umfasst die Periode zwischen Juli 2014 und Juni 2015. Er benennt weder das betreffende Personal noch dessen Nationalität, oder wo die Verstöße stattgefunden haben.

Vielleicht am besorgniserregendsten ist, dass vier UNO-Mitarbeiter wegen des Empfangens und Speicherns von pornografischen Bildern Minderjähriger auf ihren offiziellen Computern und deren Verbreitung über UNO-Netzwerke entlassen wurden.

Es war unklar, ob die vier ungenannten Personen in ihren Heimatländern irgendwelche Anklagen zu befürchten haben. Ein fünfter Mitarbeiter, der pornografisches Material von Erwachsenen auf einem UNO-Computer gespeichert hatte, wurde degradiert und für die Dauer von zwei Jahren von einer Beförderung ausgeschlossen.

An anderer Stelle des Berichts wurde auf einen Angestellten Bezug genommen, der deswegen entlassen wurde, weil er „ein offizielles Fahrzeug der Organisation für den Transport von ungefähr 173 Kilogramm Marihuana“ benutzt hat.

Ein weiterer Mitarbeiter versuchte unerklärlicherweise, bei einem UNO-Passagierflug eine Kettensäge mitzunehmen. Noch ein anderer UNO-Sicherheitsbeamter wurde verhaftet, weil er einem Passagier während des Durchleuchtens seines Gepäcks 2.200 US-Dollar entwendet hatte.

Die Ermittler gaben an, dass mehrere UNO-Mitarbeiter Kollegen Gewalt angedroht haben, einschließlich eines Angehörigen des Personals, der wiederholt mit der Tötung eines Botschafters gedroht hatte bzw. andeutete, dass er seine Ermordung veranlassen könnte.

In einem anderen Fall fuhr ein Mitarbeiter mit einem Traktor in das Büro eines Kollegen „in der Absicht, in dem Büro Schaden anzurichten und seinen Vorgesetzten zu verletzen". UNO-Ermittler führten den Vorfall auf „lang anhaltende arbeitsplatzbedingte Streitigkeiten" zurück.

Andere Vermerke des Berichts waren eher banal: Ein Mitarbeiter entfernte unerlaubterweise Stacheldraht von einem UNO-Grundstück, ein Angestellter nahm Treibstoff aus UNO-Beständen an sich, ein Angehöriger des Personals stahl ein Ries (eine Verpackungseinheit) Papier und ein weiterer machte gegenüber seinen Vorgesetzten falsche Angaben über seine Ausbildung.

Das UNO-Sekretariat erfasst etwa 41.000 Mitarbeiter aus aller Welt. Nach UNO-Angaben ist es nach der Entlassung eines Mitarbeiters Sache der Mitgliedsstaaten, Ermittlungen aufzunehmen und Anklagen vorzubringen, wenn dies angemessen ist.

Dieses Vorgehen hat Kritiker auf den Plan gerufen, indem diese vorbringen, dass UNO-Mitarbeiter und Friedenswächter, die sexuelle Gewalt und andere Vergehen ausüben, von ihren Heimatländern kaum vor Gericht gestellt werden – falls die Vorfälle überhaupt jemals publik werden.

Laut des Berichts, der Vergehen des vorangegangenen Jahres von Juli 2013 bis Juni 2014 zusammenfasst, wurden auch mindestens drei Angehörige des Personals entlassen, weil sie Geschlechtsverkehr mit Minderjährigen hatten.

Die Vereinten Nationen untersuchten zum Beispiel im Sommer 2020 eine mutmaßliche sexuelle Verfehlung von UN-Mitarbeitern in Israel. Eine im Internet aufgetauchte Aufnahme zeigt einen Wagen mit UN-Kennzeichen, in dem eine Frau rittlings auf einem Mann sitzt. Das Video soll aus Tel Aviv stammen.

Abb. 3: Hoppe, hoppe Reiter?

Das Video machte einige Tage die Runde im Internet, das angeblich einen Geschlechtsakt in einem Wagen der Vereinten Nationen zeigt. In der 18 Sekunden langen Aufnahme ist ein weißer Geländewagen mit deutlicher Kennzeichnung als UN-Fahrzeug zu sehen. Auf dem Rücksitz spielt sich offenbar eine sexuelle Szene ab: Eine Frau reitet auf einem Mann. Das Auto bleibt für einen Augenblick auf einer Straße stehen und fährt dann weiter.

Der Vorfall soll sich in Tel Aviv ereignet haben. Laut einem Bericht [5] handelt es sich bei dem Wagen um ein Fahrzeug der UN-Mission zur Überwachung des Waffenstillstands (UNTSO). Die im Jahr 1948 gegründete Organisation verfügt nach eigenen Angaben über 153 Militärbeobachter, die die Einhaltung des Waffenstillstands auf den Golanhöhen und an der libanesisch-israelischen Grenze überwachen.

Die UNO hat inzwischen eine Untersuchung eingeleitet. Die Organisation zeigte sich "schockiert und zutiefst beunruhigt". Stéphane Dujarric, Pressesprecher des UN-Generalsekretärs, bezeichnete das Verhalten als abscheulich:

„Das darin gezeigte Verhalten ist abscheulich und widerspricht allem, wofür wir stehen und woran wir bislang gearbeitet haben, um sexuelle Verfehlungen durch das UN-Personal zu bekämpfen."

Der UN-Vertreter versprach eine schnelle Ermittlung. Die Identifizierung der in den Skandal verwickelten Personen sollte bald abgeschlossen sein. Wann genau sich die Szene ereignet hatte, blieb bislang ungewiss. Auf Twitter [(6)] war sie aber ab dem 23. Juni zu finden.

UN-Mitarbeiter für 60.000 Vergewaltigungen verantwortlich – Tausende Pädophile beschäftigt

UN-Mitarbeiter sollen 60.000 Menschen vergewaltigt haben und die Organisation beschäftigt 3.300 Pädophile, berichtet die britische Zeitung „The Sun". [(7)]

UN-Mitarbeiter hätten in den letzten zehn Jahren 60.000 Vergewaltigungen verüben können, da die Helfer überall auf der Welt unbehindert Sexmissbrauch betreiben können.

Diese Behauptung steht in einem Dossier, das der frühere hochrangige UN-Offizielle Andrew Macleod letztes Jahr an die britische Abteilung, die damalige britische Ministerin für Internationale Entwicklung, Priti Patel, übergeben hat.

So sollen Tausende weitere „räuberische" Sexualstraftäter es gezielt auf Hilfsaktionen abgesehen haben, um gefährdeten Frauen und Kindern nahe zu kommen.

Vertuscht von ganz oben: Tausende Pädophile arbeiten für die UN

Ein ehemals hochrangiger Mitarbeiter der UN (Vereinte Nationen), Andrew MacLeod, erhebt schwere Vorwürfe gegen 3.000 Hilfsarbeiter der UN. Es soll sich bei diesen Mitarbeitern um Pädophile handeln. Eine Vertuschung von Sexualdelikten sei in der UN gang und gäbe und hat ein „endemisches Ausmaß" erreicht.

„The Sun" schreibt:

„Es gibt Zehntausende von Entwicklungshelfern auf der ganzen Welt mit pädophilen Tendenzen, aber wenn man ein T-Shirt des UN-Kinderhilfswerks UNICEF trägt, dann fragt keiner danach, was man tut. Sie können ungestraft tun, was sie wollen. Das System ist fehlerhaft, das hätte schon vor Jahren gestoppt werden müssen.

Fragt sich natürlich, warum das System so „fehlerhaft" ist. Könnte es vielleicht daran liegen, dass einige hochrangige Beamte bei der UN selbst pädophil sind und diese Aktionen zugleich fördern und vertuschen?

Innerhalb der Vereinten Nationen gebe es eine Vertuschung dieser Verbrechen in ‚endemischem' Ausmaß, wobei diejenigen gefeuert würden, die versuchten, auf solche Taten aufmerksam zu machen. Der UN-Missbrauchsskandal habe mindestens dasselbe Ausmaß wie jener in der katholischen Kirche", sagte MacLeod.

Es scheint, als ob sich solche pädophilen Netzwerke nicht nur in der UN etabliert haben, sondern in vielen anderen Institutionen rund um den Globus und vor allem in westlichen Ländern. (8)

1.4 Kinderpornografie: Unwissen bei der NSA und Datenverlust bei der britischen Regierung

Zwei Fälle aus dem Jahre 2016 deuten erneut darauf hin, dass von offizieller Seite wenig bis gar kein Interesse an einer wirklichen Aufklärung in Bezug auf die Hauptverantwortlichen von Kinderpornografie und Kindesmissbrauch besteht:

Während seit den Enthüllungen Edward Snowdens allgemein bekannt ist, dass kaum jemand vor der Spionage durch die US-amerikanische National Security Agency sicher ist, gibt sich der weltweit größte Geheimdienst trotz des Eingeständnisses des NSA-Direktors über pädophile Aktivitäten seiner eigenen Mitarbeiter vollkommen ahnungslos.

Außerdem hat die britische Regierung zwar 2016 einen Untersuchungsausschuss darüber ins Leben gerufen, warum Pädophilie-Ringe in der Regel unbehelligt bleiben, doch ausgerechnet diejenige Website, an die sich Missbrauchsopfer wenden können, um dadurch zur Aufklärung der Verbrechen beizutragen, verliert durch ein angeblich rein technisches Problem riesige Mengen an Daten von Zeugenaussagen.

Die Cyber-Spionagetruppe der US-Regierung hat ein „unglaubliches“ Kinderpornografie-Problem, aber die NSA kann – oder will – nicht sagen, wie oft sie solche kriminellen Bilder auf den Computern der Mitarbeiter findet.

Zwei leitende US-Geheimdienst-Angestellte sagten, dass die Beschäftigten im Verteidigungs- und Geheimdienstbereich eine „unglaubliche“ Menge an Kinderpornografie auf ihren Arbeitscomputern und -geräten hätten [(9)], und dass Kinderpornografie auf den Systemen der National Security Agency gefunden wurde, der größten Geheimdienstorganisation des Landes.

Aber die NSA, die dafür verantwortlich ist, sowohl ihre eigenen Computer als auch die der Militär- und Geheimdienstnetzwerke zu überwachen, kann nicht sagen, wie viele Male Mitarbeiter dabei ertappt wurden, Kinderpornografie zu besitzen oder zu verbreiten, oder wie oft solche Fälle zur Untersuchung und potentiellen Strafverfolgung an die Staatsanwaltschaft übergeben wurden.

Ein Sprecher der Behörde war nicht imstande, der Nachrichten-Website „The Daily Beast“ Statistiken zur Verfügung zu stellen, um Kommentare des NSA-Sicherheitsdirektors Kemp Ensor näher auszuführen, der bei einer öffentlichen Konferenz in Virginia am 28. April 2016 sagte, dass er auf den Systemen der Behörde Kinderpornografie gesehen habe. Trotz der Tatsache, dass die NSA-Mitarbeiter wissen, dass sie innerhalb der mächtigsten Überwachungsorganisation der Welt arbeiten, hält dies manche von ihnen nicht von kriminellem Verhalten ab. „Was die Leute [bei der Arbeit] so treiben, ist erstaunlich“, sagte Ensor.

Seine Kommentare wurden zuerst „Nextgov“ berichtet [(10)]:

„Die NSA ist ein professioneller Auslandsgeheimdienst und eine Organisation zur Informationsgewinnung mit einer hoch disziplinierten Belegschaft, die rund um die Uhr in einem der gefährlichsten Bereiche der Welt ihren Dienst versieht“, sagte ein NSA-Sprecher in einer schriftlichen Stellungnahme. „Wir setzen hohe professionelle Standards für unser Personal und jeder Gesetzesverstoß wird in angemessener Weise gemeldet.“

Aber wie viele? Wie oft? Dies sind Fragen, auf die man sich von der weltweit führenden Computer-Überwachungsbehörde Antworten erwarten kann. Privat äußerten sich gegenwärtige und frühere Geheimdienstmitarbeiter gegenüber „The Daily Beast”, dass die NSA darüber Bescheid weiß, wenn Angestellte eindeutige und illegale Bilder herunterladen, speichern oder teilen. Das

Herunterladen, Kaufen oder Verbreiten von Kinderpornografie ist ein Verbrechen. Aber die NSA erfasst wahrscheinlich nicht die Anzahl an Funden von Kinderpornografie, sagten die gegenwärtigen und früheren Mitarbeiter – zumindest nicht in irgendeiner Form, die sie zu veröffentlichen gewillt ist.

Wenn das der Fall ist, dann liegt das nicht an fehlenden Warnsignalen von Verteidigungs- und Sicherheitsbeamten. Vor sechs Jahren veröffentlichte das Pentagon einen mehr als 90 Seiten umfassenden Bericht [(11)] einer Untersuchung namens „Operation Flicker", die offenbarte, dass Mitglieder der Militär- und Verteidigungspartner angeblich gekaufte Kinderpornografie auf ihren Computern hatten. Ein Vertragspartner bei einer streng geheimen Sicherheitsüberprüfung wurde des Besitzes beschuldigt. Er arbeitete für die NSA.

Es ist also klar, dass die Behörde – ob anekdotenhaft oder auf der Grundlage von Ergebnissen außerhalb von Untersuchungen – darüber im Bilde war, dass es ein Problem gibt. Und die NSA ist kein Einzelfall.

„Das Ausmaß der Kinderpornografie, das ich sehe, ist unglaublich", sagte Daniel Payne, der Direktor des „Defense Security Service" (Verteidigungssicherheitsdienst), bei der gleichen Konferenz, bei der auch Ensor sprach. Der DSS, eine von der NSA getrennte Behörde, führt Nachforschungen über die angehenden und gegenwärtigen Regierungsangestellten durch. Payne arbeitete 34 Jahre lang bei Geheimdiensten und Spionageabwehr, wozu auch Jobs beim Militär gehörten.

Ensor und Paynes freimütige Bemerkungen sind zweifellos unangenehm für ihre Arbeitgeber. Nicht nur lehnte die NSA wiederholt Anfragen zur Quantifizierung des Problems ab, das Ensor beschrieb. Als ihm die gleiche Frage gestellt wurde, gab der Defense Security Service eine Erklärung in Form einer Standardformulierung ab, die Paynes alarmierenden Kommentare abschwächte.

Paynes „Bemerkungen waren nicht behördenspezifisch; er sprach eher in Bezug auf die Regierung als Ganzes", besagte die Stellungnahme. Erneut danach befragt, Informationen zur Verfügung zu stellen, die eine Größenordnung dieser Art von Problem [(12)] benennt, bot die Behörde eine Zählung seiner eigenen Angestellten an, bei denen Pornografie auf ihren Computern gefunden wurde: Null.

„Der Defense Security Service hat keine Vorfälle von Kinderpornografie auf Behördencomputern gefunden", besagt die Erklärung. *„Sollte bei einem DSS-*

Mitarbeiter Kinderpornografie gefunden werden, würde der Fall zur weiteren Untersuchung an die Strafverfolgung übergeben werden.“

Nach der Anzahl befragt, wie oft sie Kinderpornografie auf den Computern anderer Behörden gefunden habe (wie bei jenen, bei denen DSS-Investigatoren Nachforschungen im Rahmen von Sicherheitsüberprüfungen durchführen), hat die Behörde keine Zahl genannt.

„Zu unserer Mission gehört die Durchführung von Einstufungen zur DSS-Sicherheitsanfälligkeit von erledigten Einrichtungen, die die Nachprüfung der Aufzeichnungen von geheimen Systemen einschließt”, sagte die Behörde in einer anderen Erklärung. *„Sollte die Nachprüfung irgendwelche illegalen Aktivitäten zutage fördern, würde der DSS den Sicherheitsstab der Einrichtung informieren und wenn nötig sicherstellen, dass die entsprechenden Strafverfolgungsbehörden benachrichtigt werden.”*

Payne und Ensor versuchten jedoch nicht, bei der Regierung das Bewusstsein über Kinderpornografie und –missbrauch zu stärken. Vielmehr sprachen sie bei einem Ausschuss über die so genannten Bedrohungen durch Insider bei Geheimdienstbehörden. Seit Edward Snowden hochgeheime Informationen bezüglich der Überwachung durch die NSA enthüllte, haben die amerikanischen Geheimdienstbehörden die Entdeckung des nächsten Whistleblowers oder Spions zur höchsten Priorität gemacht.

Um dies zu tun, müssen die Behörden nicht nur kontrollieren, was die Regierungsangestellten bei der Arbeit anstellen, sondern auch zuhause, argumentierten Payne und Ensor. Die NSA-Mitarbeiter, besonders die jungen, verlassen die Behörde und gehen von der Privatsphäre ihres eigenen Zuhauses aus online. „Das ist es, wo wir sein müssen, das ist es, wo wir ansetzen müssen“, sagte Ensor.

Wie Sprecher beider Behörden erklärten, kam das Problem der Kinderpornografie im Kontext einer Diskussion über die Arten von Aktivitäten auf, die signalisieren, dass jemand in kriminelles Verhalten verwickelt sein könnte, dass sie unmittelbar zu einer potentiellen Sicherheitsgefährdung machen könnte.

Dies warf die Frage auf, ob die Beamten eine Form des kriminellen Verhaltens – d.h. das Herunterladen von Kinderpornografie – das sie nicht genau quantifizieren konnten, als Rechtfertigung für die Ausdehnung der Überwachung der Regierungsangestellten benutzen konnten.

Aber beim Versuch, die Bedeutung eines Problems zu betonen – also geheime Informanten und Spione – unterstrichen Payne und Ensor ein anderes: das anhaltende und fortwährende Herunterladen von Kinderpornografie am Arbeitsplatz. Und vielleicht die absichtliche Ignoranz der Beamten bezüglich dieser Angelegenheit.

Regierungsuntersuchungen haben Vorfälle entdeckt, bei denen Geheimdienstbeamte effektiv Beweise über das Betrachten von Kinderpornografie und potentiellen Kindesmissbrauch durch Beschäftigte ignorierten. 2014 berichtete McClatchy, dass ein Generalinspekteur herausfand, dass das National Reconaissance Office, das US-Spionagesatelliten betreibt, es versäumte, Behörden darüber zu informieren [(13)], wenn einige seiner Angestellten und Vertragspartner Kindesmissbrauch und andere Verbrechen während Lügendetektortests gestanden, die aufgrund von Sicherheitsüberprüfungszwecken angeordnet wurden.

„In einem Fall wies einer der Top-Anwälte Kollegen an, sich nicht um das Berichten von Geständnissen über Kindesmissbrauch, das Anschauen von Kinderpornografie und Sexting [Versand eigener Nacktfotos per SMS] mit Minderjährigen zu kümmern, offenbarten die Nachforschungen durch einen Generalinspekteur für die Geheimdienstgemeinde", so McClatchy. Zwei Jahre zuvor berichtete die Nachrichtenagentur, dass Strafverfolgungsbeamte nicht über Geständnisse von Verbrechen informiert wurden, die bei Lügendetektortests an die Oberfläche kamen.

2011 berichtete der „Boston Globe“ [(14)], dass das Verteidigungsministerium nur 3.500 von 5.200 Leuten untersuchte, die verdächtigt wurden, Kinderpornografie heruntergeladen zu haben. Der Generalinspekteur des Pentagons versprach eine „uneingeschränkte Verfolgung“, um Gesetzesübertreter dingfest zu machen und sagte, sein Büro würde 1.700 potentielle Fälle des Besitzes von Kinderpornografie nachprüfen, die vier Jahre zuvor an Ermittlungsbeamte des Militärs übergeben wurden, jedoch nie ausgewertet wurden, berichtete „Globe“.

Obwohl sie es offenbar nicht beabsichtigten, brachten Payne und Ensor einen wichtigen Punkt auf die Tagesordnung. Das immer wieder dokumentierte Problem der Kinderpornografie bei Arbeitsplätzen ist offensichtlich ungelöst geblieben, wenn sich zwei leitende Beamte, deren Job es ist, sich damit zu befassen, immer noch dazu äußern. [(15)]

1.5 Koks & Pornos: Illegale Downloads von Filmen und TV-Serien im Bundestag – Lauterbachs Cannabis-Legalisierung

2012 machte diese Meldung die Runde: Wer illegale Inhalte herunterlädt, hinterlässt Spuren. Feste IP-Adressen sind besonders leicht auszumachen. Eine Datensammlung enthüllt nun: US-Filmstudios laden Werke der Konkurrenz und Pornos herunter, US-Ministerien und das Repräsentantenhaus sind ebenfalls verstrickt. Wie der Bundestag.

„Du kannst klicken, aber Du kannst Dich nicht verstecken." Diese Warnung ist Teil der Anti-Download-Kampagne, initiiert von der Filmindustrie in den USA, der Motion Picture Association of America (MPAA). Filesharer gibt es offenbar überall. Dazu gehören auch der Bundestag, das EU-Parlament, US-Ministerien - und große US-Filmstudios selbst. Dies haben Daten des Unternehmens *Scaneye* ergeben.

Den Angaben zufolge werden während der Arbeitszeit auch aus den Häusern von *Paramount Pictures*, *Warner Brothers*, *Disney*, *Sony Pictures* und *20th Century Fox* Urheberrechtsverletzungen begangen. *Scaneye* hat sich auf die Analyse von Bittorrent spezialisiert. Über das Bittorrent-Protokoll werden große Dateien von verschiedenen, wechselnden Quellen gleichzeitig heruntergeladen und am Ende zusammengesetzt. Damit ist kaum nachvollziehbar, woher etwa ein Film ursprünglich kam. Die dazu nötigen Ausgangsdateien stellen Websites wie „The Pirate Bay" bereit.

Die MPAA hatte sich vor Monaten sowohl mit dem Musikindustrie-Pendant RIAA als auch den fünf großen Internet Providern der USA darauf geeinigt, im Jahr 2013 stärker gegen Urheberrechtsverletzungen vorzugehen. Dazu gehören auch die Identifizierung der zugehörigen IP-Adressen-Nutzer, Warnhinweise und Weitergabe der Daten an die Rechteinhaber. So sollen Abmahnungen und Klagen leichter umsetzbar werden. Für die betroffenen Hollywoodstudios könnte es also ungemütlich werden.

Den Daten zufolge kommen von statischen IP-Adressen Paramounts Teile der Filme *Battle Force*, mit *Happy Feet 2* ein Streifen der Konkurrenz Warner, oder auch *Die Tribute von Panem*. Bei Warner selbst nutzten Mitarbeiter ebenfalls Bittorrent und luden neben Filmen wie *The Expendables 2* auch illegal Pornos herunter.

Im Bundestag in Berlin gibt es indes Interesse an *Celebrity Rehab* in High Definition, dem aktuellen Actionstreifen *Premium Rush* oder auch *The Voice*. In Brüssel geht die EU unter anderen mit *Take Shelter* von 2011 in Deckung und besorgt sich *Poupoupidou* samt schwedischen Untertiteln.

In den Büros von *Sony Pictures* werden neben Filmen wie *Ice Age 4* auch Videospiele und Fernsehshows heruntergeladen. Beschäftigte von 20th Century Fox und Disney sind offenbar auch keine Engel. Diese Daten seien nur „die Spitze des Eisbergs“ und damit exemplarisch, schreibt „torrentfreak.com“.

Auch von Mitarbeitern von Musikkonzernen und in US-Regierungsinstitutionen wird demzufolge kräftig illegal heruntergeladen. Darunter sind das Repräsentantenhaus, das Heimatschutzministerium und gar das Justizministerium. Auf Anfrage von n-tv.de berief sich Scaneye bei der Zuordnung der IP-Adressen auf den US-amerikanischen Geodatendienst Maxmind.

Ab 2013 sollen rund 75 Prozent alle Breitband-Internetzugänge in den USA in Sachen Bittorrent gescannt werden. Begeht ein Kunde eine Urheberrechtsverletzung, schicken die Provider AT&T, Cablevision, Comcast, Time Warner Cable oder Verizon eine Warnung: Wir überwachen diesen Anschluss jetzt.

Sechs Mal sollen diese Benachrichtigungen verschickt werden, danach dürfen die Internet Provider den Namen des Anschlussinhabers und seine Verstöße an die Rechteinhaber weiterleiten. Diese dürfen die Daten dann für rechtliche Schritte verwenden. US-Filmstudios sowie Musikkonzerne müssen wohl aufpassen, dass sie nicht ihre eigenen Mitarbeiter abmahnen oder verklagen.

Der Bundestag, Pornos und Koks!

Was für eine Horde von Süchtigen, gierig und geil (mit dem unteren und oberen Rüssel) nach illegalen Filmen und Pornos und im November 2000 der Kokain-Fund: Staatsanwaltschaft ermittelt wegen Kokain-Verdachts.

Nachdem auf 22 Toiletten des Parlamentsgebäudes angeblich Kokainspuren gefunden wurden, hatte sich die Staatsanwaltschaft Berlin des Themas angenommen. (16)

Die „Berliner Zeitung" schrieb:

„Jetzt verriet Prof. Dr. Fritz Sörgel, wo die höchsten Werte gemessen wurden: bei Bündnis 90/Grüne und PDS. Der Journalist Martin Lettmayer hatte auf 28 Reichstagstoiletten Wischproben genommen. Bei 22 wurde Kokain gefunden. Den höchsten Wert hatte die Probe einer Toilette im Fraktionsbereich Bündnis 90/Grüne und PDS: 1,10 Mikrogramm. Auch zwei weitere waren positiv. Fünf Proben wurden auf der Präsidialebene genommen – dort residiert Bundestagspräsident Wolfgang Thierse. Alle positiv. Von den drei Proben auf SPD-Toiletten waren zwei negativ, eine positiv. Fünfmal wischte der Reporter bei der CDU/CSU, dreimal bei der FDP – alle positiv. Auch auf der Plenarebene, wo die Bundestagssitzungen stattfinden, wurde gewischt. Fünfmal positiv, zweimal negativ. Noch was fand Sörgel heraus: Zwei bis sieben Tage vor der Messung könnte auf den Toiletten ‚geschnupft' worden sein." (17)

Lauterbach und der Drogenmythos

Gesundheitsminister Karl Lauterbach sprach sich bereits 2021 für die Legalisierung von Cannabis aus. Denn so werde verhindert, dass Dealer mit Heroin gestrecktes Marihuana verkaufen, argumentierte er. Komisch nur, dass solche Fälle Ermittlern und Suchtberatern gänzlich unbekannt sind, berichtet die „Junge Freiheit". (18)

Gegenüber der „Rheinischen Post" begründete er seine Haltung. *„Jahrelang habe ich eine Cannabislegalisierung abgelehnt. Mittlerweile komme ich als Arzt aber zu einem anderen Schluss."* Denn immer öfter würden Drogendealer Cannabis mit Heroin vermischen, um ihre Kunden auf diese Weise davon abhängig zu machen. Wäre der Verkauf von Cannabis ein erlaubtes Geschäft, könnte damit der Handel mit verunreinigtem Haschisch bekämpft werden.

Weiter schilderte Lauterbach der „Zeit", dass in den USA Heroin auf Joints gesprüht werde. Dabei berief er sich auf zuständige Ermittlerkreise.

Doch zumindest deutsche Ermittlerkreise haben von so einer Entwicklung noch nichts gehört. Nachfragen der ARD ergaben demnach, dass weder dem Bundeskriminalamt (BKA) noch dem nordrhein-westfälischen Landeskriminalamt (LKA) solche Fälle – „die wirklich berichtenswert wären" – bekannt seien.

Auch einer Stuttgarter Drogenberatungsstelle ist der von Lauterbach kolportierte Trend neu. „Die Geschichte, dass Dealer diese ‚Verkaufsstrategie' wählen, um neue Kunden zu gewinnen, gehört nach unserer Ansicht in den Bereich der Drogenmythen und taucht immer wieder auf", sagte Bernd Klenk vom Verein Release. Die üblichen Streckmittel für Cannabis seien vielmehr gewichterhöhende Zusätze wie Blei, Sand, Zucker oder schlimmstenfalls Glassplitter. Zudem wirke das Opiat Heroin auch ganz anders als Haschisch.

Ebenfalls als Schall und Rauch erwies sich die USA-Geschichte von Lauterbach. Denn das dortige National Institute on Drug Abuse erwähnt in seinen Aufzeichnungen keinen einzigen Fall, in dem Cannabis mit Heroin oder auch synthetischen Opiaten gestreckt worden sei, wie Recherchen der ARD ergaben.

Somit scheint Lauterbach offenbar einem Drogenmythos aufgesessen zu sein und unter dessen Eindruck mit seiner Legalisierungs-Forderung ironischerweise für das größere gesundheitliche Risiko plädiert zu haben. Die Polizeigewerkschaften hatten bereits davor gewarnt, dass es sich bei Marihuana um eine Einstiegsdroge handele. Sie beklagten in dem Zusammenhang auch die Verharmlosung der Droge, so die „Junge Freiheit".

Fehler bei der Legalisierung

Die Webseite „hanfjournal.de" schreibt weiter(19):

Gesundheitsminister Karl Lauterbach reichte die Eckpunkte zur Cannabislegalisierung in Brüssel ein. Allerdings können diese, wie wir bereits erwähnt haben, nicht notifiziert werden. Der cannabiskritische CSU-Politiker Stephan Pilsinger reichte eine parlamentarische Anfrage an das Gesundheitsministerium ein. So ist es laut eines Berichts von Fokus nicht möglich, die vom „Bundeskabinett beschlossenen Eckpunkte von der EU-Kommission zunächst freigeben zu lassen, um erst danach einen konkreten Gesetzentwurf zu erarbeiten. Gemäß den europarechtlichen Vorgaben können nur konkrete Regelungsentwürfe notifiziert werden", liest es sich in einer Antwort, die dem RedaktionsNetzwerk Deutschland (RND) vorliegt.

Lauterbach plante, die Eckpunkte zuerst inoffiziell der EU-Kommission vorzulegen. Allerdings ist so eine Notifizierung nicht möglich. Die Eckpunkte müssen offiziell eingereicht werden.

Aus unserer Anfrage bei der EU-Kommission. „Der Kommission ist bekannt, dass das Bundesministerkabinett ein Eckpunktepapier zur kontrollierten Abgabe von Freizeit-Cannabis an Erwachsene verabschiedet hat. Wir gehen davon aus, dass dieses Papier als Grundlage für die nachfolgende Ausarbeitung eines Legislativvorschlags dienen soll", heißt es seitens der EU-Kommission.

Auch auf die direkte Nachfrage nach irgendeinem inoffiziellen Dokument seitens des Gesundheitsministeriums kam sich nicht geäußert werden, da es sich um keinen offiziellen Konsultationsversuch handelt."

Die Kommission kann sich nicht zu politischen Erklärungen oder Gesetzesentwürfen äußern. Wir können nur wiederholen, dass wir zum jetzigen Zeitpunkt keine weiteren Kommentare abgeben können, da wir das formelle deutsche Konsultationsersuchen noch nicht erhalten haben", heißt es seitens einer Pressesprecherin der EU-Kommission.

Pilsinger musste diesen peinlichen Fehler Lauterbachs bloßstellen. „Es ist einfach peinlich für einen deutschen Gesundheitsminister, eine Vorabprüfung durch die Europäische Kommission anzukündigen, die von Anfang an so nie möglich war", äußerte Pilsinger dem RND. „Karl Lauterbach ist vielleicht ein guter Theoretiker, aber ein lausiger Praktiker", fügte er hinzu. Lauterbach sei „nicht mehr als ein reiner Ankündigungsminister", fügte Pilsinger noch hinzu.

Lauterbach hat einen peinlichen und unnötigen Fehler gemacht. Er muss dringend seinen Kurs ändern und nach den offiziellen Regeln spielen. Nur so kann endlich legalisiert werden.

In einem anderen Artikel heißt es bei „hanfjournal.de"[(20)]:

Eine Legalisierung von Cannabis zu Genusszwecken würde angeblich laut Klaus Holetschek das Gesundheitssystem belasten. Laut des CSU-Politikers würden Zahlen zeigen, dass es mehr Fälle von Psychosen geben wird. Er gibt an, dass immer mehr Menschen wegen der Folgen des Cannabis-Konsums behandelt werden müssten. Somit warnt der Gesundheitsminister vor einer Cannabislegalisierung, denn er denkt weiterhin, dass es das Gesundheitssystem weiter belasten würde. Dies sagte Holetschek in einer Mitteilung vom Sonntag, 8. Januar 2023. (21)

Laut Holetschek hätten sich die Zahlen der mit stationär behandelten Psychosen aufgrund von Cannabis zwischen 2008 und 2020 mehr als verzehnfacht. So gab es einen Anstieg von 56 auf 631 Fälle mit Psychose aufgrund von Cannabis.

„Das zeigt deutlich, dass wir mehr Kraft in Prävention und Aufklärung stecken müssen, anstatt Cannabis legal zu machen", so Holetschek. Er kommt aber dabei nicht auf die Idee, tatsächlich in dem Bereich zu recherchieren. Eine kurze Recherche zeigt klar auf, dass sich im selben Zeitraum auch der Anteil an synthetischen Cannabinoiden massiv erhöht hat. Diese synthetischen Cannabinoide haben eine signifikant höhere Psychosegefahr.

Damit wird das Cannabis auf dem Schwarzmarkt gestreckt und ahnungslose Konsumenten erleiden durch die hochpotenten und noch nie zuvor am Menschen getesteten Laborsubstanzen eine Psychose.

Der allgemeine Konsens der Wissenschaft ist hier, dass eine Legalisierung des Cannabis sicher macht und die Konsumenten genau wissen, was sie konsumieren. So können erwachsene Menschen, die aufgeklärt wurden, eine Entscheidung im Sinne ihrer Drogenmündigkeit treffen.

„Die Politik ist verpflichtet, auch die Kosten des Gesundheitssystems im Blick zu behalten. Legale Drogen wie Alkohol und Tabak belasten das System bereits in erheblichem Ausmaß. Es wäre fahrlässig, wenn durch die Legalisierung von Cannabis eine weitere Belastungsquelle hinzukäme", sophistizierte Holetschek.

Holetschek gibt auch an, dass sich die Fallzahlen in den USA nach der Legalisierung erhöht hätten. Er denkt weiterhin, dass die Legalisierung ein Fehler wäre und spricht sich weiterhin gegen eine Legalisierung aus.

2 Rituale

Die Grundelemente der kulturellen Weitergabe und Transformation sind psychologischer Natur.

(Julian Huxley)

So verändern wir uns. Seit jeher werden hohe Rituale durchgeführt, um die Realität zu transformieren.

Ritual: ein spirituelles Psychodrama bewusster, vorsätzlicher Handlungen, die ergriffen werden, um Veränderungen zu ermöglichen; Veränderungen der gesamten Umgebung, in der Menschen leben, beginnend mit der mentalen Landschaft der Menschen selbst. Der Ort, an dem unsere Realität zuerst als ein Traum geboren wird.

Die Künstlerin Sharon Devlin beschrieb einmal unverblümt den wahren Zweck von Ritualen als eine Methode, um die eigene Meinung zu ändern:

„Es ist ein heiliges Drama, in dem Sie sowohl Zuschauer als auch Teilnehmer sind und dessen Zweck es ist, Teile des Geistes zu aktivieren, die durch alltägliche Aktivitäten nicht aktiviert werden."

Die Mechaniken der Veränderung durch Mechanismen wie Rhythmen, mit denen man sich synchronisieren und verschmelzen und fließen kann, bilden eine magnetische Anziehungskraft, die einen dem Weg der Transformation zuführen.

Rituale sind Vehikel, die diese Ideen – Informationen, Daten, Symbole – nach Hause treiben, die nach Übertragung und Transformation die Sprache schaffen, mit der neue Gesellschaftsmitglieder kommunizieren, nachdem sie initiiert wurden.

Diese neue Sprache vermittelt ein neues Verständnis durch Definitionen, die das Ritual generiert; Bedeutung an Wegweiser des eigenen selbstreferentiellen Prozesses gekoppelt, auch wenn der ursprüngliche Zweck in der Wiederholung der Handlung verloren geht.

Eine rituelle Einweihung führt einen ein in „den Weg" – eine neue Lebensweise oder Weltanschauung, ein Programm, das Überzeugungen und Handlungen leitet und es dem Eingeweihten ermöglicht, ein vollwertiges und wahres Mitglied der neuen Gesellschaft zu werden.

Beachten Sie, dass Rituale nicht immer eine bewusste Handlung sind; nicht jedem, der an einem Ritual teilnimmt, wird ausdrücklich bewusst, dass er Teilnehmer ist ... und dennoch werden neue Denkmuster, Bedeutungen, eingetrommelt (bewusst oder nicht).

Ein Initiationsritual umfasst normalerweise drei Phasen ... Trennung, Liminalität und Einverleibung. In der ersten Phase ziehen sich Menschen aus ihrem aktuellen Status zurück und bereiten sich darauf vor, von einem Ort oder Status zu einem anderen zu wechseln. Oftmals kommt es in dieser Phase zu einer Loslösung oder „Abtrennung" vom früheren Selbst... zum Beispiel das Schneiden der Haare für eine Person, die gerade in die Armee eingetreten ist. Er oder sie „schneidet" das frühere Selbst ab: den Zivilisten. Oder ein Popstar verändert sich radikal und rasiert sich die Haare. Die Übergangsphase (Grenzphase) ist der Zeitraum zwischen den Stadien, in denen man einen Ort oder Staat verlassen hat, aber noch nicht in den nächsten eingetreten ist oder sich diesem angeschlossen hat. Die Attribute der Liminalität oder der liminalen Personen („Schwellenmenschen") sind notwendigerweise mehrdeutig. In der dritten Phase (Wiedereingliederung oder Eingliederung) wird die Passage (durch) das Ritualsubjekt vollzogen. Nachdem man den Ritus vollendet und seine „neue" Identität angenommen hat, tritt man mit seinem neuen Status wieder in die Gesellschaft ein. Wiedereingliederung ist gekennzeichnet durch aufwändige Rituale und Zeremonien... so gibt es bei Inkorporationsriten eine weit verbreitete Verwendung des ‚heiligen Bandes', der ‚heiligen Schnur', des Knotens und des Knotens analoge Formen wie der Gürtel (manchmal enden diese „Bänder" und „Knoten" in tödlichen Ritualen), der Ring, das Armband und die Krone... und sehen Sie, ob Ihnen irgendetwas davon bekannt vorkommt. [22]

2.1 Das Türknopfopfer-Ritual: Zwölf Selbstmorde von Prominenten im Zusammenhang mit Vertuschungen von Pädophilie

Es scheint, dass im Juni 2018 ein langwieriges Ritual gipfelte, bei dem zwölf bekannte Prominente und Mitglieder königlicher Familien geopfert wurden. Während dies nur für Normalos eine Neuigkeit sein wird, hat es definitiv an Berichterstattung über die okkulten Aspekte dieser Todesfälle gefehlt: Zwölf unabhängige und sehr erfolgreiche Menschen mit Karriere und Einfluss hingen an Türknöpfen!

Wie zum Teufel hängt man sich an einem Türknopf auf? Wie üblich ist das? Gibt es einen Türklinken-Selbstmordclub, den der Rest von uns nicht kennt? Nun, die Antwort auf diese letzte Frage lautet „Ja". Man muss nur das Wort „Selbstmord" durch „Mord" ersetzen.

Pizza Gate, John Podesta (Hillarys Kampagnenmanager, Kindervergewaltiger/Mörder), James Alefantis (Restaurantbesitzer für Kinderprostitutionsring in Washington DC), Henry Weinstein (Hollywood-Vergewaltiger), Boys Town (männlicher Kindersexring für Politiker), israelisches brown-stoning (israelischer Kontrollmechanismus für die US-Regierung, Jerry Sandusky (pädophiles Bauernopfer, das den Kopf hinhalten musste), Jeffrey Epstein (Beschaffer von Kinderprostituierten für die Elite), Hunter S. Thompson (Snuff-Filmemacher), die katholische Kirche (genug gesagt), Hillary Clinton (Vergewaltigerin, Mörderin, Luziferianerin des Tiefen Staates).

Keiner dieser Morde / Sexringe schließt sich gegenseitig aus. Erschreckender ist, dass sie Positionen von unglaublicher Macht einnehmen und in den normalisierten Institutionen von Hollywood und Washington operieren, während sie durch die Medien und die Popkultur beschützt werden

Das Verlangen nach einem Nachschub an Kindern sowohl für Pädophilen-Sexringe als auch für rituelle Opfer geht auf die Zeit der Monarchie zurück und lebt und gedeiht in den Institutionen fort, die im Hintergrund unserer heutigen Gesellschaft operieren.

In der Reihenfolge ihrer „Selbstmorde" lauten die Namen wie folgt:

Michael Hutchence (37) – gestorben am 22. November 1997

Die Leiche des INXS-Frontmanns Michael Hutchence wurde an einem Türknopf in Zimmer 524 des Ritz-Carlton-Hotels in Double Bay (Sydney) aufgehängt gefunden.

Berichten zufolge hatte Hutchence Informationen über einen „VIP-Pädophilenring" in Großbritannien, der mit dem Kinderschänder und -mörder Jimmy Savile in Verbindung gebracht wurde.

Sein Todestag, der 22.11., ist derselbe wie bei der Ermordung von John F. Kennedy (22+11=33). Die 33 ist eine freimaurerische/okkulte "Visitenkarte".

David Carradine (72) – gestorben am 3. Juni 2009

Der Hollywood-Schauspieler wurde tot in seinem Zimmer im Swissôtel Nai Lert Park Hotel an der Wireless Road in der Nähe der Sukhumvit Road im Zentrum von Bangkok (Thailand) gefunden. Ein Polizeibeamter sagte, dass Carradine nackt gefunden wurde und an einem Seil hing, das am Türknopf des Zimmerschranks befestigt war, was es wie einen Selbstmord aussehen ließ, aber zwei prominente Pathologen kamen zu dem Schluss, dass der Tod kein Selbstmord war.

Berichte deuten darauf hin, dass Carradine möglicherweise in Kinder-Sextourismus involviert war, weshalb er mit einem größeren Pädophilen-Netzwerk von Hollywood-Eliten verbunden sein könnte.

Alexander McQueen (40) - gestorben am 11. Februar 2010

McQueen, der erste von drei Modedesignern auf dieser Liste, wurde von seiner Haushälterin in seinem Haus in der Green Street in London an einem Türknopf aufgehängt gefunden, wo er von Sanitätern für tot erklärt wurde. Die Polizei bestätigte nicht, dass sein Tod ein Selbstmord war.

Fotos von McQueens Modenschauen veranschaulichen, dass er Teil der okkulten Elite war.

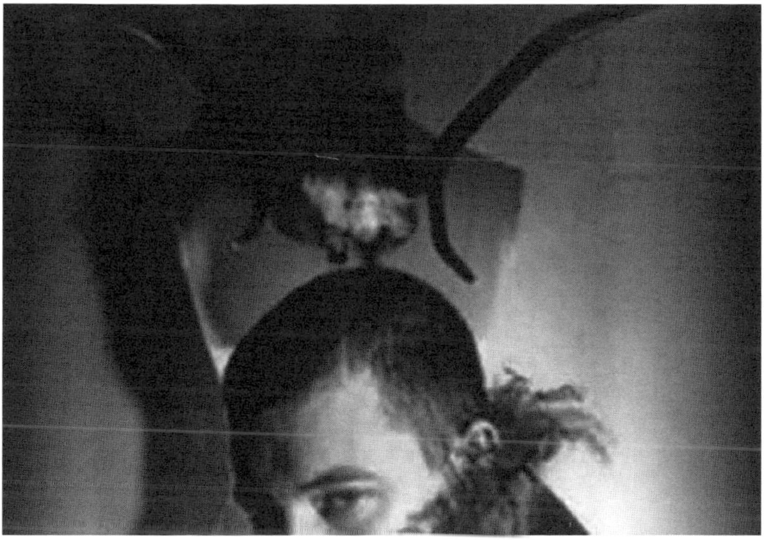

Abb. 4: Ein McQueen-Fotoshooting

Abb. 5: Freimaurerisches Schachbrettmuster bei einer Modenschau, Frühling/Sommer 2005

Abb. 6: Entworfen von McQueen

Aaron Swartz (26) – gestorben am 11. Januar 2013

Der Technologie-Pionier und Reddit-Mitbegründer Aaron Swartz wurde von seinem Partner Taren Stinebrickner-Kauffman tot in seiner Wohnung in Brooklyn aufgefunden. Eine Sprecherin des New Yorker Pathologen berichtete, er habe sich an einem Türknopf erhängt.

Laut dem ehemaligen CIA-Agenten Robert Steele hat sich Swartz kurz vor seinem Tod in einen MIT (Massachusetts Institute of Technology)-Computer gehackt und ein riesiges Versteck an Kinderpornografie gefunden.

Ein weiteres numerologisch bedeutendes Datum. Der 11. Januar entspricht „1/11"=111=3=3. Freimaurergrad. Es ist auch die erste 11 des Jahres. 11 symbolisiert die Säulen von Boas und Jachin, die am Eingang zum Tempel von König Salomo standen.

L'Wren Scott (49) – gestorben am 17. März 2014

Unsere zweite Modedesignerin auf der Liste ist L'Wren Scott, eine langjährige Geliebte von Mick Jagger (und ehemalige Freundin von Nate Rothschild), die am 17. März 2014 von ihrer Assistentin in ihrer Wohnung im Stadtteil Chelsea in Manhattan tot aufgefunden wurde. Der Chefpathologe der New Yorker Polizei stellte fest, dass Scotts Todesursache „Selbstmord durch Erhängen" war.

Vermutlich kannte sie als Ex-Freundin eines Angehörigen der Rothschilds und eines Mega-Rockstars einige dunkle Geheimnisse, deretwegen sie zum Schweigen gebracht wurde.

Robin Williams (63) – gestorben am 11. August 2014

Williams starb in seinem Haus in Paradise Cay (Kalifornien), wo er laut dem ersten Bericht, der am 12. August veröffentlicht wurde, mit einer Krawatte an einem Türknopf aufgehängt gefunden worden war. Der im November 2014 veröffentlichte endgültige Autopsiebericht erklärte, dass Williams Selbstmord begangen hatte.

Williams war so lange ein Teil der Hollywood-Szene gewesen, dass er mit Sicherheit die schmutzigen Geheimnisse von Henry Weinstein und seinem Mann kannte. Der Hollywood-Insider und Whistleblower Jon Robberson hat kürzlich in einem Interview gesagt, dass Robin Williams höchstwahrscheinlich erpresst wurde, um den Film *Patch Adams* zu drehen.

Chris Cornell (52) – gestorben am 18. Mai 2017

Cornell wurde bewusstlos von seinem Leibwächter gefunden, als er am Türknopf im Badezimmer seines Hotelzimmers im MGM Grand in Detroit hing, nachdem er am 17. Mai mit Soundgarden im Fox Theatre aufgetreten war. Die Polizei schloss Mord aus, indem sie ein Video zur Überwachung des Hotels überprüfte, in dem niemand die Suite betrat oder verließ, nachdem sein Leibwächter gegen 23:35 Uhr abgereist war. Die Todesursache war „Selbstmord durch Erhängen".

Gerüchten zufolge wollte Cornell wichtige Akteure im als Pizza Gate bekannten Pädophilenring von Washington DC entlarven. Es ist kein Geheimnis, dass Cornell und Chester Bennington (als nächstes auf dieser Liste) zwei Monate später genau auf die gleiche Weise starben und eine Organisation gegründet hatten, um gefährdeten Kindern zu helfen. Wie Sie erfahren werden, ist Chester Bennington der Sohn von John Podesta.

Chester Bennington (41) – gestorben am 20. Juli 2017

Chester Bennington von Linkin Park wurde tot in seinem Haus in Palos Verdes Estates (Kalifornien) gefunden. Seine Haushälterin entdeckte, dass sein Körper gegen 9:00 Uhr morgens an einem Türknopf hing. Sein Tod wurde offiziell als Selbstmord eingestuft.

Chester Bennington glaubte, ein Opfer von Kindesmissbrauch zu sein, und arbeitete mit seinem besten Freund Cornell zusammen, um ein weitreichendes Netzwerk für Kinderhandel aufzudecken.

Wie hoch ist die Wahrscheinlichkeit, dass zwei beste Freunde, die im Begriff sind, einen Pädophilenring in Washington DC auffliegen zu lassen, innerhalb von zwei Monaten auf genau dieselbe bizarre Weise sterben, und der zweite dies ausgerechnet am Geburtstag des besten Freundes tat?

Avicii (28) – gestorben am 20. April 2018

Der schwedische DJ Avicii (sein richtiger Name ist Tim Bergling) starb am 20. April 2018 in der Nähe von Maskat (Oman) im Alter von 28 Jahren. Obwohl nicht alle Details seines Todes veröffentlicht wurden, berichtet „TMZ", dass er Schnitte durch Glasscherben und Nackenverletzungen erlitten habe. Obwohl es unklar ist, worauf die Verletzungen an seinem Nacken zurückzuführen sind, könnten sie durch Ersticken verursacht worden sein und ein Tod durch Erhängen wurde nicht ausgeschlossen.

Nach seinem Tod stellte sich heraus, dass Avicii daran arbeitete, einen elitären Pädophilenring auffliegen zu lassen. Eines seiner Videos begann sich zu verbreiten, in dem er versucht, den Kinderhandel aufzudecken.

2015 veröffentlichte Avicii ein Video zu seinem Song *For a Better Day*, in dem er zeigt, wie Sex mit Kindern verfolgt wird und wie zwei Mädchen einem Mann entkommen, der versucht, sie einzufangen. Das Video zeigt später, dass sich die beiden Mädchen an der „Elite" rächen wollen, die diese pädophile Operation durchgeführt hat.

Kate Spade (55) – gestorben am 5. Juni 2018

Unsere dritte Modedesignerin auf dieser Liste ist Kate Spade. Ebenfalls mit den Clintons verbunden, wurde Spade mit ihrem Hals an einem Türknopf in ihrer Wohnung in Manhattan aufgehängt gefunden.

Laut einem Dokument [23] der Clinton Foundation gehörte Kate Spade zu einer Gruppe, die im Auftrag der Clinton Foundation nach Haiti reiste. Sie war Teil der Initiative der Stiftung zur Förderung des „Wirtschaftswachstums, zur Unterstützung kleiner Unternehmen und zur Stärkung von Mädchen und Frauen".

Es besteht kein Zweifel, dass Spade, die wie ein guter Mensch wirkt, auf die gleichen Informationen über das haitianische Kinderhandelsnetzwerk der Clinton-Stiftung gestoßen ist, die dafür gesorgt haben, dass Peterson von den Clintons getötet wurde. [24]

Königin Maximas Schwester Ines Zorreguieta (33) – gestorben am 6. Juni 2018

Die 33-jährige Zorreguieta wurde von einer Freundin tot aufgefunden, die ihren Körper an einem Türknopf in ihrer Wohnung im Stadtteil Almagro in Buenos Aires entdeckt hatte.

Berichten zufolge war Zorreguieta mit hochrangigen Eliten verbunden, die am Kinderhandel beteiligt waren. Königin Maxima trat zurück, nachdem sie angeblich an „Jagden" beteiligt war, bei denen Kinder von ihren Gästen beim Abendessen vergewaltigt und massakriert wurden. Einige spekulieren, dass sie möglicherweise "zum Schweigen gebracht" wurde, bevor sie wegen eines mit der Kabale verbundenen Pädophilenrings an die Öffentlichkeit gehen konnte.

Europäische Königshäuser, insbesondere das Niederländische, werden seit Langem beschuldigt, nicht nur Pädophilie zu betreiben, sondern auch Kinder zu töten und zu essen. Wenn Sie ein Normalo sind, mag dies schockierend erscheinen, aber für viele von uns sind diese Informationen nicht neu. David Icke schreit es seit über drei Jahrzehnten von den Dächern und es fängt gerade erst an, Aufmerksamkeit zu erregen. Recherchieren und teilen Sie die Informationen.

Anthony Bourdain (61) –- gestorben am 8. Juni 2018

Auf dem Höhepunkt seiner Karriere beschloss der Koch, TV-Persönlichkeit, Weltreisende und selbsternannte Intellektuelle Anthony Bourdain, Selbstmord zu begehen, indem er sich an einen Türknopf aufhängte, denn anscheinend ist es genau das, was man tut, wenn man erfolgreich ist und ein großartiges Leben hat.

Kurz bevor Bourdain „geselbstmordet" wurde, twitterte er:

„Es ist kein Geheimnis, dass Menschen, die den Clintons in die Quere kommen, sterben ... hauptsächlich durch Selbstmord."

Zu den okkulten und rituellen Mechanismen, die seinen Tod umgeben, gehören: Die Show, an der er arbeitete, war in der 11. Staffel. Er starb in Frankreich, dem Geburtsort des schottischen Ritus in der Freimaurerei. Interessanterweise nahm Bourdain an einem uralten Todesritual und dem Staffelfinale seiner TV-Show teil, das zwei Wochen nach seinem Selbstmord ausgestrahlt wurde.

Warum Türknöpfe? Die Bedeutung hinter der Metapher

Nach dem Tod von Bourdain hat sich der Ex-CIA-Spion und Whistleblower Robert David Steele zu Wort gemeldet, um etwas Licht auf den plötzlichen Anstieg an Selbstmorden zu werfen. Steele gibt an, dass all diese Selbstmorde das Merkmal eines professionellen Anschlags aufweisen und andere zum Schweigen bringen sollen, wenn sie mit belastenden politischen Informationen an die Öffentlichkeit gehen wollen.

Es heißt, dass es unglaublich schwierig, aber nicht unmöglich ist, sich selbst zu töten, indem man auf diese Weise Selbstmord begeht. Es gibt andere Möglichkeiten, sowohl emotional als auch physisch vorzugehen. Diese Methode ist zusammen mit der Numerologie, dem Timing und der Anzahl der Todesfälle nichts weniger als eine öffentliche Zurschaustellung der Bestrafung.

Robert David Steele fährt fort, dass die Umstände der Todesfälle eine bedeutende symbolische Bedeutung haben, die Geheimdienste sofort erkennen.

„An Türknöpfen zu hängen bedeutet erstickt zu sein, weil man sich gegen die Kabale ausgesprochen hat" [25]

2.2 Ein Opfer packt aus: Satanische Rituale, Folter und Mord – das schreckliche Geheimnis der Mächtigen und Reichen

Immer mehr Menschen scheint bewusst zu werden, dass hinter den Kulissen unserer alten Welt längst die Säulen einer Neuen Weltordnung errichten wurden und dass aktuell der letzte Schliff an der Fassade vorgenommen wird. Zur Neuen Weltordnung gehört unter anderem ein satanisches Pädophilen-Netzwerk, dem auch hochrangige Politiker und Mitglieder der Wirtschaftselite angehören.

Der Mainstream schweigt aus ersichtlichen Gründen und bezichtigt die Opfer, die an die Öffentlichkeit gehen, der Lüge und Falschaussage. Die Australierin Fiona Barnett ist so ein Opfer, das 2015 auf einer Pressekonferenz in Sydney viel Mut bewiesen hat, indem sie über satanische Rituale berichtete und auch Namen ihrer Peiniger nannte.

Die Geschichte liest sich wie ein Kapitel aus einem Horror-Roman, nur das diese Geschichte nicht fiktiv ist, sondern grausame Realität. Das Opfer, eine Australierin, redet Klartext und spricht von den grausamten Stunden ihres Lebens.

Abb. 7: Die Zeichnung von Fiona zeigt ihre Erfahrungen mit ritueller Abtreibung und Baal-Babyopferung im Tunnel unter Engadine BoysTown, als sie 11 Jahre alt war. Die Täter sind der litauische Nazi Dr. Leonas Petrauskas und seine Tochter. Die Abtreibung entstand als luziferisches Ritual

Das, was Barnett widerfahren ist, hat sich in einer Parallelwelt ereignet, einer Welt, mit der Durchschnittsmenschen niemals in Berührung kommen werden, deshalb wird die Geschichte von einem Großteil der Bevölkerung vielleicht nie verstanden werden, weil man immer nur das versteht und glaubt, was man mit seinen eigenen Augen sieht – alles andere spielt im Reich der Mythen, Legenden und Verschwörungstheorien. So wurde die Menschheit schließlich über Generationen erzogen.

Fiona Barnett berichtet von satanischem rituellem Missbrauch in einem international agierenden VIP-Pädophilenring. Barnett benennt auch drei ehemalige australische Premierminister und einen ehemaligen US-Präsidenten als Täter. Doch der Reihe nach.

Barnett sagt, dass sich das Netzwerk des Schreckens aus berühmten Schauspielern, Richtern und prominenten Vertretern aus der Wirtschaft zusammensetzt, außerdem seien alle wichtigen Organisationen und Institutionen Australiens darin infiltriert – genauso wie auch in den USA und Großbritannien.

Fiona Barnett ist durch die Hölle gegangen. Sie hat alles gesehen, was für Albträume sorgt, Dinge, die man sich nur schwer vorstellen kann, weil man einfach nicht glauben mag, dass Menschen zu so etwas fähig sind.

Also Dinge, die nur Menschen tun können, die keine Seele haben: Zu diesen Dingen zählen satanische Rituale, Vergewaltigung, Folter und auch Mord. Fiona Barnett wörtlich:

„Die Art und Weise, wie ich behandelt wurde und die Dinge, die ich gesehen und erlebt habe, über die ich hier berichte, waren weitaus schlimmer als meine ursprünglichen Missbrauchserfahrungen.“

Barnett ist überzeugt, dass Australien so etwas wie ein Umschlagplatz des Menschen- und Kinderhandel ist, sie klagt die australische Regierung an, dass sie eine große Zahl an Nazi-Kriegsverbrecher aufgenommen hat, einschließlich ihrer eigenen Stiefgroßeltern. Barnett wurde nach eigenen Angaben von ihrer eigenen Familie in einen internationalen Pädophilenring in Sydney gesteckt.

Barnett erklärt, dass einige der Opfer von der Straße weg entführt wurden – sie spricht von Zucht, wie es sonst nur bei Paradehengsten üblich ist und sie sagt, dass sich der Missbrauch oft wie ein Roter Faden durch ganze Generationen zieht, die Opfer werden geschult, um später selbst einmal die Rolle eines Administrators übernehmen zu können.

Fiona erinnert sich dunkel, dass ihr erster Missbrauch bereits im zarten Alter von zwei Jahren stattfand – später dann, als sie ein kleines Mädchen war, wurde sie auf sogenannte VIP-Partys wie eine Spielzeugpuppe herumgereicht, sie war mit vielen anderen Kindern das kleine „Starchild", das von kokainabhängigen Politikern und Prominenten im Rausch vergewaltigt wurde. Viele Kinder haben die Drangsal nicht überlebt und wurden im Pool ertränkt.

Später nahm Fiona Barnett auch an satanischen Ritualen teil, wurde gefoltert mit Elektroschocks und musste ihren Peinigern dabei in die Augen sehen. Nach Worten Barnetts waren es Orgien, meistens auf höchster Ebene – manchmal sogar im Parliament House in Canberra.

Dann nennt Fiona Barnett Namen ihrer Peiniger, die wie Tiere über sie hergefallen sind, die sie vergewaltigt und gefoltert haben. Unter den Tätern befindet sich auch Antony Kidman, der Vater der Schauspielerin Nicole Kidman, die nach Aussage von Barnett selbst Opfer des Rings war - allerdings sei sie gegenüber ihren Mitopfern ebenfalls bösartig gewesen.

Sie nennt weitere Namen: Dr. John Gittinger, ein ehemaliger litauischer Konzentrationslager-Wächter und CIA Agent, Ex-US Präsident Richard Nixon, den ehemaligen australischen Premierminister Gough Whitlam, die Ex Premier Bob Hawke und Paul Keating, den ehemaligen australischen Oppositionsführer Kim Beazley, Ex-NSW-Premier Bob Carr, den US Evangelist Pastor Billy Graham sowie Ted Turner von CNN.

In diesem Zusammenhang lobt Barnett den Mut der Politikerin Franca Arena, die im Parlament aufgestanden ist und verkündet hat, dass ein großer Pädophilen-Ring existiert, an dem auch ranghohe Politiker, Richter, Ärzte und Medienmogule beteiligt sind.

Auch Arena nannte Namen. Unter anderem Kerry Packer, Bob Carr, Bob Hawke, Paul Keating, Robert Menzies, Alan Jones, Bernard King, Molly Meldrum, Elton John, John Kerr und Lionel Murphy.

Fiona Barnett erinnert sich auch an Bohemian Grove. Sie wurde dort in einem rosa Raum vergewaltigt. Ein anderes Mal musste Barnett an „Teddy Bear's Picnic" teilnehmen, eine Vergewaltigungs-Jagdparty für Kinder, bei der die anwesenden Kinder wie Tiere gejagt und vergewaltigt wurden, wie auch Kathy Collins und Cathy O‘ Brien.

Nach Worten Barnetts seien die Freimaurer, Scientology, die katholische Kirche, die CIA, das australische Militär und viele andere Unternehmen Zweige des satanischen Pädophilie-Netzwerks und des internationalen Kinderhandelsringes, der schließlich Teil der Neuen Weltordnung ist.

Fiona Barnett bekräftigt am Ende noch einmal in deutlichen Worten, dass die Welt von einem satanischen Kult regiert werde, dessen oberste Schicht in den australischen, amerikanischen und britischen Machtzentren sitzen, weshalb es jetzt wichtig sei, diese bittere Pille endlich zu schlucken und sich der harten Wirklichkeit zu stellen.

Die Mitglieder seien, so Barnett, durch Blutlinien und Satanismus miteinander verbunden: Pädophilie, Vergewaltigung, Mord, Krieg und Völkermord stünden hier ganz oben auf der Agenda. Barnett warnt davor, dass mittlerweile jede Organisation in Australien infiltriert sei, einschließlich Krankenhäuser, Psychiatrie, Politik sowie Vereine für Kinder.

Die Satanisten hätten laut Barnett sogar eine Organisation, die von Pädophilen gegründet worden sei, um Opfer des Missbrauchs daran zu hindern, ihre Geschichten zu erzählen, indem sie Menschen davon überzeugten, dass sie das, was sie berichten, nicht wirklich erlebt hätten.

Satanische schwarze Magie regiert die Welt. Nur wenn ein Großteil der Bevölkerung begreift, was hier vorgeht, besteht Hoffnung darauf, dass die Welt aus den Fängen des Bösen befreit wird, indem diese Psychopathen vor Gericht gestellt werden, erst dann kann der Frieden und die Freiheit wieder hergestellt werden.

Der damalige australische Premierminister Scott Morrison (twitter @ScottMorrisonMP) hat sich 2018 bei Opfern von Kindesmissbrauch bahnbrechend national entschuldigt. [(26)]

Es hat nicht nur neue Wege in Bezug auf eine nationale Entschuldigung für Australien bei Opfern sexuellen Kindesmissbrauchs beschritten, sondern der Premierminister erkennt auch rituellen Missbrauch an und entschuldigt sich dafür, wahrscheinlich eine weltweite Premiere.

Die Anerkennung des rituellen Missbrauchs ist ein großer Schritt vorwärts für alle, die rituell missbraucht werden, die Entschuldigung ein weiterer Schritt vorwärts.

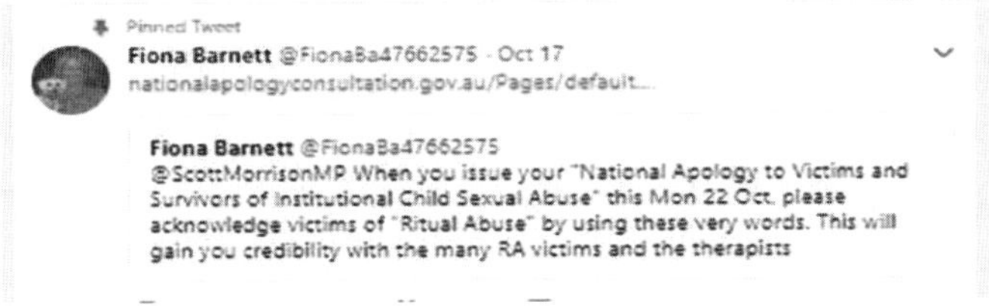

Abb. 8: Fiona Barnett forderte Scott Morrison auf, Opfer rituellen Missbrauchs anzuerkennen

Überraschenderweise war Scott Morrison mit diesen Worten einverstanden.

„Die Verbrechen des rituellen sexuellen Missbrauchs ereigneten sich in Schulen, Kirchen, Jugendgruppen, Pfadfindertruppen, Waisenhäusern, Pflegeheimen, Sportvereinen, Gruppenheimen, Wohltätigkeitsorganisationen und in Familienheimen."

Scott Morrison hat berechtigte Zweifler, da er Mitglied der Hillsong Church ist, aus der sexuelle Kindesmisshandler hervorgegangen sind.

Abb. 9: Fiona hatte zuvor über Hillsong getwittert, eine Kirche für Kinderhandel, die vom Pädophilen Frank Houston gegründet wurde

Scott Morrison, der damalige australische Premierminister, verwendete jedoch auch den Illuminati-Satz „versteckt in Sichtweite". Das Zitat - „Heute ist Australien mit einem Trauma konfrontiert - einem Greuel - der sich viel zu lange in Sichtweite versteckt."

Bestenfalls könnte er die Aufmerksamkeit auf die üble Praxis des rituellen Missbrauchs und des sexuellen Missbrauchs von Kindern lenken. Im schlimmsten Fall entschuldigt er sich unaufrichtig bedeutungslos und zwinkert den Illuminaten zu, die die Kontrolle über ihn haben.

Seine Emotionen können das Ergebnis sein, dass er geistesgesteuert ist und die geeignete reuige Änderung gewählt hat, um sich zu entschuldigen. Wer weiß in dieser Zeit von Fehlinformationen, Desinformation und Lügen?

Der satanisch-luziferische kriminelle Kabalenkult, der unsere Welt regiert, bricht durch die Bemühungen von Millionen von Menschen zusammen. Hoffen wir, dass es der Tod durch eine Million Kürzungen ist.

Es ist jedoch nicht zu leugnen, dass die Entschuldigung eine große Ablehnung aller Leugner des rituellen Missbrauchs darstellt, die entweder durch Unwissenheit, kognitive Dissonanz, Böswilligkeit oder Gedankenkontrolle ihre Zeit und Anstrengungen darauf verwenden, den rituellen Missbrauch zu leugnen. Es ist schwer zu sehen, wie die Leugner weiterhin ihren Unsinn ausstoßen werden, aber die Einsätze sind zu hoch, als dass sie es nicht versuchen könnten.

Wie diese Personen arrogant davon ausgehen, dass sie die Allwissenheit haben, das Fehlen rituellen Missbrauchs weltweit als Tatsache zu proklamieren, wird nie erklärt. Einige dieser Personen sind Agenten der "Geheimdienste", die mit Behörden anderer Länder zusammenarbeiten. Ein Großteil ihrer Aktivitäten ist unethisch, unmoralisch, illegal, vertuscht und verlogen.

Diese korrupten „Geheimdienste“ setzen eine „Strategie der Spannung“ um, während sie tatsächlich für globalistische Netzwerke der Neuen Weltordnung und gegen die Interessen der Menschen des Landes arbeiten, für das sie nominell arbeiten.

Die „Geheimdienste“ wissen, wer hinter einem Großteil des rituellen Missbrauchs steckt, da die Behörden sie zu Erpressungszwecken überwachen und dieselben Behörden häufig die Netzwerke für Erpressung und sexuellen Missbrauch von Kindern zu diesem Zweck einrichten. Deshalb kommen so viele Pädophile an die Macht, gerade weil sie erpressbar sind.

Die „Geheimdienste“ bekommen ihre Schergen, Spottdrosselmedien und erpressten Ziele, um zu leugnen, dass ritueller Missbrauch existiert. [(27)]

2.3 Die Menschenjagdpartys des Neunten Kreises und der Elite

Aus einer AVAAZ-Petition [28] entnommen, eingestellt am 19. Juli 2016, aktualisiert am 06. Juli 2020:

Lesen Sie das folgende Zeugnis. Wir wissen, dass dies wahr ist. Wir arbeiten mit ehemaligen gedankenkontrollierten Opfern dieser satanischen Verschwörung. Alles ist miteinander verbunden, ein riesiges okkultes satanisches Netzwerk, die ganze Welt ist darin gefangen. Eine unserer Vertrauten hofft, ihr Buch „This Is Me" Ende dieses Jahres veröffentlichen zu können.

David Joshua Israel Immanuel
Court of Zion
High Priest Council Jerusalem
www.courtofzion.org

Aus Zeugenaussagen vor dem International Common Law Court of Justice in Brüssel. Fünf internationale Richter untersuchen Beweise für Vergewaltigung, Folter, Mord und Entführung von Kindern, die angeblich von globalen Elitemitgliedern des Satanic Child Sacrifice Cult-Netzwerks des Neunten Kreises begangen wurden.

Regelmäßige Kinderopfer des Neunten Kreises fanden angeblich in den Katakomben der katholischen Kathedralen, im Vatikan, auf privaten Anwesen und Hainen sowie auf staatlichen Militärbasen in Belgien, Holland, Spanien, Australien, Irland, Frankreich, England und den USA statt.

Mindestens 34 Massengrabstätten von Kindern wurden in Irland, Spanien und Kanada identifiziert – und die Ausgrabung von den jeweiligen Regierungen, der englischen Krone und der katholischen Kirche abgelehnt.

Als bei den Aktivitäten des Neunten Kreises anwesend wurden genannt: Papst Franziskus, ehemaliger Papst Ratzinger; Vertreter der Anglikaner, der United Church of Canada und der katholischen Kirche, darunter Kardinäle; Mitglieder des europäischen Königshauses, darunter Königin Elizabeth und Prinz Phillip; Beamte des kanadischen, australischen, britischen und US-Militärs und der Regierungen, einschließlich der CIA der USA, sowie prominente

Regierungsminister, Richter, Politiker und Geschäftsleute aus den USA, Belgien, Holland, Kanada, Australien, Frankreich, Irland und Großbritannien.

Teenager wurden unter Drogen gesetzt, nackt ausgezogen, vergewaltigt, in den Wäldern gejagt und von europäischen Königshäusern getötet, so der jüngste Augenzeuge dieser Woche, der vor dem Internationalen Common Law Court of Justice in Brüssel aussagt.

Die Frau war die vierte Augenzeugin, die über diese Menschenjagdgruppen des globalen Elitenetzwerks des satanischen Kinderopferkults des neunten Kreises berichtete. Ein ehemaliges Mitglied des niederländischen kriminellen Drogensyndikats, bekannt als Octopus, sagte aus, dass Opfer für diese Menschenjagdgruppen aus Jugendhaftanstalten in Belgien und Holland besorgt wurden.

„Im Jahr 2004 war ich ein unfreiwilliger Zeuge von Folter-, Vergewaltigungs- und Mordsitzungen an unter Drogen stehenden Kindern, für eine Gruppe hochrangiger Personen der Niederlande“, sagte eine Frau. „Ich wurde zu einer Jagdgesellschaft in Belgien in der Nähe von Brüssel mitgenommen, wo ich sah, wie zwei Jungen und ein Mädchen im Alter von 14 bis 16 Jahren gejagt und von globalen Eliten getötet wurden. Die menschliche Jagdgesellschaft wurde von der niederländischen königlichen Garde schwer bewacht. Mir wurde gesagt, dass König Albert von Belgien anwesend war."

Vier Augenzeugen bestätigten, dass sie als Kinder und Jugendliche gezwungen wurden, an Menschenjagden teilzunehmen, bei denen sie und andere Kinder vergewaltigt, einige getötet und verstorbenen Jungen die Penisse abgeschnitten wurden. Angeblich gab es einen niederländischen Landpalast, in dem die Penisse von Jungen wie Trophäen an einer Wand ausgestellt waren. Einige Jagdgesellschaften wurden auf dem Gelände von Belgien und dem Palast von Königin Beatrix veranstaltet.

Die niederländische Therapeutin Toos Nijenhuis behauptete, dass sie als Vierjährige gezwungen war, Morde an Kindern mitzuerleben, an denen der frühere Papst Ratzinger, ein niederländischer katholischer Kardinal, sowie die Königin Beatrix und Gründer der Bilderberger-Gründer, der niederländische Kronprinz Alfrink Bernhard, beteiligt waren.

„Ich habe gesehen, wie der ehemalige Papst Joseph Ratzinger ein kleines Mädchen ermordet hat“, bestätigte ein anderer Zeuge. „Es war im Herbst 1987 in einem

französischen Schloss. Es war hässlich, schrecklich und es ist nicht nur einmal passiert. Ratzinger und Bernhard waren einige der prominenteren Männer, die daran teilnahmen."

In Irland, Spanien und Kanada wurden 34 Massengrabstätten für Kinder entdeckt und schienen mit Aktivitäten des Neunten Kreises in Verbindung zu stehen.

Die größte war die Mohawk Indian Residential School in Brantford, Ontario, wo 2008 die Überreste von Kindern identifiziert wurden, bevor die katholische Kirche, die kanadische Regierung und die englische Krone die Ausgrabung durch professionelle Archäologen beendeten.

Das ICLCJ-Gericht von 2013 hatte Königin Elizabeth und Prinz Phillip für das Verschwinden von zehn einheimischen Kindern aus der katholischen Internatsschule in Kamloops, British Columbia, am 10. Oktober 1964 für schuldig befunden.

In den ersten zwei Wochen des Gerichts 2014 identifizierten Zeugen niederländische und belgische königliche Teilnehmer an der Vergewaltigung und Tötung von Mohawk-Kindern und Neugeborenen. Genannt wurden Bernhard und König Hendrick, Gemahl von Königin Wilhelmina von Holland.

Angeblich waren der verstorbene Prinz Johan Friso und seine Frau Mabel Wisse Smit, ehemalige Minister, der Spitzenmann der niederländischen Armee, der Unterstaatssekretär des Raad Van State in den Niederlanden, der nächste Vizekönig, bei den Menschenjagdpartys von Königin Beatrix anwesend und andere globale Geschäftsleute und Politiker, darunter einige aus den USA.

„Sicherlich wissen der jetzige König Willem Alexander und König Filip und ihre Frauen von diesem Missbrauch und Mord an Kindern", sagte ein Augenzeuge.

„Sie unternehmen nichts dagegen und sind wahrscheinlich diejenigen, die Ermittlungen und Strafverfolgung einstellen."

Im Januar 2014 starb der Bruder des Königs von Holland, Prinz Johan Friso, im Koma, nachdem diese drei hier gezeigten niederländischsprachigen Websites das Internet erreichten. Die Websites enthüllten, dass Friso bei den Partys zum Jagen und Töten von Menschen beteiligt war." Die Geschichte kam nach Jahren ins Internet, er wurde versucht die Politik- und Justizabteilung in den Niederlanden dazu zu bewegen, gegen die Kriminellen vorzugehen", sagte ein Augenzeuge.

„Niemand hat etwas getan. Stoppen Sie diese Kriminellen! Wahrscheinlich hat sich Königin Beatrix und König Albert wahrscheinlich in die Ermittlungen eingemischt."

Auf dem Gelände von Belgien und dem Palast von Königin Beatrix in den Niederlanden sollen Jagdpartys auf Menschen stattgefunden haben. Zwei Zeugen haben den verstorbenen Prinzen Alfrink Bernhard, den ehemaligen Papst Joseph Ratzinger und den Vater von Königin Beatrix, als bei Kinderopfern anwesend genannt. Beide sollen Nazi-Sympathisanten gewesen sein.

Das ICLCJ-Gericht erhielt eine Sammlung von jesuitischen Archivunterlagen über einen Kinderopferkult, der als Knights of Darkness bekannt ist. 1933 wurden die Ritter von den katholischen Jesuiten und der Nazi-Waffen-SS-Division gegründet.

Die Aufzeichnungen zeigten, dass Ratzinger als Mitglied der Ritter identifiziert wurde, während er als Assistent eines SS-Kaplans im Konzentrationslager Ravensbrück in Deutschland arbeitete. Die Aufzeichnungen besagten auch, dass Ratzinger an Kinderopferritualen teilgenommen hatte, bei denen entführte Kinder aus den Lagern oder politische Gefangene verwendet wurden.

Ein weiteres Gerichtsdokument mit dem Namen Magisterial Privilege weist darauf hin, dass Kinderopfer im Vatikan regelmäßig vorkamen. Im zarten Alter von 12 Jahren behauptete „Svali" aus dem kalifornischen San Diego County, sie sei in die Katakomben unter dem Vatikan gebracht worden, um Zeuge der Opferung eines dreijährigen unter Drogen stehenden Jungen zu werden.

In diesem Video sagte ihr Interviewer, dass ihm vor 24 Jahren eine „Maria" erzählt habe, sie sei Zeugin eines weiteren satanischen Kinderopferritus in denselben Katakomben des Vatikans geworden.

Letzte Woche berichtete ein Ermittler der irischen Polizei dem ICLCJ-Gericht, dass die fast 800 Babys, die in der Klärgrube einer katholischen Nonne begraben wurden, zerstückelt, enthauptet und in Stücke gerissen wurden – Anzeichen dafür sind, dass sie in satanischen Kinderopferritualen ermordet worden sein könnten.

In den letzten zwei Monaten hat das ICLCJ-Gericht diese herzzerreißenden Zeugenaussagen über die Vergewaltigung, Folter und Ermordung von Kindern von katholischen Führern im Jahr 2010 angehört, beteiligt waren Mitglieder der europäischen Königsfamilie und andere globale Eliten.

Mordstätten des satanischen Kinderopferkults des neunten Kreises sollen sich in den Katakomben katholischer Kathedralen, einschließlich des Vatikans, und auf Privatgrundstücken, Militäreinrichtungen und Hainen in Belgien, Holland, Spanien, Australien, Frankreich, England und den USA befunden haben.

Das ICLCJ-Gericht wurde mit neu entdeckten Beweisen und einer Reihe neuer Zeugen, die sich melden, um über die Aktivitäten des satanischen Kinderopferkults des Neunten Kreises auszusagen, überwältigt.

Sie haben eine mögliche Beteiligung des satanischen Kultmitglieds des neunten Kreises an internationalen Kinderopfern aufgedeckt: Entführung, Ausbeutung und Drogenringe. Die fünf internationalen Richter und 27 Jurymitglieder sollten aufgrund der Komplexität der Fälle mindestens ein Jahr lang tagen.

Amnestie wurde Bürgern oder Angestellten des Vatikans, der Krone von England, Kirchen oder Regierungen angeboten, die bereit sind, eidesstattliche Aussagen oder Beweise abzugeben, die zur Verfolgung dieser globalen Eliten führen, die des Verbrechens verdächtigt werden.

Abb. 10: Jenna Jameson schreibt auf Twitter: *„Ich habe schreckliche Dinge über „Die Jagd“ gehört. Kinder ab 4 Jahren. Rudel Dobermänner. Die Themen kursieren. Das erste Mal horte ich von diesen „Partys“, als ich in Cannes im Hotel Du Cap war. Ich wollte ihnen nicht glauben“*

Belohnungen bis zu 10.000 Euro oder rund 13.660 Dollar waren über das ICLCJ-Gericht erhältlich.

Das ICLCJ-Gericht hatte über 450 Common Law Peace Officers in 13 Ländern, wobei 51 lokale Chartered Groups tätig waren. Lokale Organisierungsgelder standen Common-Law-Gruppen zur Verfügung, die beim Internationalen Strafgerichtshof einen Antrag auf Verbrechen der Kirche und des Staates stellten. Um Beamte des Gerichts oder des ITCCS-Bereichs zu kontaktieren

Sekretär Kevin Annett, E-Mail oder Anruf: itccscentral@gmail.com, info@iclcj.com, admin@iclcj.com, hiddenfromhistory1@gmail.com.

Über den Autor:

Judy Byington, MSW, LCSW, pensioniert, Autorin von „Twenty Two Faces: Inside the Extraordinary Life of Jenny Hill and Her Twenty Two Multiple Personalities“ (www.22faces.com) ist eine pensionierte Therapeutin, Rednerin, Aktivistin und investigative Journalistin.

Auf über 3.000 Websites wurden Kinderausbeutungsringe zitiert. Der ehemalige Supervisor, Alberta Mental Health und Direktor des Provo Family Counseling Center ist der CEO des Child Abuse Recovery and Speakers Bureau (www.ChildAbuseRecovery.com). Wenn Sie Nachrichtentipps zum Thema Kindesmissbrauch haben, senden Sie bitte eine E-Mail an Judy info@22faces.com.

Aber, die Mainstream-Fakten-Checker schreiben:

„Weder das ICLCJ noch das ITCCS haben eine rechtliche Stellung und beide scheinen Erfindungen von Kevin Annett ITCCS, [29] und hier [30], ICLCJ [31] zu sein, einem ehemaligen Pastor, der 1997 wegen der Verbreitung von Verschwörungstheorien aus seinem Dienst entfernt wurde, sagt ein Regionalrat der United Church of Canada [32]. Die Murder by Decree-Website ist mit beiden erfundenen Organisationen verbunden.

„eyeopeningtruth.com“ schreibt weiterhin [33]:

„Hast du den gruseligen Film von 2019 ‚Ready or Not‘ gesehen?

Abb. 11: Ein Wallpaper zum Film

Es ist ein Blick in eine Blutlinienfamilie, die gelegentlich nach Menschen jagt, wenn ein neues Familienmitglied hinzugefügt wird.

Das Unverschämte an diesem grafischen Film ist, dass er als ‚Comedy-Horror' bezeichnet wird.

Es ist nichts Lustiges daran, und es gibt nicht einmal etwas, das sich auch nur annähernd einer Comic-Verfilmung nähert, bis gegen Ende, wo die realistische und schreckliche Darstellung satanischer Gewalt schließlich mit unverschämt blutigen Platzen aller bis auf einen der verbleibenden Körper gebrochen wird.

Für den größten Teil des Films werden grausame Morde und ein satanisches Opferritual realistisch und ernsthaft dargestellt, mit all der Illuminati-Symbolik und der hasserfüllten Doppeldeutigkeit der psychopathischen, satanistischen Familie.

Dieser Film beleuchtet eindeutig Opfer von SRA (Satanic Ritual Abuse) und ist voller Auslöser. Wieder – nichts Lustiges daran. Sie lachen eher über tatsachliche Opfer, während sie Nicht-Opfer so programmieren, dass sie denken, SRA sei nur ein Witz. Kein Aufschrei des Protests der Öffentlichkeit oder sogenannter ‚Kritiker'.

Und das ist krank."

2.4 Augenzeugen decken Rituale und Gedankenkontrolle auf

„cathyfox.wordpress.com“[(34)] berichtete am 20. Juli 2020: Ein häufiges Thema vieler Überlebender und Illuminati-Whistleblower sind menschliche Jagden, oft Kinder. Diese Kinder werden nackt ausgezogen, dann mit einem kleinen Vorsprung versehen und dann mit Waffen gejagt und entweder vergewaltigt oder gefoltert, wenn sie gefunden und / oder erschossen werden.

Dieses Kapitel befasst sich fast ausschließlich mit der menschlichen Jagd. Die Schrecken anderer, aber verwandter verdorbener luziferischer Illuminaten-Praktiken des Kinderhandels, des Kannibalismus von Kindern, des satanischen Rituals und des sexuellen Missbrauchs sowie der Gedankenkontrolle wurden nur kurz angesprochen.

Wenn Sie Zweifel haben, wie die Blutlinienfamilien den Rest von uns betrachten, so halten Sie sich folgenden Kommentar vor Augen... *„Sie sind Kinder einer minderjährigen Familie, sie sind Waisen, sie sind nur Müll, es spielt keine Rolle, dass sie getötet wurden“*, so Kees van Korlaar.

Cathy O'Brien beschrieb dies in ihrem Buch „Die TranceFormation Amerikas“ verschiedene Vorfälle.

-als Training für die Kinder
-um die Programmierung zu verstärken, dass es keinen Ort gibt, an dem man sich verstecken kann
-zum sadistischen Vergnügen der Jäger

Cathys Jagd fand statt bei:

-Jagdschloss in der Nähe von Greybull, Wyoming
-Schweizer Villa, Amphitheater in Lampe, Missouri
-Mount Shasta, Kalifornien

Gefangene Kinder werden geschlagen, von einem Jäger vergewaltigt oder einem Hund getötet.

Die US Amerikanerin Cathy O‘Brien sagt über sich, sie sei eine CIA-Sklavin. Sie hat etwas erfahren, was man neudeutsch Gehirnwäsche nennt. In ihren Büchern „Die TranceFormation Amerikas“ und „Access Denied: For Reasons of National Security“ berichtete die Autorin von dem geheimen MK-Ultra-Programm „Projekt Monarch“ des US amerikanischen Geheimdienstes CIA, dem sie 15 Jahre ihres Lebens unfreiwillig angehörte.

Elektroschocks, Folter, Drogen und satanisch ritueller Missbrauch führten bei Cathy O‘Brien zu einer dissoziativen Identitätsstörung. Von der Schulwissenschaft wird die heute 63jährige ignoriert oder als Verschwörungstheoretikerin abgetan.

Cathy O‘Brien ist eine der wenigen Überlebenden des MKULTRA-Programms „Projekt Monarch“ der CIA, die den Mut gefasst hat, mit ihren schrecklichen Erfahrungen und Erinnerungen an die Öffentlichkeit zu gehen. Sie sagt:

„Jetzt, da ich wieder die volle Kontrolle über meinen eigenen Verstand zurückerlangt habe, sehe ich es als meine Pflicht an, die Grausamkeiten zu enthüllen, denen meine Tochter und ich in der Hand derjenigen unterworfen waren, welche die Kontrolle über unsere Regierungen haben.“

O‘Brien wurde am 8. Februar 1988 durch den Ex CIA Mitarbeiter Mark Phillips nach rund fünfzehnjähriger Folter befreit. Sieben Jahre lang versuchten O‘Brien und Phillips ihren Fall vor Gericht zu bringen – doch aus Gründen der nationalen Sicherheit sind sie mit ihrem Vorhaben gescheitert.

Nach Worten O‘Briens, wurde sie über viele Jahre als Sex-Sklavin für hochgeheime Operationen der US Regierung eingesetzt. Sie war auch Augenzeugin grausamer Morde durch hochrangige Politiker und Persönlichkeiten aus der Unterhaltungsbranche, die allesamt Mitglieder einer geheimen Loge waren oder noch sind und die von sich behaupten, die Welt zu kontrollieren.

Der ehemalige FBI-Chef von Los Angeles, Ted Gunderson, konnte weitere Opfer ausfindig zu machen, die O‘Briens Aussagen in allen Einzelheiten bestätigt haben. Die Interviews der Opfer veröffentlichte Gunderson schon vor vielen Jahren auf einer DVD.

In einem Interview mit Bestseller-Autor Dan Davis für das „Cover up Newsmagazin" hat Cathy O'Brien behauptet, dass Marylin Monroe im selben Regierungsprogramm tätig war und, nachdem sie über dreißig war, gezielt ermordet wurde (mehr dazu im Buch „Der Hollywood-Code"). Wörtlich sagte O'Brien:

„Es war zweckmäßig, um gegen mich verwendet zu werden. Das Alter von dreißig Jahren wurde als Obergrenze anberaumt, da zu dieser Zeit elektrochemische Veränderungen im Gehirn auftreten können, die dazu führen, dass die Programmierung zusammenbrechen kann.

Die Altersbegrenzung ist kein absolutes Gesetz bei der Eliminierung der programmierten Sex-Sklaven. Marilyn Monroe zeigte jedes Anzeichen, dass sie diesen biologischen Wechsel und den Zusammenbruch der Programmierung durchlebte. Deren Aussagen mir gegenüber, sie hätten Marilyn Monroe umgebracht, machten mich gefügiger."

Cathy O'Brien weiß, dass sie nicht allein ist im Kampf um die Gerechtigkeit. Laut eigener Aussage, gibt es verschiedene Mitarbeiter internationaler Geheimdienste, die ihren Job, ihre Pensionsansprüche und sogar ihr Leben riskieren, um sie bei ihrer Arbeit zu unterstützen und vor allem um sicherzustellen, dass die Fakten endlich an die Öffentlichkeit gelangen.

Es war O'Briens Worten nach Ex-US Präsident Gerald Ford, der dafür gesorgt hat, dass sie und ihre Geschwister in das Regierungsprogramm kamen. Doch das Martyrium begann für O'Brien schon kurz nach ihrer Geburt durch ihren Vater Earl O'Brien.

Nicht nur Cathy O'Briens Mutter Carol Tanis, stammt aus einer Familie, in der Inzest und Missbrauch Alltag waren, auch Earl O'Brien ist, wie Cathy O'Brien durch eigene Nachforschungen herausfand, ein Kind generationenlangen Missbrauchs. Cathy O'Brien:

„Meine früheste wieder gewonnene Erinnerung bestand darin, dass ich nicht atmen konnte, weil der Penis meines Vaters meine kleine Kehle verstopfte. (...) Ich akzeptierte seinen erstickenden sexuellen Missbrauch als einen normalen, natürlichen Teil meines Lebens zu Hause, und spaltete eine Persönlichkeit ab, um mit dem Schmerz und der Erstickung umzugehen, und um seine Perversion zu befriedigen. (...) Dieser Teil meines Gehirns entwickelte sich zu einer eigenständigen Persönlichkeit – die

meinem Vater gehörte – und die er vermietete und später an die US Regierung verkaufte."

Earl O'Brien war Mitglied eines Kinderpornorings, bis eines Tages Ermittler des FBI vor der Tür standen. Earl O'Brien stand von diesem Moment an vor der Wahl: Entweder kooperieren oder für Jahre ins Zuchthaus wandern. O'Brien entschied sich zu kooperieren und tat, was man von ihm verlangte.

Das FBI machte Earl O'Brien das Angebot, seine Kinder einem geheimen Regierungsprogramm zu überlassen. Als Gegenleistung bot man ihm Straffreiheit und Geld an. O'Brien willigte ein und verriet und verkaufte seine Kinder an Regierung der Vereinigten Staaten.

Cathy O'Brien und ihre Geschwister wurden von ihrem eigenen Vater in einem gemieteten Kleinbus bis vor die Tore der MacDill Air Force Base, wo die Kinder vom Militärpersonal in Empfang genommen wurden. Von nun an waren Cathy O'Brien und ihre Geschwister so etwas wie Leibeigene der Regierung im Mind Control-Programm „Projekt Monarch". Cathy O'Brien:

„*Dazu gehörte als Voraussetzung physisches und / oder psychologisches Trauma, Entzug von Schlaf, Nahrung und Wasser; Hochspannungs-Elektroschocks; und hypnotische und / oder harmonische Programmierung bestimmter Gedächtnisteile / Persönlichkeiten.*

Die High-Tech-Ausrüstung und die Methodik, die ich von diesem Zeitpunkt an ertragen musste, gab der US Regierung die absolute Kontrolle über meinen Geist und mein Leben. (...) ...existierte nur noch durch mein programmiertes Unterbewusstsein."

Cathy O´Brien war nach ihrer Zeit auf der MacDill Air Force Base der Kontakt zu ihren Geschwistern verboten. Zum Konditionierungsprogramm gehörte auch die Menschenjagd, von der auch schon andere Opfer vor der Öffentlichkeit berichtet haben. Die Teilnehmer wurden nackt in der Wildnis ausgesetzt und mit Gewehren und Hunden gejagt. O'Brien:

„*In Wirklichkeit waren alle diese Stücke ‚Wildnis' in sichere Militärzäune eingeschlossen, wodurch es nur eine Frage der Zeit war, bis ich gefangen, mehrfach vergewaltigt und gefoltert wurde. Dick Cheney war offenbar süchtig nach dem Nervenkitzel des Sports. Er schien davon besessen zu sein, ein äußerst gefährliches Spiel als ein*

Mittel zur Traumatisierung von Mind-Control-Opfern zu spielen und gleichzeitig damit seine eigenen perversen sexuellen Triebe zu befriedigen."

Cathy O'Brien und ihren Geschwister wurde schon früh die so genannte „Oz-Geheimsprache" beigebracht, deren Geheimnis darin besteht, in einem Satz einen anderen Inhalt zu sehen. Dazu mussten sie sich als Kind die Disney World-Märchen „Alice im Wunderland" und der „Zauberer von Oz" ansehen (mehr zu den beiden Filmen im Buch „Der Hollywood-Code"). Das erleichterte die Programmierung, die sich für Cathy O´Brien bald drauf zu einem Albtraum entwickelten sollte. O´Brien:

„Ich wurde wie ein Versuchstier behandelt, offensichtlich ohne jede Rücksicht darauf, ob ich überlebte oder starb. Ich wurde in eine elektrifizierte Zelle mit metallenen Wänden und Bodenplatten gesperrt, die manche als das „Specht-Netzt" bezeichneten, und die Möglichkeiten zur körperlichen Folter bot, denen man nicht entkommen konnte."

Mount Shasta bezeichnet Cathy O'Brien als das größte verdeckte Mind-Control-Sklaven-Camp, das verborgen in einem von Militärzäunen umgrenzten Waldgebiet liegt. Cathy O'Brien:

„Diese verdeckte militärische Basis funktionierte nach ihren eigenen Regeln, nicht nach denen Amerikas. Mir wurde gesagt, und ich wurde auch Zeugin gleichlautender Gespräche, dass es eine Basis für eine künftige Polizei-Einheit sei, die über den Gesetzen steht, und die den Zweck habe, für Law-and-Order in der neuen Weltordnung zu sorgen."

Erst im Jahre 1988 wurden Cathy O'Brien und ihre damals achtjährige Tochter Kelley von dem ehemaligen CIA-Mitarbeiter Mark Phillips aus dem MKULTRA Projekt Monarch befreit, nachdem von Ex US Präsident Ronald Reagan ihr Todesurteil gefällt wurde. O'Brien sollte in einem sogenannten Snuff-Film (ein gefilmter tatsächlicher Mord) sterben. Cathy O'Brien:

„Durch eine Serie wohldurchdachter Ereignisse schaffte es Mark, unseren Mind-Control-Halter Alex Houston in eine Position des Vertrauens zu manövrieren, die Mark den Freiraum gab, uns unverletzt herauszuholen. Als mein „Besitzer", der US Senator Robert C. Byrd, und andere so genannte Führer unseres Landes, die darin verwickelt waren, herausfanden, welches Problem Alex Houston in seiner

Stümperhaftigkeit verursacht hatte, brachte Mark uns in die Sicherheit Alaskas, wo wir begannen, uns an das zu erinnern, was wir eigentlich vergessen sollten."

Das System, in dem Cathy O'Brien, ihre Geschwister und ihre Tochter Kelly so viele Jahre lang leiden mussten, ist bis heute aktiv. Eine offizielle Bestätigung der Geschehnisse durch die US Regierung wird es wohl nie geben, denn die wird sich immer hinter dem Deckmantel nationale Sicherheit verstecken, unter dem sie Informationen zu sämtlichen Geheimprojekten der letzten siebzig Jahre versteckt hält.

Möglich ist dies, laut O'Brien deshalb, weil die Welt wegschaut und die Wahrheit ignoriert, weil die Wahrheit offenbar niemanden interessiert, weil jedem egal ist, was hinter der Bühne passiert.

Doch für Cathy O'Brien ist jetzt die Stunde gekommen, die Verantwortlichen dieses menschenverachtenden Komplotts bloßzustellen, die mittlerweile schon die komplette Kontrolle über die Regierung der Vereinigten Staaten haben.

Laut Cathy O'Brien wird gegenwärtig Adolf Hitlers Version der Weltherrschaft, die er 1939 die „Neue Weltordnung" (35) nannte, mittels hochentwickelter Technologie von denen umgesetzt, die die USA bereits kontrollieren. Zu den wichtigsten Bestandteilen des MKULTRA-Programms gehören Angst und Propaganda, die gegenwärtig zum Alltag der Weltbevölkerung geworden sind.

Interessant wäre in diesem Zusammenhang noch zu erwähnen, dass Historikern schon vor einer ganzen Weile aufgefallen ist, dass in den zurückliegenden 150 Jahren geradezu eine Renaissance okkulter Praktiken wie „Schwarze Messen" in sogenannten Religionsgemeinschaften oder besser gesagt Sekten zu beobachten ist.

Sekten und Religionsgemeinschaften verwenden ebenfalls ein Traumatisierungsprogramm, mit dem sie ihre Anhänger kontrollieren und steuern. Ist das nur ein Zufall oder steckt möglicherweise ein Plan dahinter?

Schon vor mehr als zwanzig Jahren habe ich darauf hingewiesen, dass der Machtausbau in Wirtschaft und Politik bestimmter Sekten, etwa Scientology, kein Zufall ist, sondern ganz bestimmten Zielen dient, nämlich dem geistigen Umbau und der Kontrolle der gesamten Weltbevölkerung.

Gedankenkontroll-Praktiken sind in der Regel eine clevere Mischung aus angewandter Wissenschaft und Okkultismus, der in diesen Gemeinschaften zunächst einmal nur in rein religiöser Form praktiziert wird - somit bewegt er sich juristisch in einer Art Grauzone, weil jede Religionsgemeinschaft sich auf das Recht der freien Religionsausübung vor Gericht berufen wird.

Bereits 1971 erschien in der renommierten „New York Times" ein interessanter Artikel über die Forschung über Okkultismus der CIA. Grundlage hierfür war eine Sammlung von Dokumenten, die durch das US Government Printing Office im Rahmen des Freedom of Information Act veröffentlicht wurden.

Aus dem Bericht geht klar hervor, dass der US-Auslandsgeheimdienst ein deutliches Interesse an den klinischen Befunden hatte, dass heißt, welche Auswirkungen die angewandten Praktiken auf Opfer, Täter und passiven Beobachtern hatten.

Von ganz besonderem Interesse war für die CIA die Frage, welche Wirkung bestimmte okkulte Rituale auf das Gehirn der Ausübenden hatte – dabei wurden in der Studie Kannibalismus und Blutrituale als besonders bedeutsam eingestuft.

Verhaltenspsychologen können aus ihrer Praxis bestätigen, dass die Steuerung der Suggestibilität eine fundamentale Bedeutung für die Kontrolle von außen auf die Psyche hat. Das erleben wir schon anhand ganz banaler Dinge, etwa in der Werbung.

Der US amerikanische Autor, Filmredakteur und Forscher hypnotischer Techniken in der Film- und Musikindustrie, Steven Jacobsen, zeigte in seinem 1985 veröffentlichten Buch „Mind Control in America" den manipulativen Einfluss der Werbung auf die Gesellschaft.

Jacobsen kam im Rahmen seiner Forschung zu dem Ergebnis, dass eine erfolgreiche Veränderung der Psyche und des Bewusstseins einen geradezu geschickten Einsatz von Mind Control erfordert. Deshalb zog Jabobsen das Fazit:

„Der effektivste Weg, sich vor unbewusster Manipulation zu schützen, besteht darin, sich bewusst zu sein, wie sie funktioniert."

Tatsache aber ist, dass wir es hier nicht mit einem neuen Phänomen zu tun haben, denn das Prinzip der Gedankenkontrolle, der hypnotischen Suggestion und der mentalen Programmierung sind uralt.

Allerdings ermöglichen moderne Technologien mittlerweile eine massenhafte Umsetzung dieser uralten Praktiken, um etwa das Denken und Verhalten einer möglichst großen Zahl an Menschen zu beeinflussen, was wir in der gegenwärtigen Corona-Politik ganz deutlich beobachten können.

Das Geheimnis der ultimativen Kontrolle, ist, Menschen zu kontrollieren, ohne dass sie es merken. Und das ist im Grunde gar nicht so schwer, weil die meisten Menschen gar nicht mehr bewusst auf Dinge achten, die sie unbewusst beeinflussen.

Das ist ein Beweis dafür, dass sich nahezu die gesamte Menschheit schon eine ganze Weile unbewusst unter dem Einfluss eines Gedankenkontrollprogramms befindet. Es ist genau die psychologische, emotionale und intellektuelle Manipulation, die am Ende zum Verlust der geistigen Freiheit führt, vor die George Orwell bereits in seinem Buch „1984" gewarnt hat.

In den USA ging das Gedankenkontrollprogramm wesentlich früher los als in den Staaten der Europäischen Union, deshalb warnte Jacobsen sicherlich nicht ohne Grund schon in den 1980er Jahren vor einem schleichenden Ausbau dieser Methodik, die sich auf leisen Sohlen von hinten in das Leben der Bevölkerung geschlichen hat. Das Geheimnis dahinter ist, dass die Lüge zur Wahrheit erklärt wurde. Jacobsen:

„Alle Probleme in Amerika sind das Ergebnis davon, dass Menschen dazu gebracht werden, Dinge zu glauben, die nicht wahr sind."

Wo bewusste Gedankenkontrolle anfängt und wo sie endet, darüber diskutieren Experten aus den Bereichen Justiz, Psychologie und Menschenrechte schon eine halbe Ewigkeit; allerdings ohne greifbare Ergebnisse.

Bisher ist nur ein Mangel an Bereitschaft und Durchsetzung bereits vorhandener Gesetze, die die Gesellschaft vor den Folgen der Gedankenkontrolle schützen sollen, zu erkennen, was in den Vereinigten Staaten dem Umstand geschuldet ist, dass das Phänomen Gedankenkontrolle noch immer eine Frage der juristischen

Interpretation ist und von der CIA und anderen Sicherheitsbehörden nach wie vor vertuscht wird.

Und sollten doch die einen oder anderen Taten, wie in der Causa Cathy O`Brien, durch Berichte in den freien Medien an die Öffentlichkeit gelangen, werden sie entweder als Verschwörungstheorie abgetan oder sie fallen im Zusammenhang mit irgendeinem geheimen Regierungsprojekt, werden aus Gründen der nationalen Sicherheit verschwiegen und erhalten den Zensurstempel.

Brice Taylor beschreibt auch, wie er von George Bush Senior auf der Bob Hopes Ranch in der Jordan Ranch gejagt wurde, nachdem ihm eine Droge injiziert wurde. Als Bush sie fand, spielte er "William Tell" und schoss einen Apfel auf ihrem Kopf und verstärkte ihre Monarch-Programmierung "Shhh, sag es nicht".

Clive Driscoll, ein ehemaliger Detective Inspector der Polizei, erzählt in seinem Buch, wie er die Hinweise der Operation Middleton von einem Mädchen namens „Vicki" aus Kent weiterverfolgt hat, dessen Geschichte lautete, dass Kinder gejagt wurden, einige getötet wurden, aber sie überlebte.

Die Polizei hatte oberflächlich nachgeforscht und kam zu dem Schluss, dass die Beweise vor Ort nicht mit ihrer Geschichte übereinstimmten. Jahre später überprüfte Clive ordnungsgemäß und stellte fest, dass eine Brücke, von der sie sprach, weggespült worden war. Ein alter Brunnen, von dem sie erzählte, war jetzt nur noch ein tiefes Loch, und der blaue See, von dem sie sprach, dass Leichen hineingelegt worden waren, hatte eine blaue Farbe aus Zementfabrikabfällen und Körperteile von fünf Personen wurden tatsächlich dort gefunden.

Vicki hatte auch Geschichten über rituellen Missbrauch von Kindern aus einem örtlichen Kinderheim in einer Kirche erzählt. Die Polizei hatte dort tatsächlich Gruppen von Menschen gefilmt, aber die Bänder waren „verschwunden", als Clive Jahre später zu Ermittlungen kam.

Inkompetente Polizeiarbeit als Ausrede geht nur so weit und wenn dies immer wieder passiert, deutet dies auf eine organisierte Vertuschung hin.

Jessie, eine Illuminati-Whistleblowerin, die zuvor als Königinmutter der Dunkelheit prädestiniert war, erzählt in diesem Blog ihre Geschichte der menschlichen Jagd, angepasst an ihre Tweets „How Deep The Magik Well Goes".

Wir versammelten uns in Rothschilds Hunting Mansion (im Schwarzwald). Mein Trainingspartner und diejenigen in meinem Alter hatten etwas Freizeit, um sich zu bewegen, bevor die Jagd begann. Jagd ist ein Oberbegriff für das vierteljährliche rituelle Holzspiel mit Kindern.

Wir haben es geliebt, die Herrenhäuser und Schlösser der Elite zu erkunden. Die Orte, an denen Jagden stattfanden. So viel zu entdecken, so viele versteckte Orte zu finden. Eines der Rothschild-Kinder war ein lebender Kommentar eines Wanderführers. Er wusste alles und war mehr als verpflichtet, es zu teilen. Als er uns auf eine private Tour von Raum zu Raum mitnahm, waren wir damit beschäftigt, nach allem zu suchen, was er nicht teilte - Eingänge, Ausgänge und Verstecke. Wir haben das überall gemacht, weil wir wussten, dass es überlebenswichtig ist. Die Nachtstunden gingen nach dem Abendessen weiter. Wir müssen die Jagd vom Balkon oben aus beobachten.

Man musste vorsichtig sein, um sich nicht auf dem Grundstück zu befinden. Das würde Sie zu einem fairen Spiel machen, wenn Sie gefangen werden, wegen Vergewaltigung oder Tod, abhängig von der Stimmung Ihrer Entführer in dieser Nacht. Man musste auch aufpassen, dass man nicht im Haus erwischt wurde. Dort streiften die älteren Männer und Frauen, die nicht mehr so geschmeidig und schnell waren wie früher, herum.

Als der Gastgeber alle vom Balkon ins Haus führte, war das ganze Spiel eröffnet. Es war besser drinnen als draußen zu sein. In dieser Nacht weinte der kleinste Rothschild in einer Ecke. Da wir im zweiten Stock einen Ausgang gefunden hatten, der uns bis zum Morgengrauen ein Versteck bieten würde, gingen wir das Risiko ein, hoben ihn auf, beruhigten ihn und trugen ihn mit uns.

Als wir in den zweiten Stock kamen, hörten wir Stimmen. Das des Nachlassleiters und eines seiner Enkel. Der Enkel kämpfte, widerstand und versuchte zu entkommen. Wir waren in einer Halle mit Türen auf beiden Seiten. Zurück die Treppe hinunterzugehen war keine Option, also suchten wir uns den nächsten Raum aus. Wir rannten hinein und sahen einen großen Kleiderschrank. Wir wussten nicht, dass wir die falsche Tür ausgewählt hatten, in die wir laufen konnten. Das war genau der Raum, in dem der Leiter des Anwesens seinen Enkel schleppte. Als sie den Raum betraten, atmeten wir drei im Kleiderschrank kaum.

Das jüngste Kind saß links, mein Trainingspartner in der Mitte, ich war rechts. Als die Dinge im Raum voranschritten, überkam mich diese Wut. Ich schaute direkt auf diese Schranktüren, mit der Absicht, durch sie herauszubrechen und dem Enkel beim Kampf zu helfen. Meinem Trainingspartner war die Angst ins Gesicht geschrieben. Er wusste, dass wir für eine solche Aktion entschuldigt werden könnten, aber wir konnten den Kleinsten oder den Enkel nicht vor schwerwiegenderen Konsequenzen schützen, sollten wir uns entscheiden, einzugreifen.

Als er mich beobachtete und die Entschlossenheit sah, traf er eine Entscheidung in Sekundenbruchteilen, die Konsequenzen für sich selbst hätte haben können. Ich fühlte, wie seine Hand um mich kam. Dann seine Hand über meinen Mund. Seine Hand und sein Arm blieben fest und an Ort und Stelle, was signalisierte, dass ich gegen ihn kämpfen musste, um herauszukommen. Wütend ergab ich mich dem Akt, den er machte. Wir drei hören zu und kennen die Übel, die dem Enkel in dieser Nacht angetan wurden.

Ich hasste die Tiefen des Bösen, die ich sah. Es packte den Kern meines Herzens mit einem unerklärlichen Schmerz. Tiefen der Trauer konnte ich nicht zulassen. Diese Tiefen führten nur zum Tod.

Die Stille wurde mein größter Feind. Tod anderer, mein stärkster Feind, der Preis des Trotzens. Was war der Preis dafür, gut zu sein?

Bei den Vergewaltigungen geht es nicht nur um Pädo-Sadismus. Sie nutzen Jagden, Rituale und das tägliche Leben, um Kinder darin zu schulen, den körperlichen Missbrauch zu nutzen, um Zugang zum spirituellen Bereich zu erhalten.

Der Mann, dem das Anwesen gehörte, benutzte sexuelle Intimität und Sex Magik als Mittel, um sich und seinen Enkel mit spirituellen Wesen, d.h. Dämonen, zu verbinden. ...

Das ultimative Ziel all dessen ist es, eine organisierte Armee von Kindern, Jugendlichen und Erwachsenen zu schaffen, die genau wissen, was bei der bevorstehenden Übernahme der Welt zu tun ist. Das von mir beschriebene Training findet nicht nur in den USA statt, sondern in jedem Land der Welt.

Die besten Schulungszentren befinden sich in Deutschland, Belgien, Frankreich und den USA. Militärtrainer werden oft in diese Länder geschickt, um neue Techniken zu erlernen, und dann in ihre Heimatländer zurückgeschickt. [36]

2.5 Sie jagen, missbrauchen und töten Kinder – das schrecklich dunkle Geheimnis der Pädo-Eliten

Kinder und Jugendliche werden unter Drogen gesetzt, nackt ausgezogen, vergewaltigt, im Wald ausgesetzt, gejagt und getötet.

Die Story, die wie ein Kapitel aus einem drittklassigen Roman klingt, ist das letzte grausame Geheimnis einer verborgenen Parallelwelt in Politik, Adel und Showbusiness.

Lesen Sie hier die erschütternden Berichte von Kinderopfern, die das Grauen überlebt haben und die Namen ihre Peiniger nennen.

Der Name „Order of the St Hubertus" fällt oft. Es handelt sich um eine Jagdgesellschaft, die 1695 von dem österreichischen Grafen Anton von Spork gegründet wurde – doch bis heute scheint es keine klaren Beweise zu geben, dass der Orden tatsächlich ein Verein ist, in dem Jagd auf Menschen gemacht wird. Aber behalten wir den Namen mal im Hinterkopf.

Abb. 12. Was für eine unauffällige Website

Abb. 13: Eine ganz normale Jagdgesellschaft

Ein weiterer wichtiger Ort, den man sich merken sollte, ist die Cibolo Creek Ranch, ein 30.000 Quadratmeter großes VIP-Resort, das rund hundert Meilen von der mexikanischen Grenzen in den Chinati Bergen versteckt liegt.

Wer diesen Ort besucht, kommt meistens mit dem Privatjet. Zu den Gästen zählen Hollywood-Stars, Politiker und reiche Geschäftsleute. Auch Mick Jagger, Tommy Lee Jones, Dick Cheney und Charlie Sheen gehören zu den regelmäßigen Gästen.

Überlebende Kinderopfer kriegen eine Gänsehaut, wenn sie diese Namen hören, sie behaupten, von diesen Leuten missbraucht worden zu sein. Das ist starker Tobak, doch der Reihe nach.

Besitzer des Anwesens ist ein gewisser John Poindexter, Inhaber von JB Poindexter und führendes Mitglied im Hubertus-Orden, weshalb die Ranch oft von Ordensmitgliedern besucht wird.

2010 sollen sich 53 Mitglieder des Ordens auf der Ranch getroffen haben, um auf die Jagd zu gehen, auf Jagd nach Kindern. Unter den Gästen sollen sich auch Mitglieder aus Königshäusern befunden haben.

Laut Aussage ehemaliger Opfer sollen Kinder von weit her in den Club gebracht worden sein - unter anderem auch aus Australien. Opfer wollen gesehen haben, wie man Kinder in den Redwood Wald gebracht hat, um sie dort zu jagen.

Überlebende Opfer berichten, dass das Jagen, Vergewaltigen und Töten von Kindern ein Art Freizeitsport der pädophilen Elite ist. Zu den mutmaßlichen Teilnehmern auf europäischem Boden sollen laut Zeugenaussage auch König Albert von Belgien, der niederländische Kronprinz Alfrink Bernhard, Prinz Johan Friso von Holland und seine Frau Mabel Wisse Smit gehören.

David Shurter gehört zu den Opfern, die den rituellen Missbrauch überlebt haben und bereit sind auszusagen. Er sagt, dass auch er als Kind nach Bohemian Grove gebracht wurde. Shurter:

„Ich war als Teddybär verkleidet und musste an einer pädophilen Jagd inmitten des Redwood-Waldes teilnehmen. Ich wurde von Präsident Richard Nixon nach Bohemian Grove gebracht."

Abb. 14: Ein perverses Kinderspiel

David Shurter ist nicht der einzige Zeuge, der sein Schweigen gebrochen hat. Immer mehr Betroffene trauen sich zu sagen, was sie wissen. Opfer, Mitwisser und manchmal auch Täter, wie Kees van Korlaar, ehemaliges Mitglied der niederländischen Drogenmafia Octopus.

Korlaar bestätigt, dass Jagdgesellschaften viele ihrer Opfer aus Jugendstrafanstalten in Belgien und den Niederlanden bekommen. Eine Augenzeugin, die anonym bleiben will berichtet:

„Im Jahre 2004 war ich unfreiwillig Zeuge von Folter-, Vergewaltigungs- und Mordversuchen von unter Drogen stehenden Kindern, die für eine Gruppe hochrangiger niederländischer Eliten durchgeführt wurden. Ich wurde zu einer Jagdgesellschaft in Belgien in die Nähe von Brüssel gebracht, wo ich zwei Jungen und ein Mädchen im Alter von 14 und 16 Jahren sah, die von einflussreichen Persönlichkeiten gejagt und getötet wurden. Die Jagdgesellschaft wurde von den niederländischen Royal Guards streng bewacht. Mir wurde auch gesagt, dass König Albert von Belgien anwesend sei."

Vier Augenzeugen haben im Jahr 2014 vor dem Internationalen Gerichtshof für Menschenrechte in Brüssel ausgesagt, dass sie als Kinder und Jugendliche gezwungen wurden, an Jagdpartys teilzunehmen, bei denen sie und andere Kinder vergewaltigt und einige auch getötet wurden.

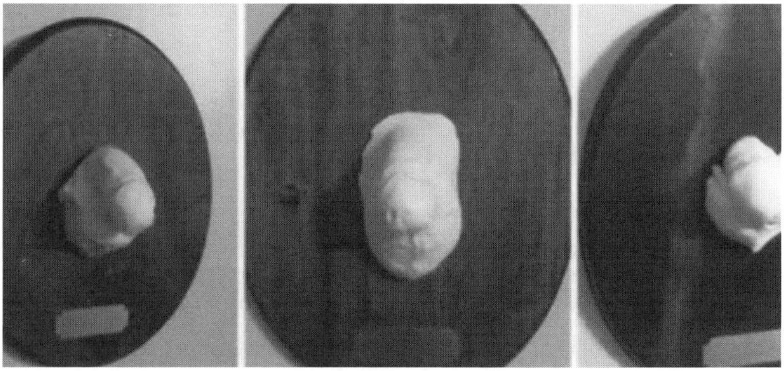

Abb. 15: Unappetitlich

Die Penisse der getöteten Jungen sollen abgeschnitten worden sein, um sie als Trophäen wie ein Hirschgeweih an die Wand zu hängen. Zahlreiche Partys sollen sogar auf dem Gelände des belgischen Palastes von Königin Beatrix veranstaltet worden sein.

Fiona Barnett ist wie weiter oben beschrieben durch die Hölle gegangen. Sie hat alles gesehen, was für Albträume sorgt, Dinge, die man sich schwer vorstellen kann, weil man einfach nicht glauben mag, dass Menschen so etwas tun: Die Liste reicht von satanischen Ritualen über Vergewaltigung bis hin zu Folter und Mord. Fiona Barnett wörtlich:

„Die Art und Weise, wie ich behandelt wurde und die Dinge, die ich gesehen und erlebt habe, über die ich hier berichte, waren weitaus schlimmer als meine ursprünglichen Missbrauchserfahrungen."

Dann geht Barnett ins Detail und schildert das Grauen. Barnett:

„Sie brachten mich zu einem Nationalpark an der Küste, zwischen Sutherland Shire und Kiama. Ich erinnere mich an subtropisch aussehende Bäume und Blätter und einen Picknicktisch voller Süßigkeiten und buntem Likör. Eine Gruppe blonder Kinder war um den Tisch versammelt. Das Herz war mit Drogen durchsetzt.

Abb. 16: Die Jagd ufert aus

Später in der Nacht traf eine Gruppe von Männern der örtlichen Jagdvereine in Pick-up-Trucks ein, bekleidet mit Mützen und karierten Hemden, mit Jagd- und Überwachungsausrüstung. Die Kinder und ich wurden nackt ausgezogen. Ich wurde beiseite genommen und angewiesen, die Kinder zu nehmen und zu verstecken.

Ihr Leben lag in meiner Verantwortung, und wenn ich versagte, würden sie getötet. Sie haben mir etwas auf den Rücken gemalt, bevor ich die Kinder so gut wie möglich informiert habe. Ich war gerade sechs geworden, aber mein geistiges Alter war viel älter.

Ich sagte den Kindern verzweifelt, sie sollten um ihr Leben rennen, so ruhig wie möglich zu bleiben und sich ein Versteck in der Ferne suchen. Eine Waffe wurde abgefeuert, um den Beginn der Jagd zu markieren. Ich rief den Kindern zu, dass sie rennen sollen.

Ich trieb sie von hinten wie ein Hund und schob sie über den ersten Hügel hinauf. Wir waren auf halbem Weg den zweiten Hügel hinauf, als ich Schüsse hörte. Kinder begannen um mich herum zu fallen.

Als ich merkte, dass alle Hoffnung weg war, bin ich abgehauen. Ich distanzierte mich von den Schmerzen und rannte stundenlang über Stock und Stein, durch die wilde Fauna. Ein Suchtrupp fand mich erst am folgenden Nachmittag.“

Nach Worten Barnetts seien die Freimaurer, Scientology, die katholische Kirche, die CIA, das australische Militär und viele andere Unternehmen Zweige des satanischen Pädophilie-Netzwerks und des internationalen Kinderhandelsringes, der auch Teil der Neuen Weltordnung werden soll.

Die Mitglieder seien, so Barnett, durch Blutlinien und Satanismus miteinander verbunden: Pädophilie, Vergewaltigung, Mord, Krieg und Völkermord stünden hier ganz oben auf der Agenda. Barnett warnt davor, dass mittlerweile jede Organisation in Australien infiltriert sei, einschließlich Krankenhäuser, Psychiatrie, Politik sowie Vereine für Kinder.

Dass die Welt von einer geheimen Schattenregierung regiert wird, steht mittlerweile außer Zweifel. Wie auch immer sie heißen mag. Sie sind eine Gefahr für den gesamten Weltfrieden und sie arbeiten international getarnt als NGOs und Think Tanks – die Mafia des 21. Jahrhunderts

Psyop-Aktivitäten wie Rassenunruhen, Klimahysterie und Covid-19 stehen ebenfalls auf der Agenda dieser Organisationen, um die gesamte Menschheit psychisch zu zerstören, sie in eine Schleife aus Angst und Depression zu halten, um eine Neue Weltordnung nach den Plänen der satanischen Elite aufbauen zu können.

Abb. 17: Kunstwerk in der Cibolo Creek Ranch

Ob das aber tatsächlich die Wahrheit oder nur Fake News sind, um die Weltbevölkerung weiter in dem Glauben zu halten, dass die verabscheuungswürdigen Taten an Kindern nur eine unter vielen Verschwörungstheorien ist, kann auch ich an dieser Stelle nicht hundertprozentig bestätigen.

Allerdings sprechen die vielen detaillierten Zeugenaussagen eine deutliche Sprache.

Und niemand würde auf die Idee kommen und so eine grausame Geschichte erfinden.

Diese Tatsache sollte man sich immer vor Augen halten, wenn man Berichte dieser Art voreilig als Fake News bezeichnet. (37)

2.6 Tausende Kleinkinder vergewaltigt: Schrecklicher Bericht einer Organisation, die der Polizei bei der Jagd auf Pädophile hilft

Der Missbrauch findet aber leider nicht nur in der realen, sondern auch in der virtuellen Welt statt. Die gemeinnützige italienische Organisation „World Observatory Against Pedophilia OS.MO.CO.P“ kurz „Meter“ arbeitet international mit Polizeibehörden zusammen, um den sexuellen Missbrauch von Kindern auf allen Ebenen zu bekämpfen. (38)

Der „Meter“-Bericht umfasst 76 Seiten. Es sind auf den ersten Blick nur Zahlen, doch hinter jeder dieser Zahl steckt ein Schicksal. Es sind Zahlen, die Auskunft darüber geben, wie beliebt der sexuelle Missbrauch von Kindern im Internet ist, vor allem im sogenannten Dark-Net. Die Opfer sind jung, viele sogar sehr jung. Kinder, Kleinkinder und Babys im Alter zwischen null und zwei Jahren.

Das Dark-Net ist eine beliebte Spielwiese Pädokrimineller. „Meter“-Mitarbeiter durchsuchen das Dark-Net nahezu rund um die Uhr und sie liefern Strafverfolgungsbehörden wertvolle Tipps, um Tätern das Handwerk zu legen.

„Meter“ hat im vergangenen Jahr eine große Zahl von Kindersexseiten ausgespürt. Allein in der Altersgruppe der Kleinkinder im Alter zwischen null und zwei Jahren waren es 1.077 Seiten mit 4.006 Videos und 7.646 Fotos.

Das Datenmaterial stammt laut „Meter“ überwiegend aus Europa und den Vereinigten Staaten. Die Bilder sind oft nur schwer zu ertragen, weil Kinder hier gefesselt sind, laut schreien und um ihr Leben kämpfen. Das, was man hier auf den Videos und Bildern zu sehen bekommt, ist kein Spiel, sondern grausame Realität, sagt der „Meter“-Gründer und Präsident Pater Don Fortunato Di Noto, der auch Mitglied des Wissenschaftlichen Ausschusses der italienischen Polizei für Datenkommunikation und Professor am obersten Instituts für Bioethik und Sexologie der Päpstlichen Salesianer Universität von Messina ist.

Sexuelle Gewalt gegen Säuglinge und Kleinkinder sind im Dark-Net leider keine Einzelfälle, sondern grausamer Alltag. Das geht aus den gemeinsamen Ermittlungen von „Meter“ mit der italienischen Polizei und der Carabinieri hervor, denen erst jüngst wieder ein Schlag gegen ein Pädophilen-Netzwerk gelungen ist, das entsprechende Videos im Dark-Net tauschen wollte.

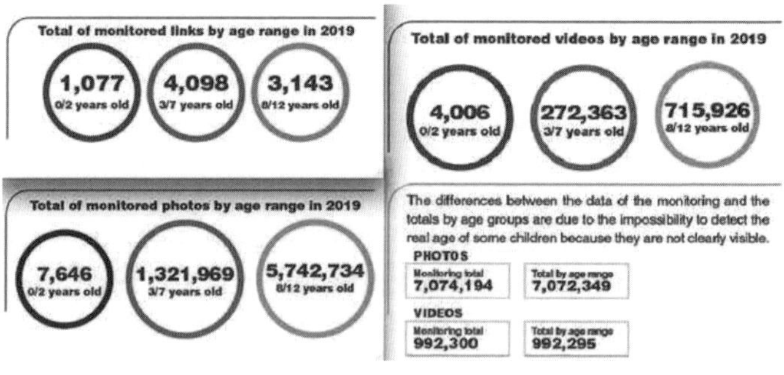

Abb. 18: Die verstörende Tabelle zur Kinderpornografie, die der „Meter“-Verband von Don Fortunato Di Noto im Deep Web entdeckt hat

In Italien ist Sex mit Minderjährigen bereits ab 14 Jahren möglich, in Spanien sogar schon mit 13, in den Vereinigten Staaten variiert die Altersgrenze in den meisten Bundesstaaten zwischen 18 und 17 Jahren, in nur wenigen liegt die Grenze bei 16.

„Meter“ ist es in den vergangenen Jahren gelungen, mehr als 1.721 junge Missbrauchsopfer aus den Fängen skrupelloser Pädosexueller zu befreien. Man muss dazu wissen, dass im Dunstkreis des Tiefen Staats Pädosexualität die mit Abstand mächtigste Waffe gegen Politiker ist, wie die Causa Jeffrey Epstein deutlich macht.

Politiker, die sich auf Epsteins Liebesinsel verirrt haben, wurden beim Sex mit Minderjährigen heimlich gefilmt und werden seither von einer Schattenregierung, die besser bekannt ist als Tiefer Staat, erpresst. Die Welt wird schon seit langem mit nur wenigen Ausnahmen von einer kriminellen Bande reicher Milliardäre beherrscht, dessen wahre Identität kaum jemand kennt.

Wie aber geraten Kleinstkinder und Babys in die Hände skrupelloser Menschenhändler? Nach Aussage von Don Fortunato Di Noto geschieht dies in nicht seltenen Fällen sogar durch Behörden, wenn Kinder ihren leiblichen Eltern weggenommen und in Pflegefamilien untergebracht werden. Don Fortunato Di Noto:

„Denken wir nur an die Untersuchung Angels & Devils, die zu 24 Anklagen führte, darunter auch gegen einen Aktivisten, der ein kleines Mädchen einem lesbischen Paar anvertraute, das nicht zögerte, das Mädchen zu missbrauchen.“

Pädokriminelle fühlen sich im Internet sicher – vor allem im anonymen Dark-Net. Selbst die Politik scheint das Ausmaß der hier herrschenden kriminellen Energie zu unterschätzen, weil nach Meinung von Don Fortunato Di Noto die Politik offenbar kein wirkliches Interesse daran zeigt, Pädophilen endlich den Kampf anzusagen. So steht das auch in einer Pressemitteilung von „Meter“.

Don Fortunato Di Noto erinnert in diesem Zusammenhang an einen Fall, der am Ende sogar vor dem Europäischen Gerichtshof für Menschenrechte in Straßburg landete, wo ein rechtskräftig verurteilter Sexualstraftäter, der bereits ein dreijähriges Kind missbraucht hat, die Leitung einer toskanischen Jugendgemeinschaft übernehmen konnte, ohne dass jemand von seiner Vorstrafe erfahren hat.

Der Abgeordnete der Mitte-Rechts-Partei Forza Italia, Stefano Mugnai, kritisiert hier vor allem die Kultur der Linken, die seinen Worten nach für derartige skandalöse Zustände verantwortlich sei.

Tatsächlich scheint nach Worten von Don Fortunato Di Noto das wahre Ausmaß pädosexueller Kriminalität nicht nur von der Politik im Allgemeinen ignoriert zu werden, sondern vor allem von der italienischen linken Regierung, die von der Demokratischen Partei und der Fünf-Sterne-Bewegung unterstützt wird.

Aktuell geht die Regierung mit einem Gesetzentwurf zur Unterdrückung der Homotransphobie ins Parlament. Die Parlamentarier Zan, Boldrini, Scalfarotto und andere aus dem Parlament möchten nicht nur die sexuelle Freiheit einführen, sondern auch die sexuelle Aufklärung in Schulen und Kindergarten zur Pflicht machen.

Papst Franziskus sieht die Geschlechterbestimmung als reine Ideologie, die letztendlich zu einer frühen Sexualisierung von Kindern und Jugendlichen führt. Minderjährige sollen künftig demnach selbst entscheiden können, was sie wollen und vor allem wie sie es wollen.

Diese Ideologie könnte aber darauf abzielen, Kinder zu korrumpieren, was im schlimmsten Fall in ein paar Jahren dazu führen wird, Pädophilie nicht nur zu rechtfertigen, sondern sie unter Umständen auch zu legalisieren, so Don Fortunato Di Noto in einem Interview mit dem „New Daily Compass“.

Es gibt mittlerweile Tausende von Portalen im Internet, die nicht unbedingt Kinderpornographie zeigen, die aber pädokulturell geprägt sind, indem beispielsweise suggeriert wird, dass pädophiles Verhalten im Grunde genommen etwas völlig Normales sei, genauso wie es Plattformen gibt, auf denen Nutzer behaupten, dass sie niemals ihre pädophilen Wünsche in die Tat umgesetzt haben.

All dies leistet am Ende der Legalisierung der Pädosexualität einen Bärendienst. Nutzern solcher Portale wird quasi durch die Blume vermittelt, dass Liebe zwischen einem Kind und einem Erwachsenen im Grunde etwas völlig Normales sei.

Laut „Meter“-Statistik führte im vergangenen Jahr das Interesse der Suchanfragen vor allem zu Seiten die Aufnahmen von Kindern im Alter zwischen acht und zwölf Jahren zeigen. Allein auf diesen Seiten entdeckten die Ermittler 5.742.734 Fotos, gefolgt von 1.321.969 Aufnahmen mit Kindern im Alter zwischen drei und sieben Jahren und schließlich 7.646 Dateien mit Kleinstkindern zwischen null und zwei Jahren.

Fast sieben Millionen Videos und 100.000 Fotos wurden im vergangenen Jahr von „Meter“ gemeldet, doppelt so viele wie im Vergleichszeitraum 2018 mit drei Millionen Videos und 50.000 Fotos. Die Videos sind mit 992.300 gegenüber 1.123.793 in 2018 nahezu stabil geblieben. Allerdings legten laut der Statistik Chats ein wenig zu. 323 waren es 2019 gegenüber 234 im Jahr zuvor.

„Meter“ befasst sich aber nicht nur mit Zahlen, die Organisation versucht auch auf wirksame Weise den Missbrauch von Kindern zu bekämpfen. Bereits schon 2008 wurde ein Übereinkommen zwischen den großen Internetanbietern, der italienischen Polizei und der „Meter NPO Association“ unterzeichnet.

Die Vereinbarung ermöglicht eine kontinuierliche Zusammenarbeit zwischen der Staatspolizei und dem nationalen Sitz von „Meter“, der sich weltweit für den Schutz von Kindern einsetzt. Webseiten, die ganz oben auf der Liste der Polizei stehen, wurden auch am häufigsten von „Meter“ gemeldet.

In den vergangenen 15 Jahren gab es 23 nationale und internationale Operationen gegen pädophile Straftäter, was zu Hunderten von Festnahmen führte. Tausende Verdächtige und auch viele Kinder darunter konnten dadurch identifiziert werden.

Es gibt weltweit zahlreiche Unternehmen, die Kinder aller Altersstufen zur Herstellung von Kinderpornografie sexuell ausbeuten. Don Fortunato Di Noto erinnert sich an eine Operation, die in Italien begann und sich schließlich auf ganz Europa ausdehnte. Allein hier konnten 250 Kinder identifiziert werden. Viele dieser Kinder waren in den Fängen von Organisationen, andere wieder wurden innerhalb von Familien missbraucht und dabei gefilmt.

Don Fortunato Di Noto erinnert sich auch an ein skandalöses Gerichtsurteil in Bologna. Hier hat ein Gericht einer rumänischen Mutter einen siebenjährigen Jungen anvertraut, die gegen ihren eigenen kleinen Sohn sexuell gewalttätig wurde. Die Frau hat das Kind aufgenommen und die Aufnahmen an eine Freundin weitergegeben, mit der sie in enger Beziehung stand. Kinder, die gegen Kinder sexuell gewalttätig werden, auch das ist leider keine Seltenheit mehr, sondern ebenfalls Alltag im virtuellen Zeitalter.

In einem anderen Fall ging es um ein Video, in dem eine Frau einen fünfjährigen Jungen dazu auffordert, ihre Geschlechtsteile streicheln, auch diese Frau hat die Aufnahmen im Freundeskreis geteilt. Leider aber werden sexuelle Übergriffe von Frauen auf Kinder von Gerichten kaum oder nur mit einer milden Strafe geahndet.

Weil Justizbehörden und Psychologen offenbar noch immer von der weit verbreiteten Meinung ausgehen, dass pädophiles Verhalten eine reine Männersache sei. Doch die Wirklichkeit hat in der Vergangenheit immer wieder gezeigt, dass dies nicht der Fall ist, dass sich viel mehr Frauen von Kindern sexuell angezogen fühlen als man glaubt und wahrhaben will.

Offenbar wurde in den letzten Jahren auch die sexuelle Gewalt unter Kindern von den Behörden verharmlost. Längst tauschen auch Minderjährigen, vor allem in der Altersstufe zwischen 13 und 17 Jahren, Bilder und Videos, auf denen Kleinkinder sexuell missbraucht werden. Laut „Meter" handelt es sich hierbei um teils grausame Aufnahmen – hier werden nämlich Kinder oft nicht nur verstümmelt, sondern auch ermordet.

Jugendliche teilen diese Art von Bildern und Filmen gerne untereinander, manche von ihnen betreiben sogar einen Handel damit, viele möglicherweise in dem naiven Glauben, dass diese Szenen nicht echt sind, sondern nur gestellt, andere wieder scheinen ohne jegliche Empathie zu sein, dass ihnen das Leid der Opfer egal zu sein scheint. Meistens werden solche Fälle nur durch Zufall aufdeckt, etwa durch Eltern, die sich Zugriff auf den Rechner ihrer Kinder verschaffen.

Das ist die Realität, in der wir uns befinden - sie ist erschreckend. Eine abgestumpfte, narzisstische Gesellschaft, die nur ihren Spaß will, sonst nichts. Die Politik scheint wenig bis gar kein Interesse daran zu haben, dass sich an diesen Zuständen etwas ändert.

Das Internet hat sich längst zu einer Parallelwelt entwickelt, in der Emotionen keine Rolle spielen, weil man ja nur anonymer Zuschauer ist und nicht tatsächlich am Geschehen beteiligt ist. Viele glauben, dass hier alles sowieso bloß Fake ist, dass hier nicht wirklich gelitten und gestorben wird, dass die Opfer am Ende aufstehen wie nach einer Schießerei in einem Western.

Doch die Wirklichkeit ist eine andere als die, die man glaubt zu kennen. Die teils drakonischen Coronamaßnahmen werden in Zukunft vor allem junge

Menschen weiter in die Isolation treiben und somit in virtuelle und anonyme Welt am Rechner. Eine Welt, in der Mitgefühl ein Fremdwort ist, weil man die Menschen, die man dort zu Gesicht bekommt, schließlich nicht wirklich kennt. Und wie kann man zu jemand Mitgefühl haben, dem man nie persönlich begegnet ist.

Wer sich aber im Netz am Leid anderer weidet, macht sich automatisch zum Komplizen der Täter, selbst dann, wenn man nur heimlicher Beobachter ist, weil die Nachfrage schließlich das Angebot bestimmt. Das wissen auch die großen Internetgiganten wie Telegramm, Instagram und Facebook, die aber dennoch Chatrooms bereitstellen – privilegierte Orte, um den Austausch von Material jeder Art zu ermöglichen.

Die Verlockung ist vor dem Hintergrund der gefühlt geglaubten Anonymität groß – vor allem für Kinder und Jugendliche, weil sie schließlich in einem Alter sind, wo man beginnt, die Welt auf ganz eigene Art und Weise zu entdecken, wo man Spaß und Ernst noch nicht unterscheiden kann, weil Kinder einfach noch nicht dazu in der Lage sind, die Dimensionen zu erfassen.

Das heißt, Kinder und Jugendliche müssen auf ganz besondere Weise vor der Verlockung geschützt werden. Don Fortunato Di Noto sieht in diesem Zusammenhang nicht nur die großen Internetkonzerne in der Pflicht, sondern auch die Politik aller Staaten und die Polizeibehörden im Rahmen einer globalen Zusammenarbeit.

Wörtlich sagt er:

„Ich denke an die Worte Jesu, um vollkommen in der Einheit zu sein – daher glaube ich, dass es wichtig ist, dass wir uns gemeinsam für die Kinder zusammenschließen und zusammenarbeiten sollten – alle Staaten. Jeder muss seinen Teil dazu beitragen. Kinder müssen an erster Stelle stehen, denn eine Gesellschaft, in der Kinder nicht an erster Stelle stehen, ist eine gescheiterte Gesellschaft.“ (39)

2.7 FBI gibt Akten zur Beteiligung der CIA an satanischen Ritualen und Kinderhandel frei

Russ Winter von „Winter Watch" veröffentlichte Anfang Dezember 2021 einen Artikel über die Freigabe von Akten durch das FBI über eine CIA-Gruppe namens „The Finders" und den Fall McMartins satanischen Kinderhandels im Vorschulalter in Los Angeles in den 1980er Jahren. [40]

Die Webseite „Health Impact News" erwähnt diesen Fall ebenfalls, da der ehemalige FBI-Chef Ted Gunderson aktiv an diesem Fall beteiligt war, über den die Webseite mit dem Artikel „Who is Behind the Plandemic and Rioting to Usher in the New World Order" („Entlarven, wer hinter der Plandemie steckt und Unruhen, um die Neue Weltordnung einzuleiten") vom Juni 2020 hinweist. [41]

Das Vehikel, das von der US-Regierung und der CIA verwendet wird, um diese Kinder zu verkaufen und diese satanischen rituellen Missbrauchsnetzwerke zu betreiben, ist das von der Regierung finanzierte Netzwerk für Kindersozialdienste und Foster Care, allgemein bekannt als „CPS" (Child Protection Services).

Für alle 50 US-Bundesstaaten gibt es massive staatliche Mittel, die nur gesammelt werden können, wenn sie bestimmte Kinderquoten erfüllen, die in dieses System aufgenommen werden. Satanisches System, das hauptsächlich von christlichen Kirchen [42] betrieben wird, die Gelder von der Regierung einsammeln. [43]

Viele Menschen haben mutig versucht, dieses bösartige System, das in jedem Bundesstaat und in jedem Bezirk der USA existiert, aufzudecken, und leider sind viele von ihnen jetzt tot.

Im Jahr 2009 veröffentlichte Bill Bowen einen Trailer für einen Dokumentarfilm, den er produzierte, um die Korruption innerhalb der Kinderschutzdienste in den Vereinigten Staaten aufzudecken. Der Film heißt *Innocence Destroyed* („Unschuld zerstört").

Bill Bowen starb unerwartet im nächsten Jahr, im Jahr 2010, angeblich an einem Herzinfarkt, bevor er den Film fertigstellen konnte.

Die abgeschlossenen Segmente wurden auf YouTube in drei verschiedenen Videos veröffentlicht.

Um Bills Arbeit zu bewahren, wurden alle drei Segmente zusammengefasst und auf Bitchute veröffentlicht: https://www.bitchute.com/video/3nb9zCjLZ6z1/

WARNUNG: Das Video enthält grafische Inhalte, die nicht für Kinder geeignet sind! Nur für Erwachsene.

Eine andere Person, die das korrupte Netzwerk der Kinderschutzdienste aufgedeckt hat, war die Senatorin von Georgia, Nancy Schaefer. Bevor sie ermordet wurde, hatte sie Beweise für diese Korruption vorgelegt, und der Hauptvortrag, den sie zu diesem Beweis gehalten hat, ist jetzt auf YouTube schwer zu finden, daher hier eine Sicherungskopie: https://www.bitchute.com/video/6yfT6nHI0Pqd/

Dieser Vortrag und der von ihr erstellte Bericht kosteten sie ihre Karriere und letztendlich ihr Leben.

Nancy wurde nur sieben Monate vor ihrer Ermordung von Alex Jones interviewt, und es ist das beste Interview, das ich bei ihrer Arbeit gesehen habe. Das Interview wurde ursprünglich in mehrere Teile zerlegt und auf YouTube veröffentlicht, aber die meisten dieser Kopien sind verschwunden. (44)

Eine weitere Senatorin des Bundesstaates, die versuchte, die Korruption bei CPS und Kindersexhandel aufzudecken und im Sommer 2019 ermordet wurde, war die Senatorin von Arkansas, Linda Collins-Smith. (45)

Ein Großteil dieses sehr bösen satanischen rituellen Missbrauchs und des Kindersexhandels in den Vereinigten Staaten wurde 2016 von Julian Assange und Wikileaks aufgedeckt, dass „Pizza Gate" genannt wurde.

Ich glaube, das ist der Hauptgrund, warum Hillary Clinton 2016 „unter den Bus" geworfen wurde, weil sie zu viele Verbindungen zu diesem Netzwerk hatte.

Stattdessen wurde Donald Trump rekrutiert, nicht weil er nicht an all dem beteiligt war (es gibt Beweise, einschließlich Epsteins Schwarzbuch, dass Trump auch an all dem beteiligt war, und (46) ein Buch, das von investigativen Journalisten veröffentlicht wurde, dokumentiert Dutzende von Frauen und Mädchen, die sagen, von Trump sexuell belästigt worden zu sein), sondern weil er nicht Teil des politischen Establishments, sondern Teil des Wall Street Milliardär Clubs war und man sich darauf verlassen konnte, den Great Reset und die COVID-Plandemie einzuleiten sowie die Globalisten weiter zu bereichern und die Öffentlichkeit davon ablenken, sich auf das Netzwerk des bösartigen Kinderhandels zu konzentrieren.

Dies ist meine Meinung, aber es würde auch erklären, warum die CIA wahrscheinlich „Q" entwickelt und vorgibt, Trump wie einen „Retter" aussehen zu lassen, der hereinkommt und den „Sumpf" all dieser Kinderhändler trockenlegt.

Und es funktionierte hervorragend als Ablenkung von der Wahrheit.

Aber genau das Gegenteil geschah. Trump bereicherte die Globalisten weiter und führte den COVID-Plan mit großer Präzision aus, indem er die Menschen mit dem sehr realen Problem des Kindersexhandels und des satanischen rituellen Missbrauchs ablenkte, indem er sich auf den „Krieg gegen das Virus" konzentrierte.

Biden wurde wahrscheinlich nicht nur eingesetzt, um nicht nur die COVID-Richtlinien fortzusetzen, einschließlich der Einführung der Biowaffen-Injektionen, sondern auch, um alle an der südlichen Grenze der USA geleisteten Arbeiten rückgängig zu machen, um einen neuen Strom von Kindern und Kriminellen zu ermöglichen, um den Kinderhandel und den satanischen rituellen Missbrauch aufrechtzuerhalten.

Ich beschäftige mich seit vielen Jahren mit diesem Thema, und deshalb habe ich keine Hoffnung, dass dieses Land jemals Gerechtigkeit durch unser Justizsystem sehen wird. Es ist durch und durch korrupt, und ich wurde mehrmals von Richtern an Familiengerichten, einschließlich Bezirksstaatsanwälten (hauptsächlich in Arizona), damit bedroht, unsere Artikel zu entfernen, weil sie ihre Korruption aufdecken.

Hier ein Auszug aus dem Artikel bzgl. der Beteiligung der Geheimdienste:

„1983 ging eine Frau namens Judy Johnson aus der wohlhabenden kalifornischen Gemeinde Manhattan Beach zur Polizei und behauptete, ihr zweijähriger Sohn sei von Raymond ‚Ray' Buckey, einem 28-jährigen Lehrer an der McMartin Preschool, missbraucht worden. Die Polizei begann ihre Ermittlungen, indem sie die Eltern

aktueller und ehemaliger Schüler über die Möglichkeit eines sexuellen Missbrauchs ihres Kindes informierte.

Zahlreiche Kinder erzählten ähnliche Geschichten von satanischen Tieropfern und sexuellen Ritualen in geheimen Räumen der Schule. Bis 1984 wurde Buckey in 79 Fällen von Kindesmissbrauch festgenommen. Seine Mutter wurde ebenso wie mehrere andere Mitglieder der Buckey-Familie als Verschwörer festgenommen, da die McMartin Preschool der Familie Buckey-McMartin gehörte und von ihr betrieben wurde.

Die Kinder sagten, sie seien gewarnt worden, dass ihre Eltern getötet würden, wenn sie es jemandem erzählten. Und tatsächlich, als Buckeys Prozess 1986 begann – ein Prozess, in dem Judy Johnson eine wichtige Zeugin war – wurde sie tot in ihrem Haus aufgefunden, Ursache unbekannt. Sie war gerade 42 Jahre alt.

Fast genau ein Jahr später nahm sich ein ehemaliger Polizist, der als Ermittler der Verteidigung diente, zu Hause das Leben.

Nachdem Johnson tot war, konnte Buckeys Verteidiger ihren Charakter während des Prozesses anklagen. Es wurde auch argumentiert, dass die Zeugenaussagen der Kinder von den psychologischen Untersuchern, die sie interviewten, beeinflusst (oder implantiert) worden waren. Letztendlich wurde Buckey nicht verurteilt. Eine zweite Jury war 1990 festgefahren und der Fall wurde abgewiesen.

Sechs Jahre lang hatten die Polizei und das FBI laut Los Angeles Times aktiv den Fall McMartin Preschool untersucht. Nachdem sie ihre Akte geschlossen hatten – und die Familie Buckey enthüllte, dass sie die geschlossene McMartin-Vorschule für den Bau eines Bürogebäudes an Arnold Goldstein verkauft hatte – stellten frustrierte Eltern der missbrauchten Kinder den später pensionierten Chef und Leiter des FBI-Spezialagenten von Los Angeles ein Ted L. Gunderson (1928-2011) um die Untersuchung fortzusetzen und eine archäologische Untersuchung in Auftrag zu gehen .

Ein Jahrzehnt später sprach Gunderson über den Fall McMartin sowie über ein Netzwerk von Kinderschändern und Menschenhändlern namens ‚The Finder'.

Jahrzehntelang waren die Akten des FBI über den Fall McMartin und ‚The Finders' versiegelt. Nicht mehr länger. Die Behörde hat ihre Akten freigegeben. Es zeigt ein Jahrzehnt der Forschung von Kalifornien bis Belgien.

Die Ermittlungen in den Fällen beschrieb Sekten, Kinderhandel und kompromittierendes Material. In den letzten Jahrzehnten haben sich die Mainstream-Medien geweigert, über solche Fälle zu berichten. Solche Fälle wurden von den üblichen Verdächtigen ‚entlarvt', die das kriminelle Syndikat als Deckung verwendet. Aber die eigene Untersuchung des FBI legt nahe, dass die Fälle echt genug waren und deutet auf Vertuschungen hin."

Ein wichtiger Hinweis über McMartin-Studenten und Debunker

Der Vorschulfall McMartin war zu dieser Zeit sehr bekannt und wurde zu einem Teil dessen, was die neurolinguistischen Programmierer in den 1980er und frühen 1990er Jahren als „Hysterie und moralische Panik" wegen angeblichen satanischen rituellen Missbrauchs in Kindertagesstätten bezeichneten. Das heißt aber nicht, dass „wilde" und „unmögliche" Geschichten, die von den Kindern erzählt werden, nicht einige Elemente der Wahrheit enthalten.

Es ist, als ob Entlarvungen nicht berücksichtigt hätten, dass Halluzinogene und Drogen verabreicht wurden, um das Gedächtnis zu beeinflussen. Nein, das würde kritisches Denken erfordern, und Pyjama-Leute sind bereit für die erste schwache Erklärung. Darüber hinaus hat das kriminelle Syndikat das falsche Gedächtnissyndrom erfunden.

Eine der Kontroversen in dem Fall waren Berichte der Kinder und Spekulationen, dass sich Tunnel und Räume unter dem Schulzentrum befanden. Den Debunkern gelang es schließlich, dies in den Bereich der „verrückten Verschwörungstheorie" einzuordnen.

Aber siehe da, wir haben eine Bestätigung der Tunnel und Räume vom FBI selbst!

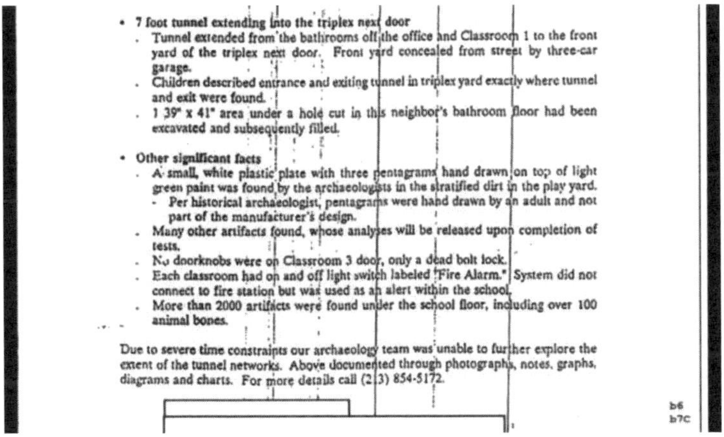

- 7 foot tunnel extending into the triplex next door
  - Tunnel extended from the bathrooms off the office and Classroom 1 to the front yard of the triplex next door. Front yard concealed from street by three-car garage.
  - Children described entrance and exiting tunnel in triplex yard exactly where tunnel and exit were found.
  - 1 39" x 41" area under a hole cut in this neighbor's bathroom floor had been excavated and subsequently filled.
- Other significant facts
  - A small, white plastic plate with three pentagrams hand drawn on top of light green paint was found by the archaeologists in the stratified dirt in the play yard.
    - Per historical archaeologist, pentagrams were hand drawn by an adult and not part of the manufacturer's design.
  - Many other artifacts found, whose analyses will be released upon completion of tests.
  - No doorknobs were on Classroom 3 door, only a dead bolt lock.
  - Each classroom had on and off light switch labeled "Fire Alarm." System did not connect to fire station but was used as an alert within the school.
  - More than 2000 artifacts were found under the school floor, including over 100 animal bones.

Due to severe time constraints our archaeology team was unable to further explore the extent of the tunnel networks. Above documented through photographs, notes, graphs, diagrams and charts. For more details call (213) 854-5172.

b6
b7C

Abb. 19: Screenshot vom Dokument

Auf Seite 48-49 wurden Tunnel in der McMartin-Vorschule sowie Pentagramme und Knochen gefunden. Dies alles ist Teil eines beschreibenden Berichts, der unten gezeigt wird. [47]

2.8 Neue Beweise für Adrenochromfabrik? Frau findet Liste mit Namen von gefolterten Kindern auf USB-Stick – Spur führt nach Deutschland

Unter Prominenten, Politikern und Millionären scheint Adrenochrom ein Geheimtipp für Vitalität und ewige Jugend zu sein. Es handelt sich um ein Oxidationsprodukt bestehend aus Adrenalin, Ephinephrin und Noradrenalin, was unter teils extremer Folter aus dem Blut sehr junger Menschen, in der Regel Kinder und Teenager, extrahiert wird.

Bekanntheit erlangte das Thema vor allem durch die Whistleblower-Szene. Unlängst sind neue Dokumente aufgetaucht, die nicht nur die Folter Tausender Kinder in geheimen Haftanstalten bestätigen sollen, sondern auch die industrielle Produktion der Droge.

Laut einem Bericht auf „truthnews.de" handelt es sich um offenbar streng vertraulich Dokumente, lange Listen mit Namen junger Menschen, sehr junge Menschen, Teenager und Kleinkinder, manche nicht älter als drei Jahre. (48)

Dazu sind Geburtsdatum, Blutgruppe, Qualitätsangabe des extrahierten Adrenochroms, Suizidgefährdung und das geplante „Entsorgungsdatum" notiert.

Betreiber der Haftanstalt soll eine „CYM Corporation" sein, die unter der Handelsmarken-Nummer 5475570 im Handelsregister eingetragen ist. Als Firmensitz CYM ist die 725 5th Avenue in New York angegeben - allerdings nicht als Folteranstalt, sondern als Restaurant-Dienstleister. Nur eine Verschleierungsmethode? Vielleicht.

Die Sache ins Rollen gebracht hat eine Amazon-Kundin aus Deutschland, die bei dem US Versandhändler einen USB-Stick bestellte hat, auf dem sie dann zufällig die Dokumente fand. Die verdutzte Kundin sendete die Dokumente daraufhin an den Blogger Dirk Schäfer (pro-hominibus.de), der das brisante Material umgehend in seiner Telegram App veröffentlicht hat.

Die junge Frau, die sich in dem Brief an Dirk Schäfer Steffi nennt, fürchtet um ihr Leben und um das ihres Sohnes, der, wie sie schreibt, im selben Alter ist, wie die in der Liste aufgeführten Kinder. Deshalb möchte sie um jeden Preis anonym bleiben.

Schäfer hatte eigenen Angaben nach offenbar mehrmals Kontakt zu Steffi, konnte sie aber irgendwann nicht mehr erreichen. Der Blogger befürchtet seither Schlimmstes und fürchtet deshalb nicht nur um das Leben der jungen Frau, sondern auch um seines. Schäfer hat zu seinem eigenen Schutz vorsorglich einen „Dead Man Switch" aktiviert, eine Vorkehrung, die sicherstellt, dass, wenn ihm etwas zustößt, weitere Veröffentlichungen folgen werden oder die Informationen an Ermittlungsbehörden weitergeleitet werden.

Soweit die Geschichte. Tatsache ist: Auch wenn mittlerweile genügend Dokumente und Zeugenaussagen vorliegen, die zumindest ansatzweise beweisen können, dass Adrenochrom per se keine Verschwörungstheorie ist, muss das in diesem vorliegenden Fall nicht heißen, dass die tatsächlich stimmt und Dokumente echt sind.

Auffällig ist zum einen, dass sich die besagte Steffi nicht umgehend an die nächste Polizeidienststelle gewandt hat, was jeder andere Finder sicherlich getan hätte, zum anderen, dass Steffi offenbar begeisterte Q-Anhängerin ist, was natürlich nicht beweist, dass die Geschichte Fake ist.

Vom juristischen Standpunkt aus betrachtet, gilt für die in den Dokumenten genannte Firma bis zu einem rechtskräftigen Urteil natürlich die Unschuldsvermutung. Interessant ist aber, dass ein hierzu erstelltes Video am 21.12.2020 von YouTube gelöscht und somit zensiert wurde, was durchaus ein Hinweis sein kann, dass es sich tatsächlich um authentisches Material handeln könnte, weil in der Vergangenheit auch andere Dokumente, etwa zu Corona, von Google und YouTube umgehend gelöscht wurden, wenn sie wahre Informationen enthalten haben. Oder es ist alles frei erfunden und wird aus diesem Grunde gelöscht.

Kommen wir zu den Dokumenten:

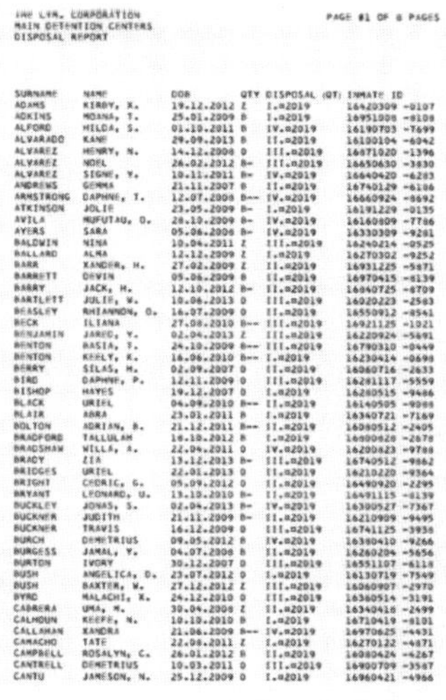

THE LYN. CORPORATION
MAIN DETENTION CENTERS
DISPOSAL REPORT

PAGE #1 OF 8 PAGES

SURNAME	NAME	DOB	QTY	DISPOSAL (QT)	INMATE ID
ADAMS	KIRBY, X.	19.12.2012	Z	I.m2019	16420309 -0107
ADKINS	MOANA, T.	25.01.2009	B	I.m2019	16951008 -8108
ALFORD	HILDA, S.	01.10.2011	B	IV.m2019	16190703 -7699
ALVARADO	KANE	29.09.2013	B	II.m2019	16100104 -6042
ALVAREZ	HENRY, N.	14.12.2008	0	III.m2019	16871020 -1396
ALVAREZ	NOEL	26.02.2012	B-	III.m2019	16650630 -3830
ALVAREZ	SIGNE, Y.	10.11.2011	B-	IV.m2019	16640420 -6283
ANDREWS	GEMMA	21.11.2007	B	II.m2019	16740129 -6106
ARMSTRONG	DAPHNE, T.	12.07.2008	B--	IV.m2019	16660924 -8692
ATKINSON	JOLIE	23.05.2009	B-	I.m2019	16191229 -0135
AVILA	MUFUTAU, O.	28.10.2009	B-	IV.m2019	16160809 -7786
AYERS	SARA	05.06.2008	B-	IV.m2019	16330309 -9281
BALDWIN	NINA	10.04.2011	Z	III.m2019	16240214 -0525
BALLARD	ALMA	12.12.2009	Z	I.m2019	16270302 -9252
BARR	XANDER, H.	27.02.2009	Z	II.m2019	16931225 -5871
BARRETT	DEVIN	05.06.2009	B	II.m2019	16970415 -8139
BARRY	JACK, H.	12.10.2012	B-	II.m2019	16040725 -8709
BARTLETT	JULIE, W.	10.06.2013	0	III.m2019	16020223 -2563
BEASLEY	RHIANNON, O.	16.07.2009	0	II.m2019	16550912 -8541
BECK	ILIANA	27.08.2010	B--	III.m2019	16921125 -1021
BENJAMIN	JARED, Y.	02.04.2013	Z	III.m2019	16220924 -5691
BENTON	BASIA, T.	24.10.2009	B--	III.m2019	16790310 -0449
BENTON	KEELY, K.	16.06.2010	B--	I.m2019	16230414 -0698
BERRY	SILAS, H.	02.09.2007	0	II.m2019	16060716 -2633
BIRD	DAPHNE, P.	12.11.2009	0	III.m2019	16281117 -5559
BISHOP	HAYES	19.12.2007	0	I.m2019	16280515 -9486
BLACK	URIEL	04.09.2010	B--	II.m2019	16140505 -9088
BLAIR	ABRA	23.01.2011	B	I.m2019	16340721 -7169
BOLTON	ADRIAN, B.	21.12.2011	B--	II.m2019	16080512 -2405
BRADFORD	TALLULAH	16.10.2012	B	I.m2019	16900628 -2678
BRADSHAW	WILLA, A.	22.04.2011	0	IV.m2019	16200823 -9788
BRADY	ZIA	13.12.2013	B-	III.m2019	16740512 -9862
BRIDGES	URIEL	22.01.2013	0	II.m2019	16210220 -9364
BRIGHT	CEDRIC, G.	05.09.2012	0	II.m2019	16490920 -2295
BRYANT	LEONARD, U.	13.10.2010	B-	II.m2019	16491115 -8139
BUCKLEY	JONAS, S.	02.04.2013	B-	IV.m2019	16300527 -7367
BUCKNER	JUDITH	21.11.2009	B-	II.m2019	16210909 -9495
BUCKNER	TRAVIS	16.12.2009	0	III.m2019	16741125 -3936
BURCH	DEMETRIUS	09.05.2012	B	IV.m2019	16380410 -9266
BURGESS	JAMAL, Y.	04.07.2008	B	II.m2019	16260204 -5656
BURTON	IVORY	30.12.2007	0	III.m2019	16551107 -6118
BUSH	ANGELICA, D.	23.07.2012	0	I.m2019	16130719 -7549
BUSH	BAXTER, W.	27.12.2012	Z	III.m2019	16060907 -2970
BYRD	MALACHI, X.	24.12.2010	0	III.m2019	16360514 -3191
CABRERA	UMA, M.	30.04.2008	Z	II.m2019	16340418 -2499
CALHOUN	KEEFE, N.	10.10.2010	B	I.m2019	16710419 -8101
CALLAHAN	XANDRA	21.06.2009	B--	IV.m2019	16970625 -4431
CAMACHO	TATE	22.08.2011	Z	I.m2019	16270122 -4871
CAMPBELL	ROSALYN, C.	26.01.2012	B	II.m2019	16080424 -4267
CANTRELL	DEMETRIUS	10.03.2011	0	III.m2019	16900709 -3587
CANTU	JAMESON, N.	25.12.2009	0	I.m2019	16960421 -4966

Abb. 20: Der Gefangenenbericht („INMATE REPORT“) mit der Liste der Insassen der Haupt-Haftanstalten („MAIN DETENTION CENTERS“) mit Vornamen, Nachnamen, Geburtsdatum, Alter, Blutgruppe, Anzahl der bisherigen Haftmonate („CUSTODY MONTHS“), Qualität des extrahierten Adrenochroms („ADRENOCHROME QUALITY“), Ort der Haftanstalt („CUSTODY LOCATION“), Selbstmordgefährdung ja/nein („SUIC. Y/N“), das geplante „Entsorgungsdatum“ („DUE TO DISPOSAL“) des Gefangenen, Herkunftsland und das tägliche Kontingent an abgezapftem Adrenochrom („DAILY QUOTA“)

Das „Entsorgungsdatum" liegt für viele Gefangene in der Zukunft, z. B. 2021 oder 2022. Wenn das Dokument echt ist, sind das geplante Morde, die sich noch verhindern lassen, etwa durch eine Anzeige bei der Polizei.

Laut §138 Strafgesetzbuch müssen geplante schwere Straftaten wie Morde angezeigt werden, sonst macht man sich selbst strafbar.

Wie jung müssen die Spender sein, um die bestmögliche Wirkung zu erzielen? Auch dazu hat Nature einen Beitrag veröffentlicht, der sich zwar auf Experimenten mit Mäusen bezieht, allerdings lässt sich daraus ableiten, dass die Spender sehr jung sein müssen. „Nature" schreibt:

„Clive McCay, ein Biochemiker und Gerontologe an der Cornwell Universität in Ithaca, New York, war der Erste, der die Parabiose auf Studien zur Alterung anwendete. Im 1956 brachte sein Team 69 Rattenpaare zusammen; fast alle unterschiedlichen Alters. Unter den verbundenen Ratten waren eine 1,5 Monate alte und eine 16 Monate alte- das Äquivalent eines 5-jährigen Menschen zu einem 47- jährigen. Das Experiment war unschön.

In Herz, Gehirn und Muskeln und fast jedem Organ neues Leben eingehaucht zu haben, dies hat die alten Mäuse stärker, schlauer und gesünder gemacht. Dies hat die alten Mäuse stärker, schlauer und gesunder gemacht. Es hat sogar dazu geführt, dass ihr Fell glänzender wurde. Jetzt haben diese Labore damit angefangen, die Komponenten des jungen Blutes zu identifizieren, welche für die Veränderungen verantwortlich sind."

ADRENOCHROME

THE CYM. CARING CORP
CARING IS YOUTH.
YOUTH IS MONEY.
MONEY IS FREEDOM.

Abzynth Biologics
BioHub at Alderley Park

MACCLESFIELD SK10 4TG

DUNS
672215873

New York, July 5th, 2020

RE: Research and experimental development on social sciences and humanities, UK SIC Code = 72200

Sir,

please find enclosed our confidential new detainee and production reports as follows:

Rep. #1 -> Production of Raw Adrenochrome, per detention center with average age of detainees.

Rep. #2 -> List of detainees used for production, duration of custody and scheduled disposal date. A valuable source for quality research. Note that col. „SUIC." only states suicide attempts. A finished suicide would appear in the disposal report (not enclosed).

The 2020 pricelist:

Quality	Minimum order qty.	USD per mg
A, A+ or A++	100 mg	$1,920
B, B+ or B++	100 mg	$1,450
B- or below	250 mg	$1,100 - $1,200 (depending on market)

Please note: check or cash in advance, checks made payable for „The CYM. Corp., Special Interest Division".

With best regards,

C. S. Yorington, CEO and Founder of CYM.

The CYM. Corporation HQ: 725 5th Ave, New York, NY 10022, United States Of America

CYM.® is a Registered Trademark, Register No.: 5475570

Abb. 21: Preisliste für das Adrenochrom mit Qualitätsangabe. Es wird auf den Anhang mit der vertraulichen Gefangenenliste und dem Entsorgungsdatum verwiesen. Außerdem heißt es: "Beachten Sie: Die Spalte 'Selbstmord' listet nur Selbstmordversuche. Ein vollendeter Selbstmord würde im Entsorgungsbericht auftauchen (nicht beigefügt)." Zynisch wirkt die Garantie von "100% rein und natürlich" unten rechts)

Die Parabiose-Forschung ist zweifellos ethisch fragwürdig. Allein schon die Tatsache, dass der Forschungszweig ursprünglich vom geheimen „Office of Naval Research" in enger Zusammenarbeit mit der „Rockefeller Foundation" durchgeführt wurde, gibt zu denken, wobei an dieser Stelle noch zu betonen sei, dass die Rockefeller Dynastie die Alterungsforschung schon seit 1936 finanziert und vorantreibt.

Entsprechende Experimente in geheimen Laboren sollen schon eine ganze Weile betrieben werden. Das geht unter anderem aus einem Bericht von Vox hervor, indem es heißt:

„Es gibt weitverbreitete Gerüchte in Silion Valley, wo die Wissenschaft der Lebensverlängerung eine populäre Obsession ist, dass eine Reihe wohlhabender Leute aus der Technikwelt mit dem Praktizieren von Parabiose begonnen haben und dafür zehntausende Dollar für die Eingriffe und das Blut junger Menschen ausgeben und diesen Vorgang mehrere Male im Jahr wiederholen."

Ein im US Bundesstaat Kalifornien ansässiges Unternehmen namens *Ambrosia* bietet mittlerweile sogar ganz offiziell Blutplasma-Transfusionen von einem halben Liter zu einem Preis von 8000 US Dollar an. Das Unternehmen wirbt sogar damit, dass es sich um das Plasma von Teenagern handelt.

Allerdings ist nicht bekannt, wie alt die Spender sind und woher sie stammen. Und die wohl wichtigste Frage bleibt ebenfalls unbeantwortet: Gibt es überhaupt genügend Spender in dieser Altersklasse und was, wenn nicht?

Werden Kinder und Jugendliche einfach von der Straße geholt, gefoltert und am Ende ermordet - oder handelt es sich hier tatsächlich nur um eine phantastische Geschichte aus der Welt der QAnons?

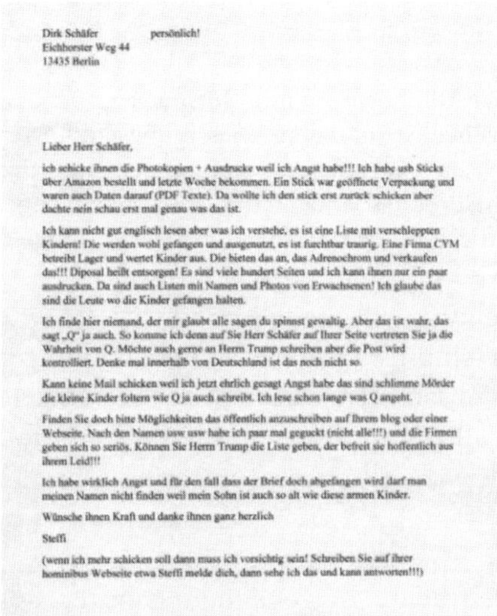

Dirk Schäfer persönlich!
Eichhorster Weg 44
13435 Berlin

Lieber Herr Schäfer,

ich schicke ihnen die Photokopien + Ausdrucke weil ich Angst habe!!! Ich habe usb Sticks über Amazon bestellt und letzte Woche bekommen. Ein Stick war geöffnete Verpackung und waren auch Daten darauf (PDF Texte). Da wollte ich den stick erst zurück schicken aber dachte nein schau erst mal genau was das ist.

Ich kann nicht gut englisch lesen aber was ich verstehe, es ist eine Liste mit verschleppten Kindern! Die werden wohl gefangen und ausgenutzt, es ist furchtbar traurig. Eine Firma CYM betreibt Lager und wertet Kinder aus. Die bieten das an, das Adrenochrom und verkaufen das!!! Diposal heißt entsorgen! Es sind viele hundert Seiten und ich kann ihnen nur ein paar ausdrucken. Da sind auch Listen mit Namen und Photos von Erwachsenen! Ich glaube das sind die Leute wo die Kinder gefangen halten.

Ich finde hier niemand, der mir glaubt alle sagen du spinnst gewaltig. Aber das ist wahr, das sagt „Q" ja auch. So komme ich denn auf Sie Herr Schäfer auf Ihrer Seite vertreten Sie ja die Wahrheit von Q. Möchte auch gerne an Herrn Trump schreiben aber die Post wird kontrolliert. Denke mal innerhalb von Deutschland ist das noch nicht so.

Kann keine Mail schicken weil ich jetzt ehrlich gesagt Angst habe das sind schlimme Mörder die kleine Kinder foltern wie Q ja auch schreibt. Ich lese schon lange was Q angeht.

Finden Sie doch bitte Möglichkeiten das öffentlich anzuschreiben auf Ihrem blog oder einer Webseite. Nach den Namen usw usw habe ich paar mal geguckt (nicht alle!!!) und die Firmen geben sich so seriös. Können Sie Herrn Trump die Liste geben, der befreit sie hoffentlich aus ihrem Leid!!!

Ich habe wirklich Angst und für den fall dass der Brief doch abgefangen wird darf man meinen Namen nicht finden weil mein Sohn ist auch so alt wie diese armen Kinder.

Wünsche ihnen Kraft und danke ihnen ganz herzlich

Steffi

(wenn ich mehr schicken soll dann muss ich vorsichtig sein! Schreiben Sie auf ihrer hominibus Webseite etwa Steffi melde dich, dann sehe ich das und kann antworten!!!)

Abb. 23: Die Finderin des USB-Sticks, auf dem sich die Dokumente befanden, schrieb an den unabhängigen Journalisten und Blogger Dirk Schäfer, damit er auf seiner Webseite über die Dokumente und das Thema berichtet

Sollten all die schrecklichen Geschichten tatsächlich stimmen, dann ist das Geschäft mit dem mit Adrenalin angereicherten Blut junger Menschen genauso ertragreich, wie der Handel mit Organen international operierender Mafiaorganisationen, die für reiche Spender schnell das passende Organ finden.

Die Fakten zum Organhandel sind im Mainstream zumindest teilweise angekommen, hingegen gilt der Handel mit Kinderblut noch immer als Verschwörungstheorie.

ADRENOCHROME INMATE AND PRODUCTION REPORT (CONFIDENTIAL)

PART 1 – INMATE DATA
Note: check for correct data whenever the monthly report is generated. If you notice any error, correct it in capital letters with red ink. Send the form to your data center administrator

Surname:	MOSS				
Name, Initial:	OPRAH, F.				
Date of Birth:	21.11.2009	Age:	11	Age calculated when printed.	
Inmate Nmbr.:	16000210 -0642				
Incarceration Facility:	NEWP.CHEM	In use for: (months)	11	Give only full months	
Captured in: (Country)	COSTA RICA	Marked for disposal in (Year):		2021	

PART 2 ACTUAL PRODUCTION DATA
Note: For filling out „Quality" check last Spectroanalyzer Report first

Blood Type:	AB-	Average Adrenochrome Quality:	MOSS				
Remember that the disposal mark must be changed to „immediately" when the Adrenochrome Quality is below „B++".							
Suicide Risk:	Y	If marked „Y" („Yes"), isolate subject and increase production.					
Warden:	N.A.						
Medical Assistance:	N						
Average Production: (per Day, actual Month)	12						
Weekly Production Rate:	1	2	3	4	5	6	7
Type of Torture: (give only Number Code R16-A)							

NORTH ANGEL DATA CENTER CORPORATION, P.O. 27, NEW YORK CITY
PAGE 1 [illegible] PRINTED 11:05 JOB JCL288182 TERMINAL 101 OPERATOR 99

Abb. 24: ADRENOCHROME HÄFTLINGS- UND PRODUKTIONSBERICHT (VERTRAULICH): Häftling Oprah F. Moss, 11 Jahre alt. Gefangengenommen in: Costa Rica. Seit 11 Monaten in Verwendung ("in use for"). Geplantes Entsorgungsdatum: 2021 ("Marked for disposal in"). Der Report hält fest: Wenn Selbstmordgefährdung vorliegt, ist das "Subjekt" zu isolieren und die Produktion zu erhöhen (Suicide Risk: If marked "Y" ("Yes"), isolate subject and increase production)

Zugegeben: Ob die Dimension tatsächlich so groß ist, wie von der QAnon-Szene behauptet, lässt sich nur schwer beweisen, weil davon auszugehen ist, dass hier bewusst übertrieben und mit falschen Beweisen gearbeitet wird, um die Wahrheit um das Thema ad absurdum zu führen.

QAnon wurde wie die bundesdeutsche Querdenker-Szene von den Geheimdiensten und vom Staatsschutz initiiert, zumindest aber gefördert, um

Meinungsabweichlern öffentlich stigmatisieren zu können und somit dem Staatsfeind ein Gesicht und einen Namen zu geben.

Das heißt: wie viel Wahrheit hinter diesem und vielen anderen brisanten Themen unserer Zeit steckt, muss jeder für sich selbst herausfinden.

Hier einige weitere Scans aus den hunderten Dokumenten [49]:

THE CYM. CORPORATION
MAIN DETENTION CENTERS
PRODUCTION REPORT

PAGE # 1 OF 1 PAGES

RAW ADRENOCHROME PRODUCTION

CUST. LOCAT.	ORIGIN	DATA INMATES	PRODUCTION MG	AVERAGE AGE
ARNG	CANADA	16	214,00	8,4
	COSTA RICA	24	332,00	9,6
	MEXICO	24	295,00	9,3
	UNITED STATES	20	216,00	9,2
ARNG TOTAL		84	1057,00	9,2
CP.CALLAN	CANADA	15	236,00	9,7
	COSTA RICA	20	237,00	9,3
	MEXICO	15	220,00	9,4
	UNITED STATES	26	347,00	9,2
CP.CALLAN TOTAL		76	1040,00	9,3
FT.KILM	CANADA	16	225,00	8,9
	COSTA RICA	24	306,00	9,6
	MEXICO	14	157,00	9,4
	UNITED STATES	18	266,00	9,1
FT.KILM TOTAL		72	954,00	9,3
GTMO.BY	CANADA	23	256,00	8,7
	COSTA RICA	21	260,00	9,2
	MEXICO	18	168,00	10,3
	UNITED STATES	21	333,00	9,4
GTMO.BY TOTAL		83	1017,00	9,3
NEWP.CHEM	CANADA	17	196,00	8,6
	COSTA RICA	19	246,00	8,9
	MEXICO	16	211,00	8,8
	UNITED STATES	14	140,00	8,5
NEWP.CHEM TOTAL		66	793,00	8,7
PUEBLO CHEM.	CANADA	18	288,00	8,3
	COSTA RICA	16	187,00	9,1
	MEXICO	14	144,00	9,1
	UNITED STATES	15	234,00	9,3
PUEBLO CHEM. TOTAL		63	853,00	8,9
REDST.AFB	CANADA	14	160,00	8,1
	COSTA RICA	13	123,00	9,5
	MEXICO	12	147,00	9,3
	UNITED STATES	17	205,00	9,2
REDST.AFB TOTAL		56	635,00	9,0

Abb. 25: Liste der Haupt-Haftanstalten (MAIN DETENTION CENTERS) und Produktionsbericht mit Herkunftsländern der Insassen, Insassenzahl und Gesamtproduktion von Adrenochrom in Milligramm. Es scheint sich um teils existierende, teils offiziell verlassene Militärstandorte zu handeln, wie etwa Camp Callan („CP.CALLAN") in Kalifornien. Das Guantanamo Bay-Haftlager ist auch aufgeführt: „GTMO.BY". GTMO ist die offizielle Abkürzung für das Guantanomo Detention Camp

THE CYM. CORPORATION
MAIN DETENTION CENTERS
DISPOSAL REPORT

PAGE #1 OF 1 PAGES

DISP QUARTER	ADR. QTY 0 B	B-	B--	Z		TOTAL
I.¤2019	15	19	22	13	18	87
II.¤2019	30	25	18	20	28	121
III.¤2019	25	13	14	12	18	82
IV.¤2019	21	18	16	26	21	102
TOTAL	91	75	70	71	85	392

Abb. 26: Entsorgungsbericht für 2019 mit Gesamtzahl der entsorgten Gefangenen pro Quartal

CYM.

THE CYM. CARING CORP
CARING IS YOUTH.
YOUTH IS MONEY.
MONEY IS FREEDOM.

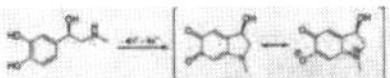

ADRENOCHROME

NOTE OF PROMOTION

Service Number:	10312453-0	Current Rank:	W-1
Full Name:	▬ Lance R.		
Date Of Birth:	9/24/86		
Last Conduct Note:	B		
Location:	Camp Callan		
Org. Number:	739783#7035		
Job description (category):	Warden, Senior Warden or Leading Warden: assigned to CYM. Corp. (N.Y.): Warden in Adrenochrome Harvesting Site (AHS); or legal counsel in similar ranks; or technician in similar ranks; or office personnel in similar ranks Not included: CYM. Corp. private contractors (i.e. nurses, undertakers)		
Job description (specific):			
Photograph in plain clothes:			

Please note that the next recommendation should be made five years after this employee was actually promoted. Suggest these to

Mrs. Hillary Notar (phone (831) 242-7184)
1759 Lewis Road, Suite 210
IMWE-POM
Monterey, CA 93944

With best regards,

(signed) ▬
(HR)

100%

The CYM. Corporation HQ: 725 5th Ave, New York, NY 10022, United States Of America, Office 292
Deliveries: 200 Forbes St #200, Annapolis, MD 21401, United States Of America
CYM.® is a Registered Trademark, Register No.: 5475570

Abb. 27: MITTEILUNG DER BEFÖRDERUNG (NOTE OF PROMOTION) für einen mutmaßlichen Mitarbeiter der CYM Corporation. Die unten angegebene Adresse in der 1759 Lewis Road, Suite 210, Monterey, 93944 Kalifornien ist eine Adresse einer in Betrieb befindlichen Militäreinrichtung

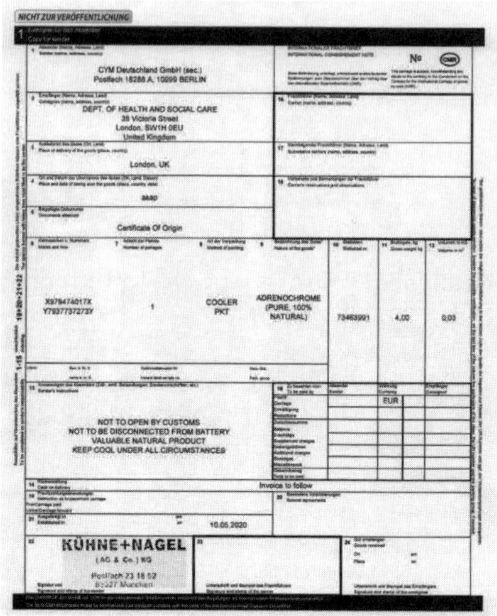
NICHT ZUR VERÖFFENTLICHUNG
CYM Deutschland GmbH (sec.)
Postfach 18288 A, 10099 BERLIN
№
DEPT. OF HEALTH AND SOCIAL CARE
39 Victoria Street
London, SW1H 0EU
United Kingdom
London, UK
asap
Certificate Of Origin
X979474017X
Y7937737273Y
1
COOLER
PKT
ADRENOCHROME
(PURE, 100%
NATURAL)
73463991
4,00
0,03
EUR
NOT TO OPEN BY CUSTOMS
NOT TO BE DISCONNECTED FROM BATTERY
VALUABLE NATURAL PRODUCT
KEEP COOL UNDER ALL CIRCUMSTANCES
Invoice to follow
10.05.2020
KÜHNE+NAGEL
(AG & Co.) KG
Postfach 23 18 52
80327 München

Abb. 28: Lieferschein der CYM Deutschland GmbH ans britische Gesundheitsministerium zur Lieferung von Adrenochrome

CLINIC-ID	CLINIC	Klinik	X	SEX	birthday	blood	delivery	Cost	Cost2
97	097	Universitätsklinikum, 72076 Tübingen		F	16.03.2012	0	2017	40.456	38.439
10	010	Diakoniekrankenhaus Mannheim GmbH , 68163 Mannheim		F	03.10.2011	AB	2018	41.226	39.208
63	063	Kreiskrankenhaus Mosbach , 74821 Mosbach, Baden		F	22.10.2012	AB	2021	40.426	38.405
92	092	Städtisches Krankenhaus , 88250 Weingarten		F	14.08.2013	AB+	2020	40.167	38.147
106	106	Universitätsklinikum Ulm , 89081 Ulm		F	05.12.2007	AB-	2019	40.450	38.431
65	065	Kreiskrankenhaus Plochingen , 73207 Plochingen		F	22.10.2007	A-	2019	39.742	37.723
34	034	Klinik Löwenstein gGmbH , 74245 Löwenstein, Württ		M	22.05.2007	A-	2020	40.288	38.268
81	081	Rehabilitationskrankenhaus Ulm - RKU , 89134 Blaustein		F	14.05.2016	AB-	2020	40.803	38.783
82	082	Reha-Klinik Sonnhalde , 78166 Donaueschingen		F	08.02.2011	AB	2019	41.173	39.154
16	016	DRK-Klinik, 76530 Baden-Baden		M	07.09.2016	A-	2018	40.297	38.279
76	076	Oberschwabenklinik, 88239 Wangen im Allgäu		M	05.10.2009	0	2021	39.890	37.869
107	107	Virngrund-Klinik , 73479 Ellwangen		M	02.10.2014	0	2018	39.676	37.658
42	042	Klinikum der Stadt Villingen-Schwenningen GmbH , 78045 Villingen-Schwenningen		M	21.09.2007	0	2017	39.864	37.847
7	007	BWKG e.V., 70191 Stuttgart		F	21.04.2010	A+	2018	40.158	38.140
28	028	Hohenloher Krankenhaus GmbH , 74613 Oehringen		F	05.01.2009	AB-	2020	41.206	39.186
53	053	Krankenhaus Siloah , 75179 Pforzheim		F	25.01.2006	AB-	2019	41.155	39.136
33	033	Klinik für Tumorbiologie (Uniklinik Freiburg) , 79106 Freiburg im Breisgau		F	30.01.2012	AB	2021	41.697	39.676
102	102	Universitätsklinikum Tübingen , 72072 Tübingen		F	19.06.2014	AB-	2021	41.515	39.494
2	002	ALCO-Süd / SULO, 88339 Bad Waldsee		M	05.06.2014	AB	2017	41.200	39.183
47	047	Klinikum Stuttgart Bürgerhospital , 70191 Stuttgart		M	21.02.2011	AB	2017	41.713	39.696
24	024	HAPART Medizinal-Entsorgung GmbH, 71642 Ludwigsburg		M	14.03.2013	AB-	2019	41.560	39.541
106	106	Universitätsklinikum Ulm , 89081 Ulm		M	02.07.2014	A+	2021	42.001	39.980
36	036	Kliniken des Landkreises Göppingen gGmbH, 73035 Göppingen		M	13.04.2010	0	2019	41.852	39.833
80	080	Rehabilitationskrankenhaus Ulm - RKU , 89081 Ulm		M	20.07.2009	AB-	2019	40.735	38.716
23	023	Gesundheitszentrum, 88427 Bad Schussenried		F	22.07.2006	AB+	2017	40.112	38.095
39	039	Kliniken Landkreis Sigmaringen GmbH, 72488 Sigmaringen		F	25.04.2014	AB+	2017	39.712	37.695
26	026	Hegau-Bodensee-Klinikum GmbH , 78224 Singen, Hohentwiel		M	25.04.2014	A+	2018	40.838	38.820
103	103	Universitätsklinikum Tübingen , 72076 Tübingen		M	11.09.2008	A+	2017	41.308	39.291
13	013	DRK Blutspendedienst, 68167 Mannheim		M	26.05.2008	0	2020	40.535	38.515
3	003	Berufsgen. Unfallklinik Tübingen , 72076 Tübingen		M	04.09.2012	A	2021	40.558	38.537
100	100	Universitätsklinikum Mannheim , 68167 Mannheim		F	24.10.2006	AB+	2019	40.236	38.217
52	052	Krankenhaus Siloah , 75179 Pforzheim		M	05.02.2010	A+	2021	40.574	38.553
104	104	Universitätsklinikum Tübingen , 72076 Tübingen		M	24.11.2008	0	2018	40.284	38.266
108	108	Zentrum für Psychiatrie, 79312 Emmendingen		F	29.10.2013	AB	2021	40.500	38.479
98	098	Universitätsklinikum , 69115 Heidelberg		M	15.04.2012	AB-	2020	40.653	38.633
102	102	Universitätsklinikum Tübingen , 72072 Tübingen		F	15.06.2014	A+	2020	40.742	38.722
23	023	Gesundheitszentrum, 88427 Bad Schussenried		M	31.08.2012	A+	2019	40.096	38.077
104	104	Universitätsklinikum Tübingen , 72076 Tübingen		F	19.10.2015	AB+	2019	40.237	38.218
66	066	Kreiskrankenhaus Rheinfelden , 79618 Rheinfelden (Baden)		M	07.01.2011	AB	2018	41.381	39.363
95	095	Tyco Healthcare Deutschland GmbH, 93333 Neustadt/Donau		F	25.08.2009	A+	2018	41.774	39.756
57	057	Krankenhäuser Landkreis Freudenstadt gGmbH, 72250 Freudenstadt		F	20.05.2006	AB+	2019	40.900	38.881

Abb. 29: Liste mit deutschen Krankenhausnamen und offenbar jeweils einem zugeordneten Kind mit Geschlecht (Sex M/F – male/female), Geburtsdatum, Blutgruppe, Lieferjahr und Preisen. Wurden die Kinder aus den genannten Krankenhäusern entführt oder verkauft?

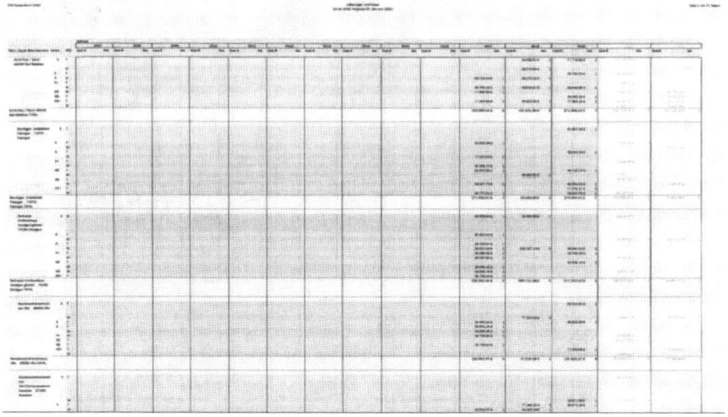

Abb. 30: Eine Liste zu Lieferungen und Erlösen der CYM Deutschland GmbH in Verbindung mit verschiedenen deutschen Krankenhäusern ist auch Teil der geleakten Dokumente auf dem USB-Stick. Geht es um die Lieferungen und Erlöse durch Kinder, die aus Krankenhäusern entführt oder verkauft wurden zwecks Adrenochromgewinnung?

OP 1/1.0-210.2 | VERTRAULICH! Kontaktbezug CYM (D) <-> Behd. | Seite 1 von 40 Seiten Stand: 05.09.2020 /21:38

id	Abteilung	PLZ, Ort	Org	User-Name	Kontakt Pol:	Ang. seit
678210246	OP.1	16259 Tiefensee		HWBY-9607	838561801	01.08.2009
678483835	OP.2	38489 Rohrberg		UJAM-6938	544309099	01.12.2008
679238444	OP.2	59929 Brilon	DBC	DWUF-8273	154249478	01.12.2002
679589846	OP.2	96242 Sonnefeld		TMSU-8094	407022078	01.02.2013
680174216	OP.2	04626 Schmölln	BUAMT, SSL	RDGH-2296	261500417	01.08.2010
681187068	OP.2	84424 Isen	LKA MVP, KK, DBC	VUXD-9657	353200447	01.10.1997
682290226	OP.1	73663 Berglen	AMADEO, US	KYUY-7860	771415049	01.09.2000
682472501	OP.1	06369 Wülknitz	DBC	EKSA-7293	083890251	01.04.2010
683070569	OP.2	89350 Dürrlauingen	DBC, BKA, LKA MVP	DTCL-1863	237930193	01.06.2015
683345995	OP.2	79592 Fischingen		MRKP-2492	391254786	01.11.2009
683376834	OP.2	18510 Zarrendorf	LKA BB	YRKS-8187	935764142	01.08.1997
684156730	OP.1	35112 Fronhausen	GB, LKA MVP	ASOG-1870	337074710	01.01.2011
685360034	OP.1	06507 Stecklenberg	BUAMT	RADB-1503	715142394	01.12.2009
685974263	OP.2	93133 Burglengenfeld	US	WWVV-9465	957288587	01.07.2009
686076985	OP.2	17111 Utzedel	KK	SYXQ-8210	732365267	01.07.2002
686206087	OP.2	97852 Schollbrunn	SSL, BKA	GXJN-2099	614297281	01.03.2002
687022905	OP.2	26524 Halbemond	KK	MWPY-7404	022370001	01.08.2004
688009760	OP.1	44339 Dortmund	GB, BKA	OTZM-2330	788454098	01.11.2000
689575306	OP.2	55299 Nackenheim	GB, LKA BB, DBC	DPDE-9648	430643965	01.08.2014
690170071	OP.1	35423 Lich	LKA BB, GB	RPRY-3504	183583574	01.08.2004
691535660	OP.1	39264 Jütrichau	GB, LKA BB	KRMX-6427	018840728	01.08.2002
691921845	OP.2	01824 Rosenthal-Bielatal	LKA BB, EVK	UHP-0448	318044997	01.08.1997
692636673	OP.1	07747 Jena		JBQN-4722	912426533	01.02.2011
692653959	OP.2	16356 Eiche	EVK, AMADEO	DMND-1400	951797109	01.10.2013
695955062	OP.1	28203 Bremen	US	ZUPW-4365	668247760	01.08.1998
697005163	OP.1	93351 Painten	LKA MVP, LKA BB	AWTS-7921	933333114	01.09.1999
697290393	OP.1	25436 Uetersen		PNEU-6703	083356634	01.05.2012
697505212	OP.2	25560 Oldenborstel	EVK, AMADEO	QBKL-4133	335537205	01.01.2000
697649309	OP.2	21394 Kirchgellersen	VFS, LKA MVP, BKA	QEDT-9898	247263593	01.09.2016
697651487	OP.2	39615 Wanzer	LKA MVP, LKA BB	UHQ-9402	814795878	01.07.1999

<<<RENDERED>>>

Abb. 31: Offenbar eine Liste von Kontaktpersonen für CYM in Deutschland ohne Klarnamen, aber mit Nutzernamen (User-Name). Unter Organisation (Org) tauchen die Abkürzungen BKA und LKA auf. Das steht normalerweise für Bundeskriminalamt bzw. Landeskriminalamt. Sind das korrupte Beamte, die in den Menschenhandel involviert sind?

2021 Page 1 of 15 Pages

THE CYM HUNTING SCHEDULE

LOCATION	HUNTING DATE Jan	Feb	Mrz	Apr	SUM
ST					
MO	3	5	3	1	12
Columbia, 18712		1			1
Columbia, 59931	1				1
Independence, 54097		1			1
Independence, 56673		1			1
Jefferson City, 76240			1		1
Kansas City, 29128	1				1
Springfield, 53871			1		1
Springfield, 85301		1			1
Springfield, 87976				1	1
Springfield, 90293		1			1
Springfield, 94012	1				1
Springfield, 96921			1		1
MI	3	2	3	2	10
Detroit, 95885		1			1
Grand Rapids, 25733	1				1
Lansing, 29100		1			1
Lansing, 57563				1	1
Sterling Heights, 25135	1				1
Sterling Heights, 35498	1				1
Sterling Heights, 83063			1		1
Warren, 27689			1		1
Warren, 36934			1		1
Warren, 42768				1	1
AK	1	3	3	1	8
Anchorage, 99500				1	1
Anchorage, 99543			1		1
Anchorage, 99886		1			1
Anchorage, 99929			1		1
Fairbanks, 99722			1		1
Juneau, 99766	1				1
Ketchikan, 99779		1			1
Ketchikan, 99884		1			1
AK		1		1	2
Anchorage , 99835		1			1
College , 99829				1	1
AL	4	3	5	1	13
Mobile, 35309	1				1
Mobile, 35854			1		1
Mobile, 35858	1				1
Montgomery, 35814			1		1
Montgomery, 36218	1				1
Montgomery, 36893		1			1
Montgomery, 36963			1		1
Tuscaloosa, 35042		1			1
Tuscaloosa, 36500		1			1
Tuscaloosa, 35577	1				1

Confidential Planning

Abb. 32: „Der CYM Jagdplan" („THE CYM HUNTING SCHEDULE") für 2021 mit Ort, Datum und einer Zahlenangabe für den jeweiligen Monat – offenbar die Zahl der Jagdveranstaltungen

Dirk Schäfer persönlich!
Eichhorster Weg 44
13435 Berlin

Lieber Dirk (sag ich einfach mal)

Hier ist was ich schon schrieb, Listen mit Name und so, und auch Blätter mit Fotos von ???? vielleicht den Verbrechern ich kann nicht sooooo gut Englisch. Das ist so viel ich muss das heimlich auf der Arbeit drucken weil ich zuhause sofort gefragt werde was ich da soviel drucke und so.

Kümmert sich jemand von „Q" inzwischen darum, ich gucke jeden Abend Nachrichten und auch auf RT aber die bringen gar nichts.

Die letzte Liste ist so traurig das sind wohl Kinder die man 2019 schon ermordet hat.

Hab noch sehr viel und muss bißchen aufpassen wie gesagt immer nur einen Schwung das will ich nicht mit nach Hause nehmen was ich gedruckt habe, Entschuldigung!!! Wenn das zu lange dauert.

Wünsche ihnen Kraft und danke ihnen ganz herzlich

Steffi

Abb. 33: Der zweite Brief von Steffi an den Journalisten und Blogger Dirk Schäfer. Sie fragt sich, warum nichts davon in den Fernsehnachrichten kommt, obwohl sie für eine Veröffentlichung gesorgt hat. Wie entrückt kann man eigentlich sein und glauben wollen, dass bei der Psyop „Q" sich jemand darum kümmert!?

Dirk Schäfer persönlich!
Eichhorster Weg 44
13435 Berlin

Lieber Dirk

Ich hab Probleme bei der Arbeit und währe fast erwischt worden wie ich alles gedruckt habe. Da muß ich vorsichtig sein. Ich verstehe nicht wieso niemand den Kindern hilft, ist denn alles umsonst? Man kennt doch jetzt alle Täter!!!!!

Die Gesichter sind im Netz zu sehen!

In den Papieren ist eine liste mit Namen für 2021. Ich glaube die sollen noch entführt werden. Kann denn niemand die Eltern warnen.

Viel mehr ist glaube ich nicht auf dem Stick. Ich hab den kopiert und gut weggelegt. Wenn mir was passiert dann geht der an die russische Botschaft in Berlin!

Bleib gesund und vor allem hab erfolg!

Steffi

Abb. 34: Der bisher letzte Brief von Steffi an den Journalisten/Blogger Dirk Schäfer. Seitdem hat er keinen Kontakt mehr zu ihr herstellen können. Es ist zu hoffen, dass es ihr gut geht

Die ganze Geschichte klingt auf der einen Seite recht plausibel, aber genau wie bei den Hunderttausend entführten Kindern und befreiten Kindern in den DUMBs fehlen die echten Zeugen bzw. Beteiligten, die über das fabrikmäßige Ernten von Blut auspacken. (50)

2.9 Ein Ritual für Baal? Die okkulte Symbolik in der Eröffnungszeremonie der Commonwealth-Spiele 2022

Die Eröffnungszeremonie der Commonwealth-Spiele 2022 enthielt einige bizarre Szenen, in denen Menschen einen riesigen Bullen verehrten. War diese rituelle Zeremonie tatsächlich Baals-Anbetung in aller Öffentlichkeit? Hier ist ein Blick auf dieses symbolische Ereignis.

Eines der Dinge, die diese Seite im Laufe der Jahre bewiesen hat, ist, dass die okkulte Elite Eröffnungszeremonien liebt. Tatsächlich sind diese langatmigen und höchst symbolischen Angelegenheiten zu nichts weniger als Mega-Ritualen geworden, die die hinterhältigen Pläne und dunklen Überzeugungen der Elite feiern.

Die Pläne seien „hinterhältig", weil sie dreist dem Wohl der Massen zuwiderlaufen. Sie drehen sich darum, Angst, Kontrolle und unerbittliche Propaganda einzusetzen, um die Menschen dazu zu zwingen, eine globale Kultur zu akzeptieren, die den Weg zu einer globalen Regierung weist.

Die Überzeugungen sind „dunkel", weil sie die bösesten und verdorbensten Praktiken beinhalten, die der Menschheit bekannt sind. Sie handeln von dunklen Ritualen, Blutopfern und, am ekelhaftesten, von der Unschuld von Kindern. Kurz gesagt, es geht um Satanismus – im wahrsten Sinne des Wortes.

Erstaunlicherweise wird all dieser Wahnsinn in Zeremonien eingebaut, die von Millionen verfolgt werden. Und die meisten Zuschauer merken es nicht einmal. 2012 veröffentlichte „Vigilant Citizen" (51) einen Artikel über die Eröffnungs- und Abschlusszeremonie der Olympischen Spiele in London, die eine unglaubliche Menge an Symbolik enthielt. Und es wurde sehr dunkel.

Abb. 35: Bei der Eröffnungszeremonie tauchte ein riesiger, albtraumhafter Lord Voldemort über Hunderten von Kindern auf, die in Krankenhausbetten lagen

Abb. 36: Die Abschlusszeremonie war ein unverhohlenes okkultes Eliteritual, bei dem Menschen vor einer Illuminati-Pyramide lagen. Das Ganze war Symbolikûberfrachtung

Im Jahr 2016 war die Eröffnungsfeier des Gotthard-Basistunnels in der Schweiz (dem größten Tunnel der Welt) eine weitere verblüffende Angelegenheit, die unnötig dunkel und rituell war – mehr dazu im Buch „Illuminatenblut“.

Abb. 37: Die gesamte Zeremonie drehte sich um einen Ziegenmann, der von schmutzigen und verwirrten Menschen, die die Massen repräsentieren, gelobt und verehrt wurde

Fast genau 10 Jahre nach den Olympischen Spielen 2012 in London fand die Eröffnungszeremonie der Commonwealth-Spiele im englischen Birmingham statt. Und wieder war es eine hochrituelle Angelegenheit, die mit den Obsessionen der okkulten Elite kontaminiert war. Hier ist ein Blick darauf, was passiert ist.

Die Eröffnungszeremonie der Commonwealth-Spiele begann ziemlich ... normal. Einige Oldtimer der Anwohner wurden in das Stadion gefahren, um die Form des Union Jack zu formen – eine Hommage an Birminghams Rolle in der Automobilgeschichte. Dieser Teil der Show gipfelte darin, dass Prinz Charles seinen eigenen Aston Martin ins Stadion fuhr.

Abb. 38: Autos, Könige und lokale Geschichte: Die Art von Sachen, die man von einer Eröffnungsfeier erwartet

Dann wurde es dunkel.

Abb. 39: Die Feierlichkeiten kamen zum Stillstand, als das Licht rot wurde und die Tänzer sich die Finger auf die Köpfe legten: Sie kündigten das Kommen der gehörnten Bestie an.

Dann kam sie (die gehörnte Bestie) an.

Abb. 40: Ein riesiger, rauchender Stier mit roten Augen wird von Frauen an Ketten ins Stadion getragen

Was stellt dieses Ding dar? Erstens hat Birmingham eine lange Geschichte mit Bullen. In der Stadt befindet sich der Bull Ring-Markt, wo seit dem Mittelalter Stiere vor dem Schlachten gehalten wurden.

Birmingham 2022 bietet jedoch mehr Interpretation dieser Bullenszene:

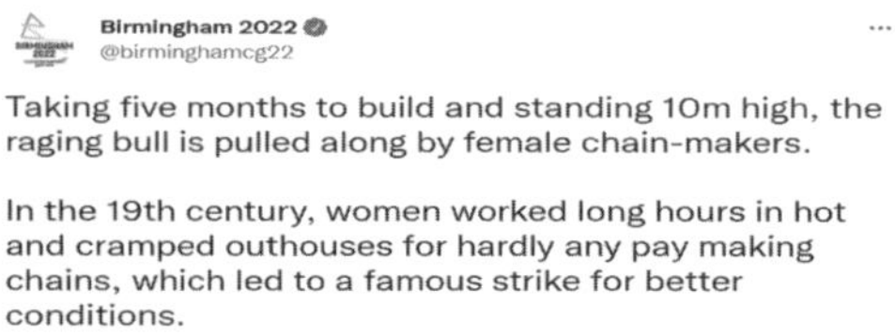

Birmingham 2022
@birminghamcg22

Taking five months to build and standing 10m high, the raging bull is pulled along by female chain-makers.

In the 19th century, women worked long hours in hot and cramped outhouses for hardly any pay making chains, which led to a famous strike for better conditions.

Abb. 41: „In fünf Monaten Bauzeit und mit einer Höhe von 10 m wird der wütende Stier von weiblichen Kettenmachern gezogen. Im 19. Jahrhundert arbeiteten Frauen viele Stunden in heißen und beengten Nebengebäuden für wenig Lohn, was zu einem berühmten Streik für bessere Bedingungen führte“

Angesichts dieser Erklärung kommen sofort ein paar Fragen in den Sinn. Erstens: Was haben die Arbeitsbedingungen der Menschen im 19. Jahrhundert mit einer Sportveranstaltung zu tun?

Die zweite Frage wäre: Was stellt der Stier in diesem Zusammenhang eigentlich dar? Die Industrielle Revolution? Die Unterdrückung der Männer (obwohl ihre Arbeitsbedingungen nicht besser waren)? Das ist nicht ganz klar. Wenn man sich jedoch die gesamte Zeremonie ansieht, wird deutlich, dass diese Stierszene viel mehr als einen Arbeiterstreik darstellt.

Abb. 42: Als die Frauen die Ketten fallen lassen, wird der Stier wütend und fängt an herumzutrampeln, während sich alle vor Angst ducken

Abb. 43: Dann „zähmt“ eine Frau, die eine Lichtscherbe hält (ein wiederkehrendes Symbol während der gesamten Zeremonie), den Stier

Dann versammeln sich die Leute für einige unangenehme Minuten um den Stier, um ihn buchstäblich anzubeten. Es gibt keine anderen Worte, um zu beschreiben, was passiert.

Abb. 44: Die Frau, die beim Bullen anhielt, „reitet“ jetzt darauf, während sie eine Licht scherbe über ihrem Kopf hält. Die Menschen rund um den Bullen tun dasselbe

Dies ist ein geeigneter Zeitpunkt, um darauf hinzuweisen, dass Luzifer „Lichtträger“ bedeutet. Und diese Leute „tragen Licht“, um den Stier zu ehren. Das ist alles reine luziferische Symbolik.

Abb. 45: Dann werfen sie sich vor dem Stier nieder

Das ist hochgradig symbolisch und ein Beweis dafür, dass der Stier mehr als einen Arbeiterstreik (oder was auch immer) darstellt. Die Definition von „sich niederwerfen" ist:

„ausgestreckt mit dem Gesicht auf dem Boden in Anbetung oder Unterwerfung."

Hier ist ein weiteres Bild von Menschen, die sich vor einer stierähnlichen Gestalt niederwerfen. Sein Name: Baal.

Abb. 46: Baal wird ein Kinderopfer dargebracht, während sich die Menschen niederwerfen

Seit Jahrtausenden fürchten, verehren und opfern die Menschen diesen Stier. Es passiert noch heute.

Abb. 47: Ein Vintage-Stich von Baal

Mehrere alte Zivilisationen im Nahen Osten verehrten eine Gottheit namens Baal (was „Meister" oder „Herr" bedeutet). Oft als Stier dargestellt, soll Baal der Sohn des Hauptgottes El gewesen sein. Und das Mindeste, was man sagen kann, ist, dass die Baal-Anbetung ... beteiligt war.

„Der Baalskult war in Sinnlichkeit verwurzelt und beinhaltete rituelle Prostitution in den Tempeln. Manchmal erforderte die Besänftigung von Baal Menschenopfer, normalerweise den Erstgeborenen desjenigen, der das Opfer brachte. Die Priester von Baal appellierten an ihren Gott in Riten wilder Hingabe, die laute, ekstatische Schreie und selbst zugefügte Verletzungen beinhalteten." (52)

Als sich monotheistische Religionen über das Mittelmeer ausbreiteten, wurde Baal zu nichts weniger als dem Gesicht des Bösen. Zum Beispiel heißt es in Numeri 25:1 3 im Alten Testament:

„Während sich Israel in Shittim aufhielt, begannen die Männer, sich der sexuellen Unmoral mit moabitischen Frauen hinzugeben, die sie zu den Opfergaben für ihre Götter einluden. Die Menschen aßen und verneigten sich vor diesen Göttern. Also schloss sich Israel der Anbetung des Baal von Peor an. Und der Zorn des Herrn brannte gegen sie."

Im Neuen Testament nennt Jesus Satan Beelzebub (Ba'al Zebub) und bringt Baal für immer mit Satan und dem „Fürsten der Dämonen“ in Verbindung.

Die Geschichte der Baalsverehrung ist lang, komplex und mit anderen Figuren wie Moloch verwandt. Damit ist eines über Baal klar: Er wird in den heiligen Büchern des Judentums, des Christentums und des Islam als Feind Gottes identifiziert.

Und genau aus diesem Grund verehrt die okkulte Elite Baal bis heute. Er repräsentiert die alten Götter der Vergangenheit, die durch Kinderopfer und heilige Prostitution besänftigt wurden. Dinge, die die Elite heute noch praktiziert.

Die Eröffnungszeremonie der Commonwealth Games wurde von einigen Kritikern als zu „aufgeweckt“ bezeichnet. Sie erklärten, dass das Vorhandensein einer LGBT-Flagge bei einer Sportveranstaltung völlig fehl am Platz sei, während die obsessive Förderung des Multikulturalismus bei der Zeremonie nach globalistischer Propaganda roch.

Tatsächlich förderte die Eröffnungszeremonie stark das globalistische Dogma, das sich um die Negation lokaler Kultur und Geschichte dreht, um eine homogene globale Kultur zu fördern.

Aber diese politischen Ziele haben eine tiefere, spirituelle Dimension. Ein Kernglaube der okkulten Elite ist, dass sie zu Göttern werden. Es ist das ultimative Ziel aller okkulten Geheimgesellschaften. Daher repräsentiert die Baal-Figur in dieser Zeremonie auch die Elite selbst, die (in ihrer Vorstellung) zur Gottheit aufgestiegen ist.

Frauen zogen den Stier mit Ketten ins Stadion, genauso wie Menschen die Elite durch Unterwerfung und Sklaverei getragen haben. Der Stier trampelte durch das Stadion und verursachte Angst und Panik, genauso wie die Elite absichtlich Chaos und Verwirrung verursacht, um ihre Pläne voranzutreiben.

Die Menschen warfen sich vor dem Stier nieder, genauso wie sich die Massen der Elite unterwerfen, aus Angst, von ihr zertrampelt zu werden.

Abb. 48: Und jetzt ist dieser Bulle, ein Repräsentant Baals und der Elite, die sich mit ihm identifiziert, dauerhaft in Birmingham ausgestellt

So regieren Symbole die Welt. (53)

2.10 Irgendetwas stimmt mit Balenciaga nicht und das Kaninchenloch geht tief

In der Modewelt kommt es immer wieder zu schwerwiegenden Vorwürfen von Menschenhandel, Missbrauch und Pädophilie. Ein besonders schwerer Fall wurde nun beim „angesagtesten" Label der Welt, der Marke Balenciaga, von Kinderrechts-Aktivisten und Internetnutzern aufgedeckt.

Balenciaga ist ein Luxusmodehaus, das 1919 gegründet wurde und seit seiner Gründung mit der Elite verbunden war. In den 1960er Jahren waren die enthusiastischsten Kunden der Marke elitäre Persönlichkeiten des öffentlichen Lebens wie Mona von Bismarck und Pauline de Rothschild (die Frau von Baron Philippe de Rothschild).

Im 21. Jahrhundert wurde Balenciaga zu einem „Muss" in Promi-Kreisen – vor allem bei Schachfiguren der Elite. Die Kundenliste umfasst unter anderem Madonna, Nicole Kidman, Jennifer Garner, Justin Bieber und Kim Kardashian.

Kurz gesagt, Balenciaga ist „von der Elite, für die Elite". Und falls Sie es noch nicht bemerkt haben, die heutige Elite ist völlig besessen von der Sexualisierung von Kindern. Sie nutzen Schulen, Massenmedien und alles dazwischen, um ihre Krankheit zu normalisieren und langsam aber sicher die Grenzen dessen zu verschieben, was gesellschaftlich akzeptabel ist.

Da Balenciaga Teil dieses Schlamassels ist, konnte die Marke nicht anders, als zu dieser Kultur beizutragen, die ständig versucht, Kinder zu sexualisieren und, noch kränker, ihren Missbrauch tatsächlich zu feiern. Warum sollten sie überhaupt daran denken? Kurze Antwort: Viele von ihnen sind Pädophile. Schlimmer noch, die okkulte Elite beschäftigt sich mit dem systematischen Missbrauch von Kindern für Ziele, die zu böse sind, um sie überhaupt zu ergründen.

Nur wenn Sie diese Fakten verstehen, ergeben die folgenden Bilder einen vollständigen Sinn. Durch Symbolik feiert Balenciaga eine ganze Kultur – eine, die zutiefst krank, grausam und entsetzlich ist.

Der Skandal ist an Abartigkeit kaum zu überbieten.

Der Stein kam ins Rollen durch eine Fotoserie Balenciagas mit Kleinkindern.

Auf diesen Bildern waren gut versteckt diverse verstörende Inhalte und einschlägige Symbolismen zu finden. So posierten manche Kinder mit Teddybären, die BDSM-Kleidung trugen.

Zu sehen ist etwa ein Mädchen, das einen Teddybären in BDSM-Kostüm in Händen hält. Ein anderes Kind steht vor einem Teddybären in BDSM-Kostüm, der wiederum ein Schloss um den Hals trägt, dessen Schlüssel in einem anderen Foto ein Mann in Händen hält.

Derselbe Teddybär wurde von Balenciaga auch mit einem Model abgebildet, welches offensichtlich schwer misshandelt wurde:

Abb. 49: Links: Der Teddybär mit Ketten und ein Kind. Auf einem anderen Foto sieht man jemanden mit einem Schlüssel in der Hand. Sieht verdammt nach Pädophilie aus. Rechts das verprügelte Model mit dem Teddybären

Abb. 50: Auf einem anderen Bild posiert ein kleiner Junge erneut mit einem BDSM-Teddy sowie mit diversen einschlägigen Symbolismen. So ist auf der gelben Kleberolle des Modelabes das Wort „Baal" zu lesen

Möglicherweise der Hinweis auf die vorchristliche Gottheit „Baal“, der man unter anderem Kinderopfer darbrachte.

Abb. 51: Im Hintergrund ist eine Zeichnung einer böse aussehenden gehörnten Figur zu sehen

Im Hintergrund ist auch die Zeichnung eines schwarzen Vogels zu sehen. Dieser gilt in der Bibel als „Bote Satans“. Ein anderes Bild ist so arrangiert, dass die Schriftzüge auf dem Bett hinter dem Kind „Hot Escorts“ bilden:

Abb. 52: Sie versuchen es noch nicht einmal zu verbergen

Ebenfalls sind auf einem anderen Bild Auszüge aus dem Gerichtsfall „Ashcroft gegen Free Speech Coalition“ zu sehen, in welchem es unter anderem um die Frage der Legalität von kinderpornographischen Materialien und deren Distribution ging.

Abb. 53: „Die Marke „Balenciaga“ hat kürzlich ein äh… interessantes… Fotoshooting für ihre neuen Produkte gemacht, dass ein sehr absichtlich schlecht verstecktes Gerichtsdokument über „virtuelle Kinderpornografie“ enthielt. Normale Sache“

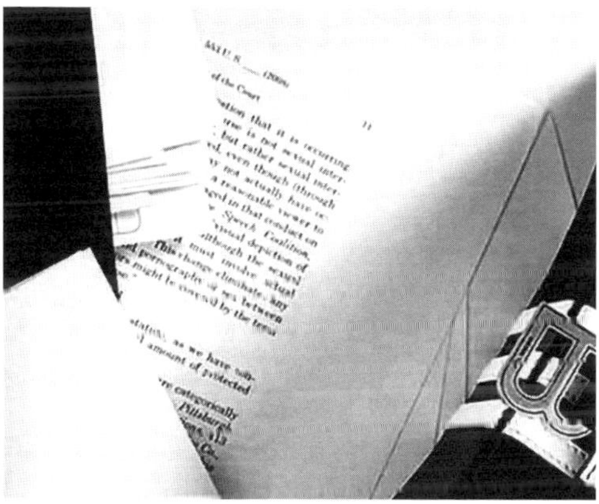

Abb. 54: Das Dokument ist eigentlich das Urteil des Obersten Gerichtshofs Ashcroft v. Free Speech Coalition

Diese spezielle Aufnahme wurde nicht aus Versehen gewählt. Es passt perfekt zum wahnsinnigen Kindesmissbrauchsthema der Balenciaga-Kampagne.

Tatsächlich macht Ashcroft gegen Free Speech Coalition einen wesentlichen Teil des Child Pornography Prevention Act von 1996 rückgängig.

„Eine Bestimmung des Child Pornography Prevention Act of 1996 (CPPA) (18 USCS 2252A(a)) verbot den Besitz oder die Verbreitung von „Kinderpornographie", die in einer anderen CPPA-Bestimmung definiert wurde (18 USCS 2256(8)(B)) einschließlich jeder visuellen Darstellung, die „ein Minderjähriger ist oder zu sein scheint, der sich an sexuell eindeutigem Verhalten beteiligt". So verbot 2256(8)(B) eine Reihe von sexuell expliziten Bildern, die manchmal als „virtuelle Kinderpornographie" bezeichnet werden und Minderjährige darzustellen scheinen, aber auf andere Weise als unter Verwendung echter Kinder hergestellt wurden, wie beispielsweise computergenerierte Bilder und Bilder von Erwachsenen, die wie Minderjährige aussahen."

Der Oberste Gerichtshof entschied, dass das Verbot der „virtuellen Kinderpornografie" die Meinungsfreiheit verletzt, und wurde daher rückgängig gemacht. Mit anderen Worten, es war ein Gewinn für die Pädos. Und deshalb war dieses spezielle Dokument auf diesem Balenciaga-Foto. Sie wollen mehr gerichtliche Siege.

Abb. 55: Der Set-Designer der Fotoshootings postete vor einigen Jahren die Frage, „warum man Kinderpornografie verbiete, aber nicht Waffen"

Die Chef-Stylistin Balenciagas ist Lotta Volkova, deren Lebensgefährte unter anderem der Pädophilie bezichtigt wird. Ein Blick in die Instagram-Accounts und die dort geposteten Fotos Volkovas und ihrer „Freunde“ offenbart das gesamte Maß der Abgründe in der Modewelt.

Häufig werden satanische Inhalte gepostet und Gewalt gegen Kleinkinder und Babys wird angedeutet sowie verherrlicht. Ein Twitter-Nutzer machte sich die Mühe und dokumentierte dies alles:

Abb. 56: „Ein Thread darüber, WER WIRKLICH hinter den #Balenciaga-Anzeigen steckt:
Der verkleidete Teufel: Lotta Volkova
1. Sie ist seit 2014 eine der wichtigsten Stylisten bei Balenciaga.
2. Sie hat eine Beziehung mit einem angeklagten Pädophilen.
3. Wir können nicht nur #Balenciaga boykottieren, sondern auch die Menschen dahinter.“
(Anmerkung: Das linke Bild wird von Twitter blockiert und wurde von uns eingefügt)

In einem von Balenciagas Fotos ist auch ein Buch zu sehen, das von Michaël Borremans geschrieben wurde, einem Künstler, der „Fire from the Sun“ geschaffen hat, eine Serie von verstörenden Gemälden, die nackte Kleinkinder darstellen.

Abb. 57: Es wird immer schlimmer

Abb. 58: Ein Gemälde mit dem Titel Fünf Figuren, drei Gliedmaßen

Auf dem obigen Gemälde sehen wir nackte Kinder, die mit Blut bedeckt sind; drei Gliedmaßen liegen auf dem Boden. Wenn Sie genau hinsehen, sehen wir über den Gliedmaßen eine durchscheinende Figur, die über den Gliedmaßen kauert. Kim Noble, eine Überlebende traumabasierter Gedankenkontrolle, die symbolische Bilder malt, verwendet die gleiche Bildsprache, um das Konzept der Dissoziation (das bei der Gedankenkontrolle verwendet wird) darzustellen. Mit anderen Worten, diese Kinder werden traumatisiert und dissoziiert.

Abb. 59: Kinder spielen mit Gliedmaßen und essen sie

Abb. 60: Kannibalismus ist eine weitere Besessenheit der Elite

Einige Gemälde sind völlig ritualistisch.

Abb. 61: Kapuzenfiguren mit brennenden Gliedmaßen

Abb. 62: Das sieht nach einem satanischen Ritual aus

Abb. 63: Rituelles Gewand + eine Miniaturversion der Figur = MK ULTRA Alter Persona

Ich könnte den ganzen Tag Bilder einfügen, aber ich glaube, Sie bekommen auch so einen Gesamteindruck. Borremans Arbeit dreht sich um Traumata, Missbrauch, Rituale, Kannibalismus und jede Menge nackte Kinder, die von irgendeinem Freak beobachtet werden. Mit anderen Worten, hier dreht sich alles um die Krankheit der okkulten Elite. Und deshalb wurde sein Buch auf dem Bild von Balenciaga gezeigt.

Abb. 64: Dieses Mädchen scheint nicht in Ordnung zu sein

Dieses Bild kombiniert Kinderkram mit „erwachsenen“ Gegenständen wie Wein- und Sektgläsern. Außerdem gibt es Kerzen in Bierdosen. Warum sind diese Dinge im Zimmer des Mädchens?

Außerdem gibt es eine Leine und einen Hundenapf. Beim BDSM trinken devote Sklaven aus solchen Schalen. Bedeuten sie, dass das Mädchen aus dieser Schüssel trinkt?

Das Modelabel löschte mittlerweile sämtliche Postings von seinen Social-Media-Accounts, der Kreativchef des Hauses entschuldigte sich öffentlich und die Firma deaktivierte zudem seinen Twitter-Kanal, nachdem Elon Musk ankündigte, härter gegen kinderpornographische Inhalte auf seiner Plattform vorzugehen.

Auch diverse Stars wandten sich mittlerweile von dem Modelabel ab, nachdem der Pädophilenskandal publik wurde.

Sie glauben, es kann nicht ekliger werden? Dann passen Sie mal auf:

Der CEO der Muttergesellschaft von Balenciaga, Kering, besitzt eine „Kunst“-Website, die nackte Kinderpuppen mit Genitalien anstelle von Nasen und Mündern zeigt. CEO François-Henri Pinault, der mit Hollywood-Star Salma Hayek verheiratet ist, besitzt auch Christie's, die „Kunst“-Site, die die äußerst verstörenden Werke zeigt.

Diese Bilder sind alle gemeinfrei. Wenn Sie auf der Auktionsseite des Balenciaga-Chefs suchen, finden Sie zahlreiche nackte Kinderschaufensterpuppen mit erigierten Penissen, Vaginas und Anus anstelle von Nase und Mund.

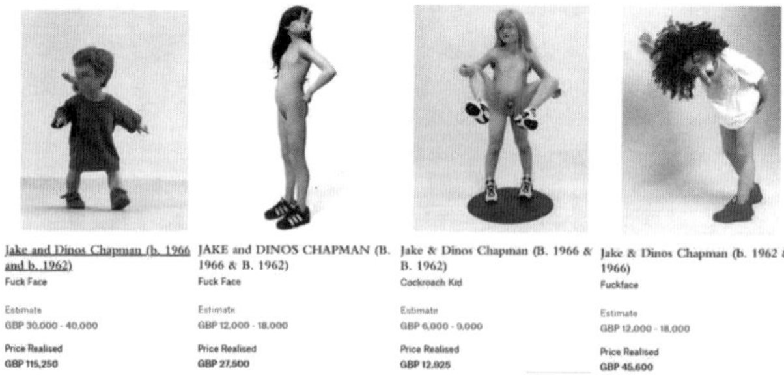

Abb. 65: Screenshots der „Kunstwerke“

Was ist los mit diesen Leuten?

Sie werden auch einen VHS-Pornofilm finden, in dem zwei Pornodarstellerinnen Sex mit einem abgetrennten männlichen Schaufensterpuppenkopf mit einem erigierten Penis als Nase haben. Der Pornofilm und die Mannequins wurden in einer Channel 4-Dokumentation gezeigt, die im britischen Fernsehen ausgestrahlt wurde. Natürlich springen die von den Eliten kontrollierten Mainstreammedien den Pädos zur Hilfe.

Die „New York Times“ hat erklärt, dass der Balenciaga-Pädophilenskandal nichts weiter als „Fake News“ sei, und hat gefordert, dass Social-Media-Giganten jeden zensieren, der online darüber spricht.

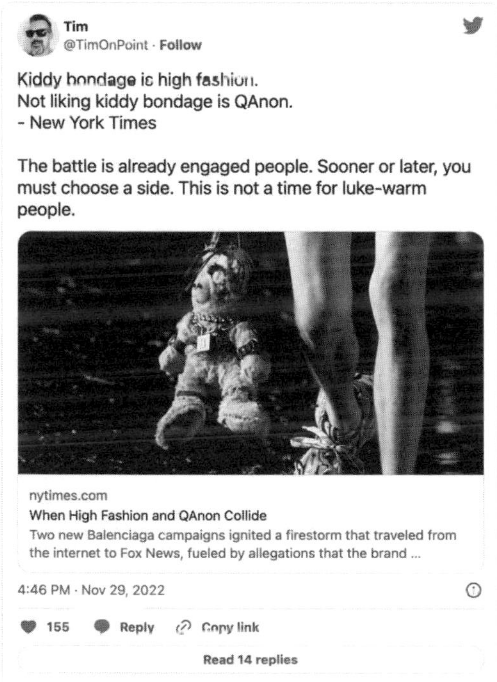

Abb. 66: „Kindliches Bondage ist High Fashion. Kindliches Bondage mag QAnon nicht.“ New York Times. Der Kampf hat bereits alle erfasst. Früher oder später müssen Sie sich für eine Seite entscheiden. Dies ist keine Zeit für lauwarme Menschen“

In ihrem Bericht schlägt die „Times“ vor, dass nur QAnon, Tucker Carlson, „The New York Post“ und „Fox News“ die Idee verbreiten, dass die Luxusmodemarke Pädophilie duldet.

Und das trotz klarer Beweise dafür, dass Führungskräfte von Balenciaga widerlichen Kindersex und satanische Rituale billigen und daran teilnehmen.

Warum Kindesmissbrauch derart offen dargestellt und propagiert wird, bleibt eine umstrittene Frage.

Theorien, wonach gewisse Eliten „verpflichtet“ sind, mit offenen Karten zu spielen existieren ebenso wie Theorien, wonach es Teil diverser Rituale und Kommunikationsformen ist, dies öffentlich zu machen.

Die Botschaften in der Kampagne von Balenciaga sind nicht zufällig und kein Fehler: Sie entsprechen voll und ganz der kranken Kultur, die seit Jahren auf dieser Seite beschrieben wird.

Der Lichtblick in diesem schrecklichen Schlamassel: Die Leute wachen zu diesem Mist auf und schreien ihn heraus. [(54)]

2.11 Gorsad Kyiv: Ukrainische Künstler machen Pädophilie salonfähig

Gorsad Kyiv ist ein Kollektiv von Fotografen, das mit den größten Marken der Welt zusammenarbeitet. Anscheinend ignorieren alle die Tatsache, dass sich ihre Arbeit um den grafischen Missbrauch und die Sexualisierung von Kindern dreht. Schlimmer noch, einige dieser „Models“ scheinen tatsächlich Opfer von Kinderhandel zu sein. Hier ist ein Blick auf Gorsad Kiew.

Warnung: Dieses Kapitel enthält verstörende Bilder.

Gorsad Kyiv ist ein Fotokollektiv, das aus drei Künstlern besteht: Viktor Vasiliev, Maria Romaniuk und Ulik Romaniuk. Die in Kiew, Ukraine, ansässige

Gruppe hat mit vielen Galerien, Magazinen, Musikern und Marken wie ID Vice, Dazed & Confused, Skim Milk, Hood by Air, Ariel Pink und anderen zusammengearbeitet.

Im Jahr 2022 wurde Gorsad Kyiv in die Liste der „100 Next Great Fashion Image Makers“ von PhotoVogue aufgenommen.

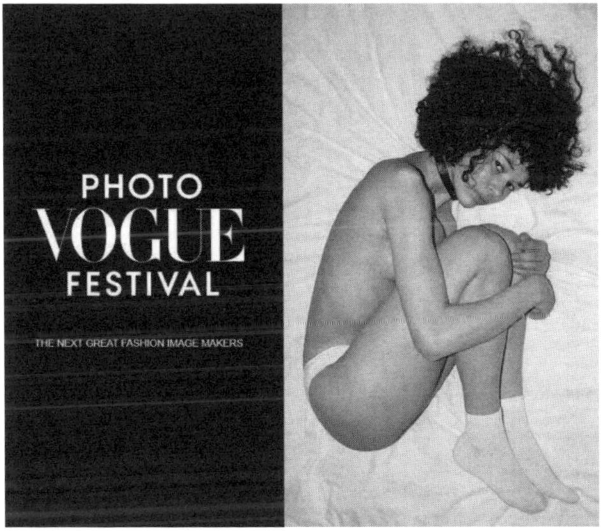

Abb. 67: Das PhotoVogue Festival vereint die größten Namen der Modebranche zusammen mit zahlreichen Verlagen von *CondeNast* – dem Megakonzern, der Hunderte von Publikationen auf der ganzen Welt besitzt. Hier zeigt PhotoVogue ein Bild von Gorsad, das ein trauriges und verängstigtes Mädchen zeigt

Man muss sich nur ein paar Bilder ansehen, die Gorsad gemacht hat, um eines zu erkennen: Mit ihnen stimmt etwas furchtbar nicht. Alles an ihrer Arbeit bezieht sich direkt auf Pädophilie, Kindesmissbrauch und Sexhandel.

Viele Kinder auf diesen Bildern wirken sehr unwohl, als wären sie tatsächliche Opfer von Menschenhandel, die ständig unter Drogen gesetzt und missbraucht werden.

Anstatt sich von diesen Bildern zu beunruhigen, feiern „Branchenkenner“ Gorsad tatsächlich und belohnen sie mit lukrativen Aufträgen. Und seitdem Ukraine-Krieg wird das Kollektiv von den Medien als „Freiheitskämpfer“ angepriesen, weil es die Menschen auffordert, sie mit Spenden zu unterstützen. Ist das nicht verrückt!?

Abb. 68: Eine der lächerlichen Schlagzeilen, die Gorsad preisen. „Die Photographen-Crew spielt nach eigenen Regeln“

Warum liebt die Industrie Gorsad so sehr und warum wird nicht von der Polizei ermittelt? Nun, wenn man erkennt, dass ihre Werke auch voll von der satanischen Symbolik der okkulten Elite sind, erkennt man eine wichtige Tatsache: Sie sind Teil derselben kranken Kultur.

Hier sind die Lieblingsthemen des Kollektivs.

Aggressive Sexualisierung von Kindern

Dies ist einer dieser Artikel, bei denen ich mich nicht wohl dabei fühle, Bilder zu posten, weil sie so abscheulich sind. Dieser Wahnsinn muss jedoch als das entlarvt werden, was er ist, oder er wird aufgrund allgemeiner Gleichgültigkeit weitergehen. Ich habe diese Bilder nicht von einer obskuren Website ausgegraben – die folgenden Bilder werden stolz in trendigen Ausstellungen, großen Modemagazinen und auf allen Social-Media-Konten ausgestellt.

Wenn Modemagazine Gorsads Arbeiten beschreiben, verwenden sie gerne die Worte „Jugend, Unschuld und Sexualität“. Das ist eine andere Art, „Pädophilie“ zu sagen. Denn genau darum geht es.

You play often around the topic of innocent and young sexuality. Why?

It's hard to explain, it attracts on some intuitive level, there is no common logic.

Abb. 69: Ein Screenshot eines Interviews mit Gorsad. Sie müssen vage Antworten geben, weil sie nicht direkt sagen können, dass sie kranke Pädos versorgen

Ein bloßer Blick auf die folgenden Bilder genügt, um zu erkennen, dass es hier nicht um das natürliche „Erwachsenwerden" von Kindern geht, sondern um deren Missbrauch, Ausbeutung und Sexualisierung durch kranke Erwachsene.

Hier sind einige Bilder von Gorsads Website und seinem Instagram-Account. (55)

Abb. 70: In einer seiner Ausstellungen zeigt Gorsad stolz dieses Bild eines jungen Mädchens, das in einer anzüglichen Haltung zutiefst krank aussieht. Dieses Mädchen könnte ein Opfer von Sexhandel sein

Abb. 71: Um für eine Ausstellung zu werben, verwendet Gorsad ein sehr symbolträchtiges Bild: einen an einer Kette befestigten Luftballon, der die Unschuld der durch Kontrolle und Ausbeutung ruinierten Jugend repräsentiert

Abb. 72: Dieses Bild könnte deutlicher nicht sein. Dieses junge Mädchen ist angekettet und verletzt. Dies alles ist ein Hinweis auf den Kindersexhandel

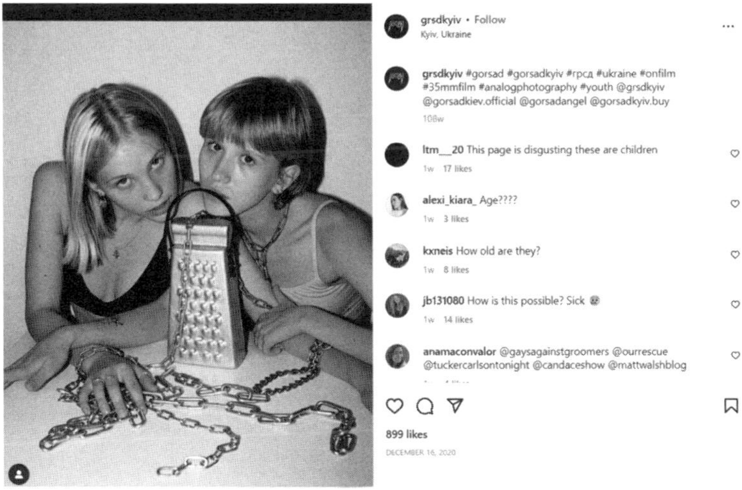

Abb. 73: Zwei junge Mädchen sind neben etwas angekettet, das wie eine Käsereibe aussieht (was auf Folter hinweisen könnte)

Abb. 74: Im Rucksack befindet sich ein Dildo. Pädos lieben es, Kindersachen mit Erwachsenensachen zu mischen. Sie versorgen diese kranke Menge

Abb. 75: Dieses Kind trägt einen Halsreif (der in BDSM verwendet wird) und das gesamte Setup ist zutiefst verstörend

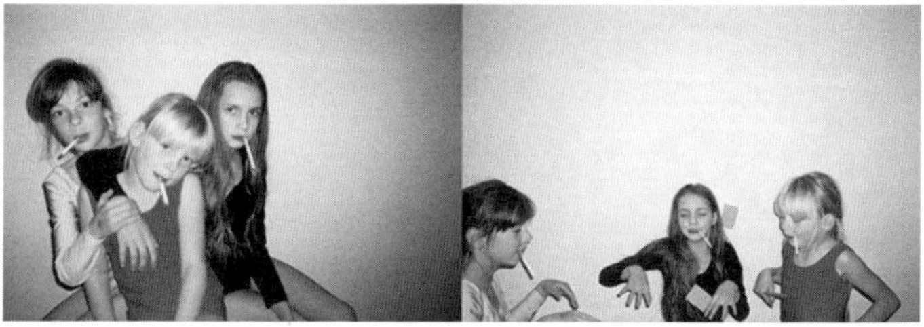

Abb. 76: Die Unschuld der Jugend gemischt mit Erwachsenendingen wie dem Rauchen

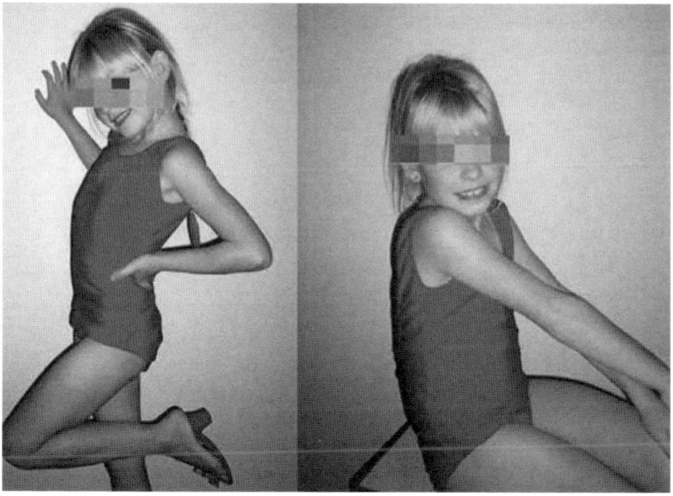

Abb. 77: Wie kann dies als „Kunst“ oder „Mode“ betrachtet werden? Es sieht aus wie ein Kinderhandelskatalog

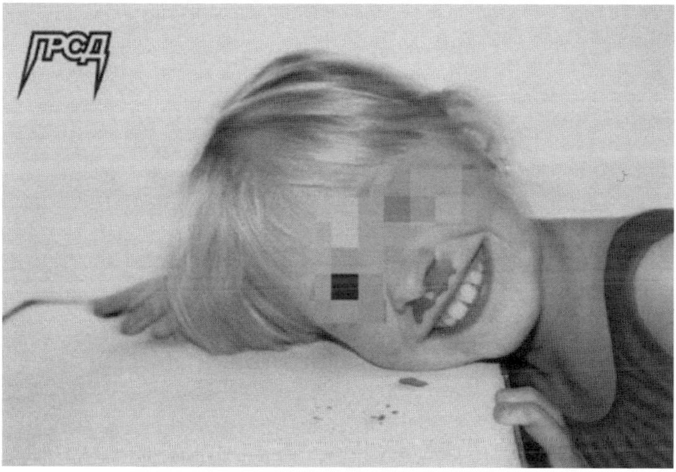

Abb. 78: Das gleiche Mädchen von oben blutet aus der Nase. Das kann doch nicht wahr sein?

Abb. 79: Dieses Kind trägt einen Hut mit der Aufschrift „BALLS" („Hoden"), während es suggestiv in eine Frucht stochert. Neben dem Bilderrahmen liegt ein „EROTICA"-Buch. Ich scherze nicht. Sie machen es sehr deutlich, dass das alles Pädophilie ist

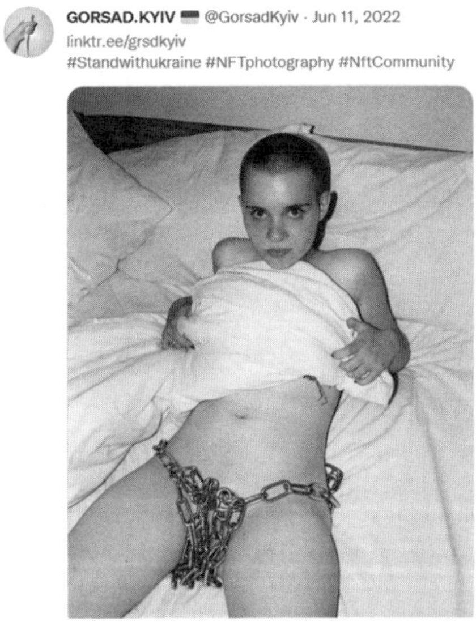

Abb. 80: In einem seiner vielen Social-Media-Beiträge „steht zur Ukraine" fügt Gorsad dieses Bild eines Mädchens ein, das mit Ketten um ihre Genitalien unwohl aussieht. Hier dreht sich alles um Sexhandel

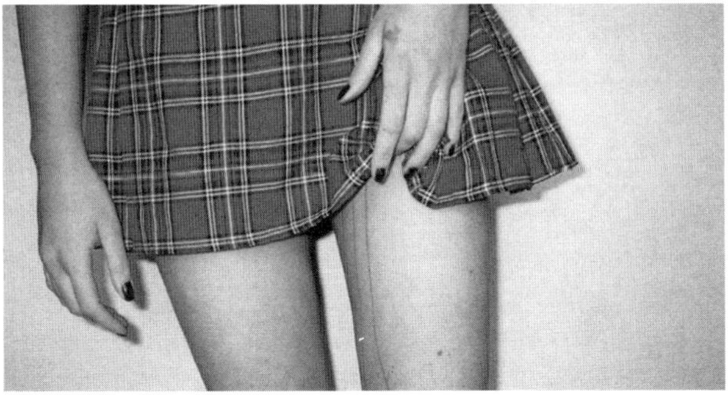

Abb. 81: Ein Mädchen, das aus ihren Genitalien blutet. Ein direkter Hinweis auf Vergewaltigung

Kinder aggressiv missbrauchen

Gorsad liebt es, den Missbrauch, die Qual, die Demütigung und die Folter von Kindern darzustellen. Ich bin mir ehrlich gesagt nicht sicher, wie diese Bilder ohne eine eingehende polizeiliche Untersuchung existieren können.

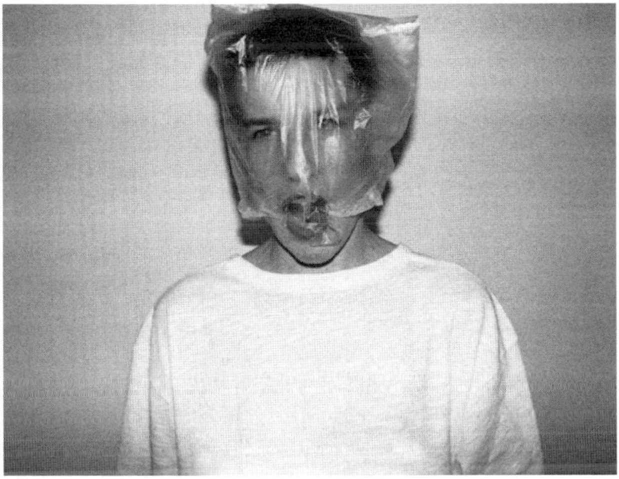

Abb. 82: Ein wiederkehrendes Thema in Gorsads Werken: Kinder, die in Plastiktüten ersticken. Unentgeltliche Feier des Missbrauchs

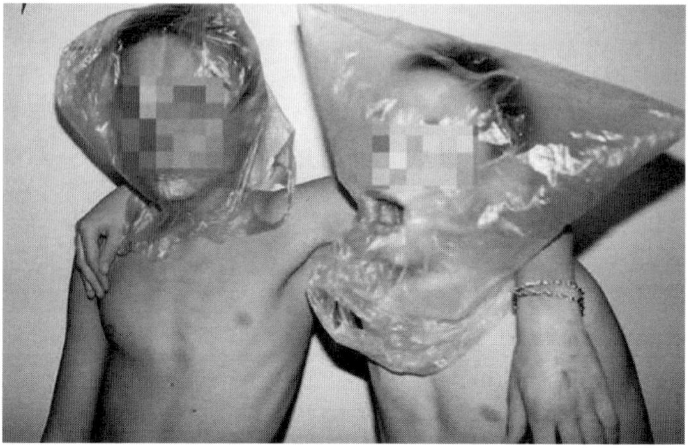

Abb. 83: Nackte Knaben ersticken an Plastiktüten. Sie sollten wirklich nicht an all dem teilnehmen, aber ich bin mir nicht einmal sicher, ob ihre Eltern in ihrer Nähe sind

Abb. 84: Ein in Plastik eingewickeltes Kind. Das sieht so aus, als würde ein Opfer von Menschenhandel „entsorgt“

Abb. 85: Dieses Bild ist nicht nur widerlich, sondern vermittelt auch die zutiefst sadistische Natur derer, die dahinter stehen. Menschen zu zwingen, in ihrem eigenen Schmutz zu stehen, verursacht ein intensives Trauma (es ist eine große Foltertechnik) und dieser Typ muss die Demütigung durchmachen, für ein Foto zu posieren. Ich neige dazu, dass bei diesem Bild keine „Spezialeffekte" involviert waren

Abb. 86: Sie brachten dieses Mädchen auf einen Friedhof und zwangen sie, sich mit dem Tod auseinanderzusetzen. Sie wollen die Unschuld von Kindern töten und sie einem Trauma aussetzen

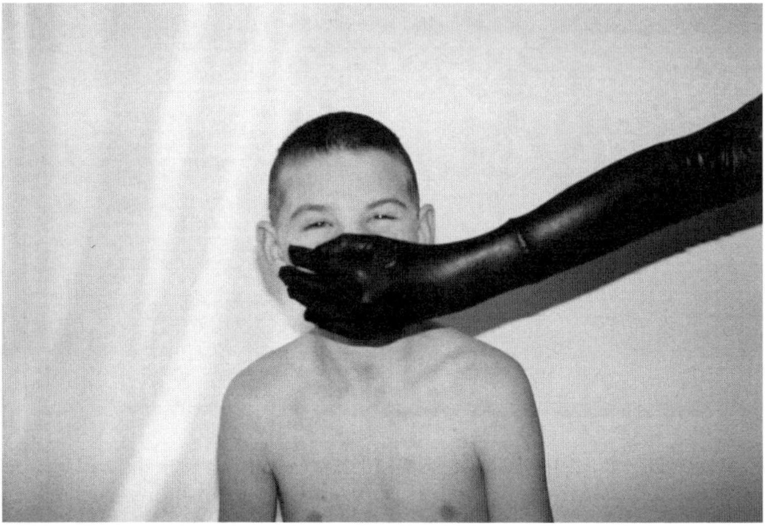

Abb. 87: Dieses Kind wird von einem unsichtbaren Erwachsenen „zum Schweigen gebracht". Der Arm ist mit Latex bedeckt, das normalerweise in BDSM-Outfits verwendet wird. Hier geht es zu 100% um Kindesmissbrauch

Abb. 88: Es gibt zahlreiche Gorsad-Bilder von Jungen mit Maulkörben. Wieder einmal geht es um Demütigung, Kontrolle und die Reduzierung auf Tiere

Okkulte Elite-Symbolik

Im Vergleich zu den obigen sind die folgenden Bilder relativ zahm. Sie enthalten jedoch genau die Symbolik, die seit Jahren auf dieser Seite beschrieben wird. Durch diese Symbole sagen Ihnen die Fotografen, dass sie Teil der kranken, satanischen Kultur der Elite sind, die in Missbrauch und Entweihung von Jugend und Unschuld schwelgt. Deshalb werden sie von den Massenmedien gefeiert statt verurteilt.

Abb. 89: Wie in zahlreichen Artikeln erwähnt, steht das Ein-Auge-Zeichen für die Kontrolle der okkulten Elite. Dieses Zeichen ist überall auf Gorsad-Bildern zu sehen

Abb. 90: Ein junges Mädchen hat einen Schmetterling, der ein Auge verdeckt. Wie in früheren Büchern gesehen, ist dies 100 prozentig Monarch-Programmierungssymbolik

Ein weiteres wiederkehrendes Gorsad-Thema ist unverblümter Satanismus, kombiniert mit der Verhöhnung des Christentums. Man muss wirklich das Böse anbeten, um seine „Kunst“ auf das Leiden von Kindern zu konzentrieren. Passenderweise ist die gesamte Unterhaltungsindustrie von satanischer Symbolik durchtränkt.

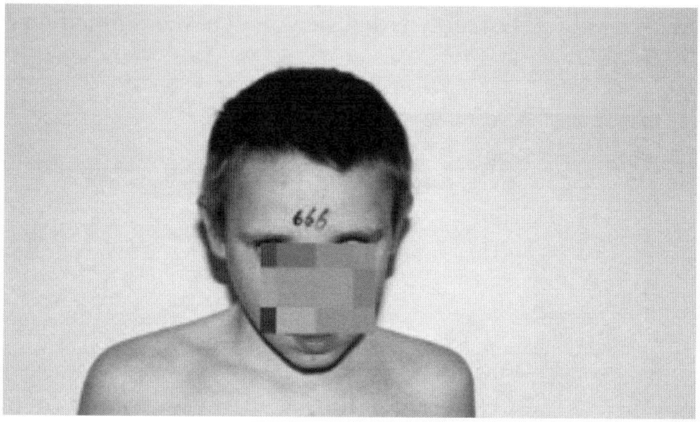

Abb. 91: Sie kritzelten 666 auf die Stirn dieses traurigen Jungen und machten ein Foto von ihm. Wie ist das „Kunst“ oder „Mode“?

Abb. 92: Im Okkultismus hat das Halten der Hörner einer Ziege einen hohen Symbolwert. Hier geht es darum, Kinder zu zwingen, den Satanismus anzunehmen

Abb. 93: Ein Grundnahrungsmittel des Satanismus ist es, das Christentum lächerlich zu machen. Hier machen sie sich über Jesus und seine Dornenkrone lustig

Abb. 94: Die Models beißen den Apfel aus dem Garten Eden, während sich die sprichwörtliche Schlange (die Luzifer darstellt) um sie wickelt. Die Botschaft: Sie nehmen das Böse voll und ganz an

Abb. 95: Dieses Bild zeigt ein umgekehrtes Pentagramm, das im Satanismus und in der schwarzen Magie verwendet wird. Darum geht es ihnen. Auch darum geht es der okkulten Elite. Und deshalb bekommen sie Geld, Verträge, Auszeichnungen und Bekanntheit

Ich hätte problemlos dreimal mehr Bilder in diesem Kapitel posten können und ich hätte einige von Gorsads verstörenden Videos mit Kindern einfügen können. Aber das ist mehr als genug. Während es mir leid tut, die Leser diesen erschütternden Bildern auszusetzen (sie haben mich sicherlich erschüttert), müssen diese Bilder entlarvt und richtig analysiert werden, damit wir alle die kranke und sadistische Kultur, die in der Unterhaltungswelt vorherrscht, deutlich erkennen.

Gorsad ist keine Ausnahme, es ist nicht „Underground" und es ist nicht einmal „Gegenkultur". Es ist Mainstream. Sie wurden von *CondeNast* gelobt, dem Megakonglomerat, das eine erstaunliche Anzahl von Zeitschriften auf der ganzen Welt kontrolliert. Tatsächlich sind diejenigen, die NICHT Teil dieser kranken Kultur sind, diejenigen, die von der Industrie gemieden werden.

Wie oben zu sehen ist, zeigen zahlreiche Bilder von Gorsad Kinder, die sich unwohl zu fühlen scheinen, als ob sie kürzlich Missbrauch oder Trauma erlitten hätten. Mehrere Bilder beziehen sich direkt auf Pädophilie, Kindesmissbrauch und Sexhandel. Es gibt klare Hinweise auf Traumata, Folter, Gewalt und Tod, kombiniert mit Feiern des Satanismus und der schwarzen Magie.

Kurz gesagt, Gorsad stellt alle Besessenheiten der okkulten Elite grafisch zur Schau, auf die kränkste Art und Weise, die möglich ist. Wer jetzt noch denkt, dass das alles noch eine „Verschwörungstheorie“ ist, der könnte genauso gut blind sein, denn diese Bilder könnten deutlicher nicht sein. (56)

Diese abstruse Pseudo-Kunst wächst auf einem Nährboden in der Ukraine, der die Kassen der elitären Pädo-Netzwerke klingen und deren korrupte Herzen höher schlagen lässt:

„Der Handel mit Menschen aus der Ukraine hat seit Beginn des Krieges in dem Land stark zugenommen. Wie die Tageszeitung ‚Welt‘ unter Berufung auf die Organisation für Sicherheit und Zusammenarbeit in Europa (OSZE) berichtete, nahm die weltweite Onlinesuche nach sexuellen Dienstleistungen und Missbrauchsdarstellungen durch ukrainische Frauen und Kinder um bis zu 600 Prozent zu.

Selbst der Handel mit Schwangeren sei seit Kriegsbeginn am 24. Februar vergangenen Jahres stärker geworden, sagte OSZE-Generalsekretärin Helga Maria Schmid der Zeitung. Die Opfer würden im Internet mit falschen Versprechungen geködert, in privaten Unterkünften in Aufnahmeländern missbraucht oder aber direkt an der Grenze von verdeckt arbeitenden Menschenhändlern abgefangen.

Oft sei organisierte Kriminalität verantwortlich. Diese skrupellosen Kriminellen treffen dann auf Menschen, die hilfsbedürftig sind, Geld verdienen müssen, die Sprache im neuen Land nicht sprechen und häufig auch vom Krieg traumatisiert sind", sagte Schmid. Die OSZE sei an einer ‚Be safe‘-Kampagne beteiligt, in der Menschen vor Verlassen ihres Landes vor den Praktiken der Menschenhändler gewarnt würden und eine Hotline zur Verfügung stehe. Außerdem arbeite die OSZE mit den Nachbarländern der Ukraine zusammen und versuche, sie für das Thema zu sensibilisieren.

Auch der weltweite Menschenhandel verzeichnet nach Schmids Darstellung Zuwächse. "Wir gehen mittlerweile von 25 bis 27 Millionen Opfern pro Jahr aus, und davon landen leider nur 10 000 Fälle jährlich bei den Strafverfolgungsbehörden." Da nur weniger als ein Prozent der Opfer identifiziert werde, gebe es beim Menschenhandel ‚weitgehend Straffreiheit für die Täter‘, erläuterte die deutsche OSZE-Generalsekretärin. Die jährlichen Gewinne aus Menschenhandel bezifferte sie auf 150 Milliarden US-Dollar pro Jahr - das sei eine Verfünffachung innerhalb der vergangenen 15 Jahre.“ (57)

Im Jahr 2021 hat das Kiewer Künstlertrio GORSAD.KYIV sein zehnjähriges Bestehen gefeiert. Es arbeitet nicht nur mit verschiedenen namhaften

Modemagazinen zusammen, sondern veranstaltet Ausstellungen unter anderem in Deutschland und Österreich. (58)

2.12 FIFA und die Fußball-Weltmeisterschaft als okkultes Ritual!

Der Fußball, wie wir ihn heute kennen, entstand im 19. Jahrhundert in England. 1848 wurden die ersten Fußballregeln von Studenten der Universität Cambridge verfasst und 1857 folgte die Gründung des weltweit ersten Fußballvereins FC Sheffield. 1863 wurde schließlich in London der erste Fußballverband namens Football Association gegründet, welcher ein umfassendes Regelwerk veröffentlicht.

Bereits die Beteiligung von Studenten und Cricketspielern an der Entstehung des modernen Fußballs belegt, dass dieser Sport ein Werk der gehobenen Gesellschaftsschichten ist.

Und für diese gehörte es im 19. Jahrhundert zum guten Ton, einer Freimaurerloge anzugehören.

Ein in der Freimaurer-Taverne vertretener Verein, Blackheath, lehnte es ab, die Nichteinbeziehung von Hacking (Treten unter das Knie) zu akzeptieren, und wurde anschließend Gründer der Rugby Football Union.

Die elf anderen erzielten jedoch eine Einigung, und unter der Leitung eines Ebenezer Cobb Morley wurden bald 14 Regeln für ein Spiel erlassen, das im folgenden Jahrhundert zu den am meisten gespielten, beobachteten und besprochenen Aktivitäten auf dem Planeten werden sollte.

Diese Gesetze wurden später als ein Regelwerk verfasst, welches 17 Regeln umfasste. Diese wurden dann in den folgenden Jahrzehnten alle ausnahmslos in die heutige Form geändert.

Der Fußball hat einen langen Weg zurückgelegt, seit seine erste Regeln 1863 in London ausgearbeitet wurden.

Fussball wurde bald überall populär, wie es schon in Grossbritannien war, und im Mai 1904 wurde in Paris die (satanisch strukturierte) FIFA gegründet mit sieben Original-Mitgliedern: Frankreich, Belgien, Dänemark, Holland, Spanien, Schweden und Schweiz.

Das Ex-FA-Mitglied Daniel Burley Woolfall ersetzte 1906 den Franzosen Robert Guerin als FIFA-Präsident - in diesem Jahr trat der FA bei - und 1913 wurde die FIFA Mitglied des IFAB.

In dieser restrukturierten Regel-Körperschaft hatte die FIA die kompletten Stimmrechte, denn die FIFA umfasste nun alle vier britischen Vereinigungen. Es blieben acht Stimmen. Gleichzeitig durfte eine Regeländerung nur mit einer 75% Mehrheit verabschiedet werden.

Nun hatten aber England, Schottland, Wales und Irland zusammen nur eine Stimme, während die FIFA vier hatte. So viel zur Geschichte des Fußballs.

Die alle vier Jahre stattfindende Fußball-Weltmeisterschaft ist das größte Sportereignis nach den Olympischen Spielen. Damit wird alle zwei Jahre die altrömische Strategie „Brot und Spiele" in globalem Ausmaß betrieben. Und wie schon damals dienen solche Events auch heutzutage vor allem der Ablenkung.

Selten werden so viele Steuern erhöht, Gesetze geändert und zweifelhafte Abkommen geschlossen, wie zu Zeiten großer Sportveranstaltungen.

Der Verstand des Volkes schaltet sich indes fast vollkommen ab und die Menschen schwelgen im Party-Patriotismus.

Die Gastgeberlander profitieren ebenfalls nur selten von den Ereignissen. Die Fußball-Weltmeisterschaften 2010 in Südafrika und 2014 in Brasilien haben diesen Staaten so ziemlich nichts eingebracht außer Prestige. Die neu geschaffenen Arbeitsplätze waren dagegen nur vorübergehend für die Dauer der Bauarbeiten und die Saison selbst. Ganz zu schweigen davon, dass einzig die Fußballer wirklich gut entlohnt werden. Deren Bezahlung grenzt teilweise schon ans Absurde.

Einziger Profiteur ist dagegen die FIFA, welche satte Gewinne in Milliardenhöhe einfährt. Diese sind obendrein steuerfrei, da die FIFA in der Schweiz als gemeinnütziger Verein eingetragen ist, obwohl sie eigentlich als Konzern behandelt werden müsste. Doch selbst bei größeren Korruptionen, wie bei der Fußballweltmeisterschaft 2006 als das Deutsche Bewerbungskomitee eine Schwarzgeldkasse geführt hat und die WM (Austragungsort) gekauft hat, füllte man sich die Taschen.

Dies wurde sogar vom „Spiegel" berichtet. Der DFB räumte ein, dass die fragwürdige Summe von 6,7 Millionen Euro / damals 10,3 Millionen CHF überwiesen wurde. Laut „Spiegel" soll der damalige Adidas-Chef Robert Louis Dreyfus die geheime Kasse mit 10,3 Millionen Schweizer Franken gefüllt haben.

Damit, so heißt es weiter, sollten bis zu vier fehlende Stimmen gekauft worden sein, die man benötigte, um bei der finalen Abstimmung des FIFA-Exekutivkomitees gegen Mitbewerber Südafrika zu reüssieren.

Neben dieser kapitalistischen Komponente gibt es allerdings noch einen rituellen Hintergrund der Fußballspiele.

Dabei spielen die künstlichen Gefühle der Fans eine Hauptrolle. Diese fiebern, feiern und leiden mit ihren Idolen mit, als ginge es um ihr Leben. Wenn ihre Mannschaft verliert - und bei einem Gewinner ist die Mehrheit zwangsläufig zum Scheitern verurteilt - empfinden die Fans echte Verzweiflung, obwohl es sich um ein Spiel handelt.

An kaum einem anderen Ort wird so viel kollektive emotionale Energie frei wie in einem Sportstadion. Vornehmlich negative Energie, mit der die dunklen Okkultisten rituell arbeiten können. Auf eine materielle Weise stimmt dies sogar, wenn man sich betrachtet, wie hier die Geldbörsen der Fans gemolken werden.

Im schlimmsten Fall kommt es obendrein zu Gewaltausbrüchen, wenn verfeindete Hooligan-Gruppen aufeinander einschlagen. Dabei ist ihr einziger Anlass die Zugehörigkeit zu verschiedenen Fußballclubs. wie schön sich hier Prinzip „teile und herrsche" beobachten lässt.

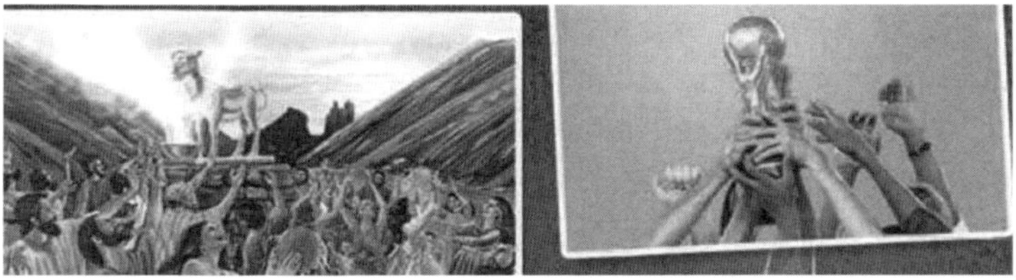

Abb. 96: Die Spieler vollführen indessen den Tanz ums goldene Kalb, welches dem Sonnengott Ra oder auch Luzifer, Baal oder Jesus gilt, und welches in Form des Pokals repräsentiert wird

Es geht nicht um den Sport und auch nicht um den Spaß am Spielen, es geht einzig und allein um den Sieg. Wie sehr die Spiele von Okkultisten gelenkt werden, erkennt man wie immer an den Symbolen.

Abb. 97: Im Fußball-WM-Symbol 2010 von Südafrika erkennt man eindeutig den Horuskopf

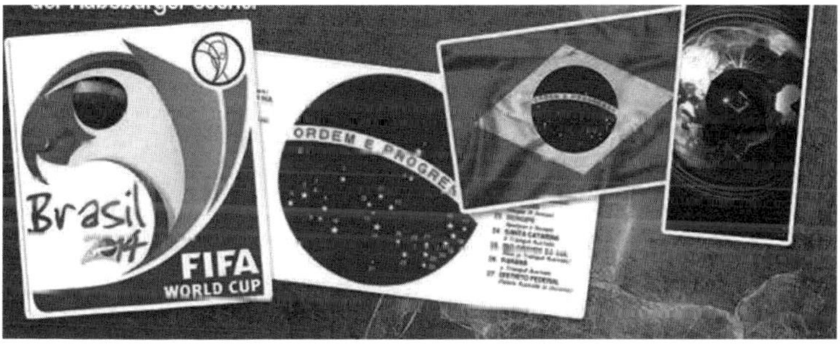

Abb. 98: 2014 setzte die FIFA noch einen oben drauf und präsentierte uns einen Horus nebst Logo, obgleich dieser etwas entfremdet als Papagei dargestellt wird

Sicher gibt es Papageien in Brasilien, doch der Horus steckt immer noch im Logo. Der Papagei enthält indes die Nationalfarben Grün, Gelb und Blau. Das Grün steht nicht für den Regenwald, sondern auch für das portugiesische Adelshaus Braganza, während das Gelb für die Dynastie der Habsburger steht.

Die FIFA, welche diesen Hokus-Pokus veranstaltet, wurde wie schon erwähnt 1904 in Paris (Frankreich) gegründet. Zu ihren Gründungsvätern zählt der niederländische Bankier Carl Anton Wilhelm Hirschmann (1877-1951), womit schon einmal die Brücke zur Hochfinanz gestrickt wäre.

In den 1930ern zeigten einige Funktionäre der FIFA Sympathien für den Faschismus. 1934 kooperierte die FIFA sogar mit dem Mussolini-Regime und zelebrierte die WM im faschistischen Italien. FIFA könnte genauso gut für Finanzmafia und Faschismus stehen.

Da fehlen eigentlich nur noch die Freimaurer. Wer unter den FIFA-Funktionären alles Freimaurer ist bzw. war, ist nicht bekannt, aber es ist doch angesichts der Symbolik sowie der finanziellen Dimension sehr wahrscheinlich, dass die Anzahl der Logenbrüder in der FIFA-Chefetage recht hoch ist. Gleiches gilt auch für die 1954 in Basel (Schweiz) gegründete UEFA, welche zur FIFA gehört.

Abb. 99: Das Logo der UEFA ist in den Farben – Kreis in rot und die Karte in blau – der Freimaurer gehalten

Ähnlich freimaurerische Symbolik findet sich bei fast allen Fußballorganisationen.

Abb. 100: Die Kombination von Blau und Rot trägt z. B. auch der bedeutende deutsche Fußballclub „FC Bayern München“

Abb. 101: Der Deutsche Fußball-Bund (DFB), welcher 1900 gegründet wurde, trägt zwar andere Farben, hat dafür aber einen Pyramidenknoten oder Valknut, im Logo

Diese Beispielkette ließe sich noch beliebig fortsetzen, doch die wichtigsten Organisationen sollen an dieser Stelle reichen.

Kommen wir zum Fußball an sich und da lohnt sich zunächst ein Blick auf die Entstehungsgeschichte.

Ballspiele sind aus vielen antiken Kulturen bekannt.

Im antiken China gab es bereits ca. 2.000 v. Chr. ein fußballähnliches Spiel namens Ts'uh-küh, welches zunächst dem militärischen Training dient und später auch im Volk populär wurde.

Die Spartaner und Römer kannten ebenfalls Ballspiele, die vor allem im Militär verbreitet waren.

Zu guter Letzt zelebrierten die Maya ein Ballspiel, bei dem eine Kautschukkugel in einem Steinring befördert werden musste. Das Maya-Spiel hatte einen astrologischen Hintergrund und zog stets die rituelle Opferung einer der Mannschaften nach sich. Es ist immer unklar, ob dieses gewaltsame Ende die Verlierer oder Gewinner ereilte und die Opferung eine Strafe oder Ehre war.

Kommen wir zu den Symbolen und Freimaurern zurück.

Es sollte nicht verwundern, dass die Symbole der Freimaurer überall zu finden sind. Beginnen wir mit dem klassischen Ball. Dieser besteht aus 12 schwarzen Pentagonen und 20 weißen Hexagonen. In diesem Ikosaeder sind also sowohl Pentagramm und Hexagramm sowie die Farbgebung des freimaurerischen Schachbrettbodens vereinigt. Eingeführt wurde der weltweit verbreitete Klassiker 1970 bei der Fußball-WM in Mexico. Die nach dem Satelliten Telstar benannte Bolzkugel war der erste offizielle Ball einer Fußball-WM.

Abb. 102: Auffällige Symbolik

Jede Mannschaft hat. 11 Spieler - die Freimaurerzahl schlechthin, welche für den Dualitätsglauben steht. Einige mögen nun argumentieren, dass jeder Spieler seine Funktion hat. Doch die 11 findet sich noch einmal im Elfmeterschießen wieder und spätestens hier muss wirklich jeder ins Grübeln kommen, welchen anderen Sinn diese Zahl haben könnte, als einen freimaurerischen / okkulten Hintergrund.

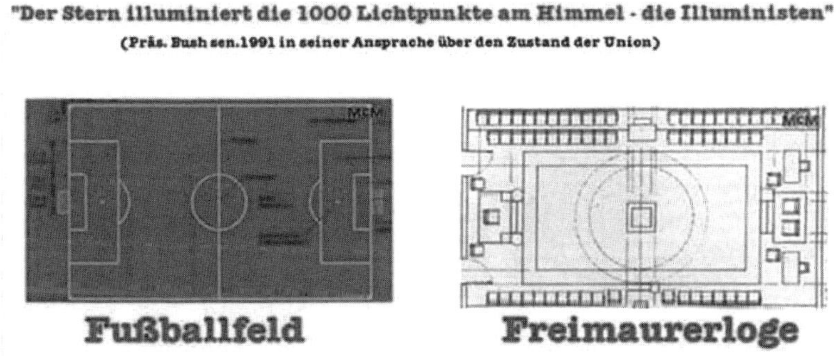

Abb. 103: Hinzu kommt, dass mit beiden Mannschaften zusammen 22 Spieler auf dem Feld sind und mit dem Schiedsrichter macht das 23 Personen. Die 23 kommt auch öfters vor, z. B. ist es auch die 11. Stunde

Philip Mikas, ein großartiger Zellularkosmologe und Physiker schildert wie folgt:

„Der klassisch verwendete Fußball ist ein numerologisches Meisterwerk! Als Kugel bezieht er sich schon mal auf das PI. Der Ball hat einen Durchmesser von 22 cm und damit einen Umfang von 69 cm - beides okkulte Meisterzahlen.

Die 69 besitzt die Teiler 1, 3, 23 und 69, die in der Summe die Umkehrung zur 96 ergeben (Umkehrung, d.h. gleichzeitige Spiegelung und Verneinung ist das zentrale Anti Prinzip des Okkultismus).

Der markante Teiler ist hier die 23, welche die Fünf und die Sechs als Summe, bzw. als Produkt ihrer Ziffern enthält, welche addiert wieder die Elf ergeben.

Der Fußball wird aus 20 Hexagrammen (20 x 6 = 120) und 12 Pentagrammen (12 x 5 = 60) zusammengenäht, ergibt in Summe 32 Flicken (also die Umkehrung der 23) und 180 Ecken, also 1 + 8 = 9, wodurch die 11 zur 9/11 komplementiert wird.

Dass überhaupt eine Kugelfläche mit Fünf- und Sechsecken komplett geschlossen werden kann, grenzt für mich schon an ein Wunder. Auf diese Idee muss einer erst mal kommen!

Fehlen nur noch die 2 x 11 = 22 Spieler und der Elfmeterschuss! Aber auch in den weiteren Abmessungen des Fußballfeldes finden sich die 9 und 11.

Fazit: Fußball ist, wie kein anderes Spiel, mit dem verneinenden Geist der 9/11 verbunden und damit mehr als nur eine harmlose, gut bezahlte Sportart.

Ein Fußballstadion ist ein Hexenkessel, in dem niedere Emotionen hochgekocht werden, ob sich Spieler und Zuschauer dessen bewusst sind oder nicht.

Nach Rudolf Steiner symbolisiert der Ball den Kopf, aber auch die Schöpfung, bzw. die Welt. Ihn als mit Füßen zu treten ist ebenso „geil" wie herabwürdigend, wenn nicht gar blasphemisch."

Die Rituale der Fußball-WM werden in ganz ähnliche Zahlenmystik eingefasst. So begann die WM 2010 am 11. Juni und endete am 11. Juli.

11 und 11, wie zwei Fußball-Mannschaften. Zudem ergibt die Quersumme des 11.06.2010 ebenfalls die 11. Die Quersumme des 11.07.2010 ist indes die 12 und am 12. Juni 2014 begann die WM in Brasilien. Doch genug der Zahlenspielerei.

Zum Schluss wären da noch die Spieler mit ihren teils fürstlichen Gehältern in Millionenhöhe, welche in keinerlei Relation zur erbrachten Leistung stehen.

Wie kann denn noch jemand ernsthaft daran glauben, einer dieser Profisportler könne derart absahnen, ohne zum „Club" zu gehören?

Es ist dasselbe Spiel wie bei den Stars aus der Musik- und Filmindustrie.

Wie lange haben wir geschlafen?

Jahrzehnte Brot und Spiele damit uns nichts auffällt! Wir wussten schon immer, dass „mit der Welt etwas nicht stimmt", wie ein Splitter in unserem Kopf. [(59)]

3 Elite

Wie die globalen Eliten durch schwarzmagische Rituale Geistwesen beschwören, um mehr Macht zu erhalten: Einzelne Angehörige der Elite setzen Rituale und Zeremonien mit verschiedenen Formen okkulter Magie dazu ein, um ihrer Ansicht nach mehr Macht über die Menschheit zu erlangen.

Nur weil wir uns dessen bewusst werden, heißt das aber noch nicht, dass es Macht über uns hat oder „negativ" ist. Wenn man sich dessen bewusst wird, wird die Illusion des Nichtwissens durchbrochen. Um unser Bewusstsein weiterzuentwickeln, müssen wir verstehen, wo wir sind.

Was ist zeremonielle Magie? Die Werke mehrerer Gelehrter, von Platon bis Manly P. Hall usw., legen nahe, dass sie im Wesentlichen die Verwendung von Ritualen und Techniken beinhaltet, um „Geister" oder Lebensformen anzurufen und zu kontrollieren, die in anderen Dimensionen oder Welten existieren.

Zum Beispiel, so Hall, „könnte ein Magier, der in geheiligte Gewänder gehüllt ist und einen mit Hieroglyphen beschrifteten Stab trägt, durch die Macht bestimmter Wörter und Symbole die unsichtbaren Elementar- und Astralwesen kontrollieren. Obwohl die aufwändige zeremonielle Magie des Altertums nicht notwendigerweise böse war, gingen aus ihrer Perversion mehrere falsche Zauberschulen oder schwarze Magie hervor."

Wenn wir jedoch die Werke Platons untersuchen, sehen wir, dass er sowohl in Nomoi (Die Gesetze) als auch Politeia (Der Staat) ausdrücklich die Idee verurteilt, dass „Götter" durch die Ausübung bestimmter Rituale – „Nekromantie" oder „magischer Angriff" genannt – beeinflusst werden können. Er glaubte, dass diejenigen, die versuchen, die geistige Welt zu kontrollieren, bestraft werden sollten.

Sokrates, über den Platon viel geschrieben hat, sprach auch von einer Wesenheit, die ihn leitete. Sie wurde nie benannt, aber die Bezeichnungen sprachen von einem Daimon oder Dämonen (die griech. Bezeichnung „Daimon“ war ursprünglich nicht negativ konnotiert, sondern wertneutral).

Sokrates glaubte, dass diese Wesenheit eine Gabe war und sich in Form der inneren Stimme manifestiert, etwas, das wir alle besitzen. Seine Kommunikation mit dieser Wesenheit wurde tatsächlich als eine der Anklagen gegen ihn eingesetzt, als er zum Tode verurteilt wurde. Sokrates hielt es für eine Verbindung zwischen den sterblichen Menschen und Gott.

Sokrates scheint eine Ausnahme davon zu sein, während es üblicherweise darum geht, diese Konzepte aus perversen Gründen zu benutzen, und, wie Hall betont, hat er bewiesen, dass „der intellektuelle und moralische Status des Magiers viel mit dem Element zu tun hat, das heraufzubeschwören er in der Lage ist. Aber selbst Sokrates' Dämon verließ den Philosophen, als das Todesurteil gefällt wurde.“

Er wurde zum Tode verurteilt, weil er „die Jugend verdorben“ und „falsche“ Informationen unter den Menschen verbreitet habe, aber rückblickend betrachtet scheint er eine Gestalt zu sein, die unseren modernen Revolutionären mehr ähnelt als einem bösartigen Einfluss, indem er die Geheimnisse der Aristokratie preisgab und die Menschen dazu ermutigte, die wahre Natur der Realität in Frage zu stellen, und die Doktrin zu hinterfragen, die die Machthaber den Massen vorschreiben.

Es gibt auch Aufzeichnungen amerikanischen Ursprungs, die reichlich Beweise dafür enthalten, dass die Zivilisationen Mittel- und Südamerikas stark in diese Art von Kunst – sowohl schwarze als auch weiße Magie – involviert waren. Dies ist im Popol Vuh gut dokumentiert. Wenn solche Informationen den Tatsachen entsprechen, ist dies kaum verwunderlich.

Die Menschen waren schon immer den Verlockungen der Macht unterworfen, angetrieben von ihrem Ego, ihrer Gier und ihrer Kurzsichtigkeit. Es ist beunruhigend, sich vorzustellen, dass diese Macht, mit der geistigen Welt zu arbeiten, in den Händen derer liegt, die sie zu ihrem eigenen Vorteil benutzen, schwarzer Magie entstammt.

Machen wir nun einen Sprung in unsere heutige Zeit, in der wir Geschichten wie die von Dr. Johann Georg Faust kennen. Durch sein Studium der Magie war er in der Lage, einen außerdimensionalen Geist heraufzubeschwören, der ihm viele Jahre lang auf verschiedene Weise zu Diensten war.

Es gibt sogar einen Auszug aus dem Buch Johannis Fausti Manual Höllenzwang, Wittenberg, 1524, das seine Erfahrungen beschreibt. Napoleon Bonaparte, der militärische und politische Führer Frankreichs, ist ein weiteres Beispiel. Er erzählte von einem „kleinen roten Mann des Schicksals", einem „Geist", der in einem königlichen Palast erschien.

Anscheinend tauchte er immer dann auf, wenn etwas Wichtiges geschah. Dieser Mann und das, was heutzutage als alberner folkloristischer Aberglaube betrachtet wird, beeinflusste Napoleon und seine Handlungen wirklich und leitete seine Feldzüge an.

Laut Hall ist „der kleine rote Mann des Schicksals" ein Beispiel für „die katastrophalen Folgen, wenn man Elementarwesen erlaubt, den Verlauf menschlichen Handelns zu bestimmen". Phänomene wie diese treten in unterschiedlichen Kulturen während verschiedener Zeiträume im Laufe der gesamten Menschheitsgeschichte auf, was könnte uns also zu dem Glauben veranlassen, dass diese Praktiken in der heutigen Zeit aufgehört haben?

Es wird in verschiedenen Texten sogar eine Vorgehensweise für die Beschwörung von Geistern beschrieben, von denen einer „The Complete Book of Magic Science" ist, das laut Hall zuerst im ursprünglichen Britischen Museum veröffentlicht wurde. Dies wird auch von anderen Studien über okkulte Philosophie erwähnt, wie von Francis Barret in seinem Magus, wo er den Gebrauch von Symbolen und weiterer Dinge beschreibt, die sich auf das Okkulte beziehen.

Lebende Kreaturen, die in einer Welt existieren, die wir nicht wahrnehmen können, waren Gegenstand unzähliger Geschichten. Sie sind eingebunden in Geschichten, mündliche Überlieferungen und es wurde darüber in mehreren religiösen Texten wie der Bibel und dem Koran geschrieben.

Es geht in diesem Fall nicht um außerirdische Wesen, sondern vielmehr um Wesen, die in Bereichen existieren, die sich einer Wahrnehmung durch unsere Sinne entziehen.

Schwarze vs. weiße Magie

Im Grunde genommen ist schwarze Magie der Prozess der Verwendung von Wesenheiten, um durch zeremonielle Magie ein bestimmtes Ziel zu erreichen.

Hall schreibt: Durch die geheimen Prozesse der zeremoniellen Magie ist es möglich, mit diesen unsichtbaren Kreaturen in Kontakt zu treten und ihre Hilfe bei einer menschlichen Unternehmung zu erhalten. Gute Geister helfen bereitwillig bei jeder angemessenen Unternehmung, aber böse Geister dienen nur denen, die leben, um zu verderben und zu zerstören ... Die gefährlichste Form der schwarzen Magie ist die systematische Perversion der okkulten Macht zur Befriedigung des persönlichen Verlangens.

Nach Ansicht von Gelehrten verschiedener Philosophien ist es vor langer Zeit zu einer systematischen Zerstörung aller Schlüssel zur Weisheit gekommen, so dass niemand sonst Zugang zu diesem Wissen hätte. Wer auch immer dies getan hat, hat die Rituale der alten Mysterien vollkommen auf den Kopf gestellt und behauptet, sie zu bewahren, indem sie glaubten, dass das, was sie getan haben, das Richtige war.

Magie verwendet auch Symbole und heilige Geometrie. Schwarze Magie dagegen verwendet umgekehrte Symbolik, nimmt reine Symbole mit edlen Bedeutungen und pervertiert sie. Umgekehrte Symbolik scheint der Weg zu sein, um Geister für boshafte Zwecke zu beschwören.

Sie haben die Rituale der Mysterien verstümmelt, indem sie vorgaben, sie zu bewahren, so dass der Neuling, auch wenn er die Grade durchschritt (Freimaurerei), nicht das Wissen erlangen konnte, auf das er Anspruch hatte. Götzendienst wurde eingeführt, indem man die Verehrung der Bilder anregte, die die Weisen zu Beginn nur als Symbole für das Studium und die Meditation errichtet hatten. Falsche Interpretationen wurden den Emblemen und Figuren der Mysterien beigemessen, und umständliche Glaubenslehren wurden geschaffen, um die Gemüter ihrer Anhänger zu verwirren.

Es scheint, dass es im Laufe der Geschichte viele Schwarzmagier gab, die mit der geistigen Welt arbeiten, und die sich von den edlen Konzepten entfernten, die dem Kern der Spiritualität zugrunde liegen. Die weiße Magie hingegen befasst sich mit dem Edlen, dem Moralischen und kann nicht dazu benutzt werden, egoistische Ziele zu erreichen.

Ego, Gier und persönliches Verlangen haben keinen Platz in der weißen Magie. Ich stimme Sokrates zu, dass die Konzepte der weißen Magie in uns allen existieren und als mächtige Hilfsmittel der Manifestation benutzt werden können, vorausgesetzt, dass jemand in seinem Herzen und seiner Absicht rein ist. Sie ist einfach und kann nicht als Mittel zum Zweck oder zur Erfüllung eines bestimmten persönlichen Wunsches verwendet werden.

Und heutzutage?

Diese Offenbarung brachte etwas ans Licht, das immer noch unter einigen geschehen könnte, die dem heutigen „Einen Prozent“ angehören, das fast jeden Aspekt unseres Lebens – angefangen von Gesundheit und Finanzen bis zu Politik und Bildung – vollständig kontrolliert. Ich glaube, dass sich Politiker und andere Persönlichkeiten des öffentlichen Lebens aus verschiedenen Gründen an solchen Dingen beteiligen, aber ich glaube auch, dass sie in der Hierarchie einen niedrigen Rang haben und dass diese Zeremonien und Rituale in den höheren Ebenen weit über das hinausgehen, was man sich vorstellen kann.

Ich glaube auch, dass die reinen Lehren der Zeitalter von denjenigen mit guten Absichten, und nicht mit bösen, bewahrt werden. Wenn Sie über die Idee der Dualität spotten, sollten Sie darüber nachdenken, dass auch Licht und Schatten im selben Raum existieren können. Das Argument der Dualität hat also durchaus etwas für sich, aber das Gegenteil davon hat ebenfalls seine Vorzüge. Sie sind ein und dasselbe.

Es ist noch nicht lange her, als die WikiLeaks-Enthüllung über John Podesta, den Chef von Hillary Clintons Präsidentschaftskampagne und ehemaligen Stabschef des Weißen Hauses für Bill Clinton, aufdeckte, dass Podesta von [der „Künstlerin“] Marina Abramovic zu einem Spirit Cooking Dinner eingeladen wurde.

... die Ursprünge des Spirit Cooking sind im Cake of Light [Lichtkuchen] zu finden, einem Sakrament in der Thelema-Religion, die von Aleister Crowley gegründet wurde. Die Zutaten für den Lichtkuchen beinhalten Honig, Öl, Menstruationsblut und Sperma. Das Sakrament soll die Vereinigung zwischen dem Mikrokosmos, dem Menschen, und dem Makrokosmos, dem Göttlichen, symbolisieren, die eine der Hauptmaximen des Hermetismus „Wie oben, so unten“ darstellt.

Der Verzehr des Lichtkuchens ist eine Erfüllung des heiligen Kreises der Verbindung zwischen dem Menschen und dem Göttlichen.

Offenbarungen wie diese und Zeremonien, die auf Video aufgenommen wurden, haben dazu geführt, dass die Leute Fragen stellen. Wenn wir Traditionen über die Jahrhunderte hinweg verfolgen, sehen wir Berichte über diese Art von Aktivität in der Literatur und in persönlichen Berichten. Die globale Elite hat immer existiert, sei es die Aristokratie im antiken Griechenland und Rom, die Kirche im Mittelalter und darüber hinaus, oder die heutige Politik.

Vielleicht haben diese Familien in der Tat die menschliche Rasse in ihrem Würgegriff gehalten, indem sie uns mit Fehlinformationen überfluten, um unsere Wahrnehmung der Welt zu kontrollieren und zu diktieren, welche Art von Leben für uns erstrebenswert ist.

Wir sind wie Roboter, dazu angehalten uns anzupassen und alle die gleichen Dinge zu tun. Es gibt eine vollständige Kontrolle über die menschliche Rasse, und der Gedanke, dass schwarze Magie dazu benutzt werden könnte, um die Massen zu kontrollieren, wie Hall aufzeigt, ist beunruhigend.

Wenn die Geschichte einen Hinweis darauf liefert, geht es heute noch weiter. Und wenn diejenigen dazu befragt werden, von denen angenommen wird, dass sie an solcherlei Dingen beteiligt sind, ist dies und dies normalerweise das Ergebnis. Warum ist es so schwer zu glauben?

Vielleicht, weil unser Verständnis der Grenzen der Realität von genau denselben Leuten kontrolliert wird, denen diese Praktiken vorgeworfen werden.

Die Massen, ihres Geburtsrechts des Verständnisses beraubt und in Unwissenheit kriechend, wurden schließlich die erbärmlichen Sklaven der geistlichen Blender. Der Aberglaube war allgemein vorherrschend und die Schwarzmagier beherrschten vollständig die nationalen Angelegenheiten, sodass die Menschheit immer noch unter der Spitzfindigkeit der Pfaffenlist von Atlantis und Ägypten leidet.

Wenn man sich verschiedene Themen anschaut, von MKULTRA und anderen Formen der Bewusstseinskontrolle bis hin zu den Informationen von

Whistleblowern/Insidern, ist die Verwendung von zeremonieller Magie aus perversen Gründen durch die Elite wirklich nicht so weit hergeholt.

Obwohl es beängstigend ist, darüber nachzudenken, passiert es dennoch. Diejenigen, die wir für unsere Führer halten, die hohe Machtpositionen innehaben, und die hinter der globalen Korporatokratie stehen, die wir heute erfahren, und der Propaganda, der wir alle unterworfen sind, könnten unter dem Einfluss von „Geistern" stehen, die aus Bereichen stammen, von denen wir erst noch erfahren müssen.

Und infolgedessen könnte die massive Manipulation der Menschheit von diesen „dämonischen" Wesen angeführt werden.

Wie Edward Bernays schreibt, *„ist die bewusste und intelligente Manipulation der organisierten Gewohnheiten und Meinungen der Massen ein wichtiges Element in der demokratischen Gesellschaft. Diejenigen, die diesen unsichtbaren Mechanismus der Gesellschaft manipulieren, bilden eine unsichtbare Regierung, die die wahre herrschende Macht unseres Landes ist. Wir werden regiert, unsere Gedanken werden geprägt, unsere Geschmäcker werden geformt, und unsere Ideen werden vor allem von Männern vorgegeben, von denen wir noch nie etwas gehört haben."*

Ted Gunderson, arbeitete vor seinem Tod daran, diese Schrecken aufzudecken und zu enthüllen. Er war einer von vielen, die in diesem Bereich eine Menge Arbeit geleistet haben, die auch mit manchen der oben genannten Informationen übereinstimmt. Wer sind diese Leute heutzutage?

Nun, John C. Calhoun, der von 1825 bis 1832 der 7. Vizepräsident der Vereinigten Staaten war, war einer von Aberdutzenden, die versuchten, der Welt mitzuteilen, dass „innerhalb der Regierung eine Macht größer geworden ist als die Menschen selbst, bestehend aus vielen verschiedenen und mächtigen Interessen, die zu einer einzigen Masse zusammengefasst und durch die Kohäsionskraft des gewaltigen Überschusses der Banken zusammengehalten wird."

3.1 Rothschilds in Untersuchung über Pädophilenring der Elite verwickelt

Ermittlerin entdeckt im Sommer 2017 verstörende Verbindungen zu Pädogate: Seit Jahrhunderten steht die Rothschild-Familie im Zentrum von Verschwörungstheorien, aber jetzt hat eine Untersuchung Beweise dafür gefunden, die die Bankiersfamilie mit einem elitären Pädophilen-Ring in Zusammenhang bringen.

Nach der Analyse der durchgesickerten Pädogate-E-Mails (60) von Hillary Clinton und John Podesta hat die Ermittlerin Carolyn Limaco (61) eine Verbindung zwischen einem satanischen Illuminati-Pädophilie-Netzwerk und den Rothschilds entdeckt.

Durch die Verwendung der in den E-Mails benutzten Codewörter hat Limaco ein dunkles Netz von Kinderhandel und Pädophilie-Symbolik durch die öffentlicheren Social-Media-Konten der Rothschilds aufgedeckt. Limaco verbindet nicht nur die Punkte zwischen den Rothschilds und Pedogate, sondern sie hat auch Verbindungen zu den Rockefellers und den Clintons gefunden.

Der Pädogate-Skandal kam zum ersten Mal ans Licht, als E-Mails von Hillary Clintons Wahlkampfleiter John Podesta von DNC-Mitarbeiter Seth Rich an WikiLeaks weitergegeben wurden. Seth Rich wurde in der Nähe seines Hauses in Washington D.C. erschossen, kurz nachdem die E-Mails an die Whistleblowing-Organisation weitergeleitet wurden, und viele glauben, dass dies der Grund war, warum er ermordet wurde.

Seth Richs Tod wurde offiziell als ein „schief gegangener Raubüberfall“ dargestellt, aber mit den jüngsten Enthüllungen darüber, dass er die E-Mails hat durchsickern lassen, fordern Wahrheitssucher überall, dass die Untersuchung seines Todes wieder neu aufgerollt wird.

Die E-Mails enthüllten massive Korruption und Kriminalität sowie eine Verbindung zu einem Pädophilenring in Washington D.C. Die E-Mail-Konversationen schienen bekannte, auf Lebensmitteln basierende Pädophilie-Codewörter zu verwenden, die völlig außerhalb des Kontexts zu liegen schienen, bis Crowdsourcing-Untersuchungen ihre wahre Bedeutung enthüllten.

John Podesta hat die Vorwürfe seiner Verbindung zum Kinderhandel zurückgewiesen, aber nie den Inhalt der E-Mails erklärt oder den Codewörtern eine alternative Bedeutung gegeben.

Nach Angaben von „conspiracies.net“ (62) hat die Familie Rothschild ein Familienvermögen von schätzungsweise 500 Billionen Dollar angehäuft, und das ist noch eine niedrige Schätzung. Sie sind so mächtig, dass sie ein Familienwappen haben, das international anerkannt ist.

Darüber hinaus ist Sir Evelyn de Rothschild der persönliche Finanzberater der Königin von England. Manche Leute sagen, dass dieses Vermögen mit skrupellosen Mitteln aufgebaut wurde. Es ist bekannt, dass die Rothschild-Familie sowohl die Verlierer als auch die Gewinner aller Kriege seit den Napoleonischen Kriegen von 1803 bis 1815 finanziert hat.

Sie finanzieren beide Seiten, sodass sie immer profitieren, ganz gleich, welche Seite gewinnt. Im Jahr 1815 führte Napoleon Bonaparte einen Feldzug, um Großbritannien selbst zu übernehmen. Die Rothschild-Familie sah darin eine Chance, kam zusammen und machte einen Plan. Jacob Rothschild war in Paris, Frankreich, positioniert. Er wurde angewiesen, Napoleons Kriegsanstrengungen zur Eroberung Großbritanniens zu finanzieren.

Auf der anderen Seite wurde Nathan Rothschild, der in London positioniert war, aufgefordert, General Wellingtons Kriegsanstrengungen gegen Napoleon zu finanzieren. Die beiden Söhne taten das, und der Krieg tobte. Bald entschied die Familie, dass es für sie profitabler war, wenn Großbritannien den Krieg gewinnen würde, und die britische Königsfamilie der Rothschild-Familie zu Dank verpflichtet sei.

So beschränkte sich Jacob auf Napoleons Armee, und General Wellington begann zu siegen.

Der ursprüngliche Begründer der Rothschild-Dynastie, Mayer Amschel Rothschild, ordnete persönlich an, dass die weiblichen Nachkommen der Familie kein direktes Erbe erhalten sollten.

Das bedeutete, dass eine Rothschild-Dame keinen Reichtum von ihrem Vater oder ihrer Mutter erben konnte. Sobald sie das Alter erreicht hatten, in dem sie heiraten sollten, wurden sie vom Familienvermögen abgeschnitten, sodass sie einen Weg finden mussten, um für sich selbst zu sorgen.

Dies war ein indirekter Weg, um sicherzustellen, dass diese Mädchen wieder in die Familie Rothschild einheirateten. Da sie ihr Leben lang wie Prinzessinnen gelebt hatten, war es sinnvoller, ihre Cousins zu heiraten, den Reichtum ihrer neuen Ehemänner zu erben und dann weiter wie Könige zu leben.

So hat sich die Familie Rothschild seit über 200 Jahren untereinander verheiratet. Dies ist offiziell bekannt als „Heirat zwischen Blutsverwandten dritten Grades“. Hierbei kann ein Onkel eine Nichte heiraten und eine Tante ihren Neffen. Nathan Rothschild heiratete die älteste Tochter seines Bruders Carl. [(63)]

3.2 Neues Indiz für Pädophilie-Ring von Rothschilds, Clintons und NXIVM-Sexkult - Disney- und Legoland-Mitarbeiter wegen Kinderpornografie verhaftet

Am 03. Juni 2018 wurden in den USA elf Männer festgenommen, die in einem beunruhigenden Fall von Kinderpornografie nun insgesamt mehr als 650 Anklagen gegenüberstehen.

Bei der Ermittlung sind entsetzliche Bilder von Babys im Alter von bis zu zwölf Monaten aufgetaucht, die sich im Besitz von Mitarbeitern bei „Disney World“ und „Legoland“ sowie eines ehrenamtlichen Mitarbeiters bei der Pfadfinderorganisation „Boy Scouts of America“ befunden hatten.

Außerdem entdeckte eine Gruppe von Veteranen, die als „Veterans on Patrol (VOP)“ bekannt sind, während einer ihrer Patrouillen einen unterirdischen Bunker, der nach Ansicht der Gruppe für Kinderhandel genutzt wird.

Das Gebiet, in dem die Gruppe den Bunker gefunden hat, gehört *CEMEX*, einem multinationalen Bauunternehmen, das sich zum Teil im Besitz der mit dem NXIVM-Sexkult verbundenen Firma *Bronfman E.L. Rothschild L.P* befindet.

Den Angeklagten werden insgesamt 660 Anklagepunkte wegen des Besitzes und der Förderung von Kinderpornografie vorgeworfen, die Säuglinge ab zwölf Monaten beinhaltet. Die Verhaftungen erfolgten im Rahmen eines Einsatzes namens „Guardians of Innocence II" („Wächter der Unschuld II"), die von der Einheit für Computerkriminalität des Polk County Sheriff Office durchgeführt wurde.

In einer Pressemitteilung der „Tampa Bay Times" bestätigte Sheriff Grady Judd, dass den angeklagten Pädophilen im Zuge der Ermittlungen noch weitere Anklagen bevorstehen könnten.

„Wie Sie wissen, ist dies erst der Anfang", sagte Judd. „Sobald wir Durchsuchungsbefehle vollstrecken und die Geräte beschlagnahmen, die diese Verdächtigen zum Herunterladen und Verbreiten von Pornografie verwenden, werden wir eine vollständige forensische Analyse durchführen, und aller Wahrscheinlichkeit nach werden wir weitere Anklagen im Zusammenhang mit dem Besitz und der Verbreitung von Bildern und Videos von Kindern ergänzen, die sexuell misshandelt wurden."

Die Abteilung sucht auch nach den Opfern, die in den pornografischen Bildern und den Videos dargestellt werden, und versucht festzustellen, ob sie in dem Bezirk leben. „Die meisten Bilder, die wir während dieser Untersuchung gesehen haben, zeigten sexuell misshandelte Kinder, die wir bereits zuvor gesehen haben, was bedeutet, dass wir noch keine lokalen Kindesopfer identifiziert haben", sagte Judd. „Aber wie immer ist das auch ein Teil unserer Untersuchung."

Roger Catey, 53, ein Projektmanager bei *Walt Disney World*, wurde in 24 Fällen des Besitzes von Kinderpornografie und in zwei Anklagepunkten wegen der Förderung sexueller Handlungen durch ein Kind angeklagt. Die Stellvertreter behaupten, dass als sie ihn mit den Vorwürfen konfrontiert haben, er zugegeben habe, dass er seit einem Jahr Dateien mit kinderpornografischen Darstellungen herunterlädt, und bei Untersuchungen fanden die Ermittler Dateien, die Opfer ab dem Alter von drei Jahren zeigten.

Rickie Vargas-Garcia, 30, ein *Legoland*-Angestellter, wurde in zehn Fällen des Besitzes von Kinderpornografie angeklagt. Kriminalbeamte behaupteten, dass als sie Vargas-Garcia befragten, er zugegeben habe, dass er mit Kinderpornografie handelt und sie sich ansieht, und dass er auch Aktfotos und -videos von minderjährigen Mädchen angeboten habe. Er beharrte aber darauf, dass die jüngsten Mädchen, von denen er Bilder angeboten hat, elf Jahre alt sind, aber bei Ermittlungen fand die Polizei Dateien, die Opfer ab einem Alter von drei Jahren darstellen.

Edward Zaborowski III, 48, ein ehrenamtlicher Mitarbeiter von „Boy Scouts of America", wurde wegen 64-maligen Besitzes von Kinderpornografie und wegen der Förderung sexueller Handlungen durch ein Kind angeklagt. Kriminalbeamte gaben an, dass er zugegeben habe, in den letzten zwei Jahren Kinderpornografie gesucht und heruntergeladen zu haben. Bei Ermittlungen fand die Polizei Dateien, die Opfer ab einem Alter von vier Jahren darstellen.

Richard Cousins, 64, ein registrierter Sexualstraftäter, der zuvor wegen sexueller Übergriffe auf zwei Jungen unter 13 Jahren verurteilt worden war, wurde wegen Besitzes von Kinderpornografie in 143 Fällen und dreier Anklagen wegen Förderung sexueller Handlungen durch ein Kind angeklagt. Bei Ermittlungen fand die Polizei Dateien, in denen Opfer im Alter von acht Jahren dargestellt waren.

Bruce Nopper, 51 wurde wegen des Besitzes von Kinderpornografie in zwölf Anklagepunkten sowie in einem Punkt wegen Förderung sexueller Handlungen durch ein Kind angeklagt. Die Kriminalbeamten behaupteten, dass sie Nopper mit den Vorwürfen konfrontiert hätten, nachdem sie einen Hinweis erhalten hatten, dass kinderpornografische Dateien von seinem Computer aus beworben wurden, und er gab zu, dass er „süchtig nach Kinderpornografie" sei. Bei Ermittlungen fand die Polizei Dateien mit Opfern im Alter ab vier Jahren.

Don Carrier, 84, wurde wegen Besitzes von Kinderpornografie in 200 Fällen angeklagt. Kriminalbeamte haben auch sein Haus ins Visier genommen, als sie Hinweise erhielten, dass sein Computer für Kinderpornografie verwendet wurde. Als er befragt wurde, gab Carrier zu, dass es seine Dateien seien und er sagte aus, dass er sie sich angesehen habe, wenn seine Frau nicht zu Hause war. Bei Ermittlungen fand die Polizei Dateien, in denen Opfer im Alter von drei Jahren dargestellt wurden.

Mathew Sentz, 35, ein registrierter Sexualstraftäter, dem im Alter von 17 Jahren der Besitz von Kinderpornografie in 2.000 Fällen vorgeworfen wurde, wurde erneut in 100 Anklagepunkten der Besitz von Kinderpornografie vorgeworfen. Berichten zufolge gab er gegenüber den Kriminalbeamten zu, dass er sich seit einem

Jahr Kinderpornografie angeschaut habe, und bei Ermittlungen fand die Polizei Dateien, bei denen Opfer im Alter von zwei Jahren dargestellt wurden.

Jarrod Whiting, 24, wurde in 14 Fällen des Besitzes von Kinderpornografie beschuldigt. Kriminalbeamte behaupteten, er habe zugegeben, Kinderpornografie angesehen zu haben, bei der Kinder „so jung wie Säuglinge" dargestellt sind. Bei Ermittlungen fand die Polizei Dateien, die Opfer ab einem Alter von vier Jahren zeigten.

Alejandro Baltazar II, 20, ein College-Student, wurde in 55 Fällen des Besitzes von Kinderpornografie angeklagt. Berichten zufolge erzählte er den Ermittlern, dass er in den letzten zwei Jahren Kinderpornografie angesehen habe, und bei Ermittlungen fand die Polizei Dateien, die Opfer ab einem Alter von zwei Jahren darstellen.

Donald Marich, 69, ein pensionierter Schullehrer, wurde wegen des Besitzes von Kinderpornografie in 16 Fällen und wegen Förderung von Kinderpornografie in drei Fällen angeklagt. Kriminalbeamte behaupteten, dass Marich gestand, ein Disney-Jahreskarteninhaber zu sein, der häufig Einzelausflüge in den Themenpark unternimmt. Obwohl er das Herunterladen von Kinderpornografie leugnete, wurden mehrere Dateien auf seinem Computer gefunden.

Ein anonymer Student, 16, wurde in zwölf Fällen des Besitzes von Kinderpornografie angeklagt. Kriminalbeamte behaupteten, dass er zugegeben habe, Kinderpornografie mit Kindern im Säuglingsalter angesehen zu haben, und als sie seinen DropBox-Account durchsuchten, fanden sie Dateien, die Kinderpornografie mit Opfern zeigen, die erst zwölf Monate alt waren.

Während die Geschichten über die oben genannten beschuldigten Pädophilen verstörend sind, und die Vorstellung, dass kleine Kinder und Säuglinge sexuell missbraucht werden, entsetzlich ist, dienen die ausführlichen Beschreibungen der Personen, die wegen dieser abscheulichen Verbrechen verhaftet wurden, als Erinnerung daran, dass sie bei Personen jeden Alters vorkommen - von einem Vater, der ehrenamtlich bei der „Boy Scouts Troop" seines Sohnes beschäftigt war, über einen Mitarbeiter von *Disney World* bis hin zu einem pensionierten Schullehrer und einem Teenager.

Die 660 Anklagen, mit denen die krankhaften Individuen insgesamt konfrontiert sind, lassen hoffen, dass sie in irgendeiner Form für ihre Handlungen zur Rechenschaft gezogen werden.

„Die Solarlichter haben ihn verraten", sagte Lewis Arthur. „Wenn wir nicht auf dem richtigen Weg gewesen wären, hätten wir ihn nie gesehen, wir wären einfach direkt daran vorbeigefahren."

Als die Veteranengruppe den Ort erreichte, war das, was sie fanden, wirklich verdächtig. Rund um das Gelände fand die Gruppe Bäume, die mit Fesseln, einem Kinderwagen, einer Krippe, Haarfärbemitteln und pornografischem Material ausgestattet waren. Im Bunker fanden sie eine Kommode und zwei Kisten. Der Innenraum war groß genug, dass Kinder hineinpassen konnten.

„Big League Politics" [64] berichtete, dass „nachdem die Veterans on Patrol lokale und bundesstaatliche Strafverfolgungsbehörden über die Situation informiert und keine Hilfe erhalten hatten, sie Freiwillige zusammengetrommelt haben, um den Ort physisch freizulegen."

Die Situation spitzte sich am Sonntagnachmittag zu, als sie laut der Gruppe ein blutiges Messer, weibliche Unterwäsche und das Flugticket eines potenziell vermissten Mädchens aus Seattle zum Vorschein brachten.

Um dies zu verifizieren, versucht die Gruppe die Familie des Mädchens zu kontaktieren. Sie filmten den Fund live auf Facebook, und kurz darauf tauchte die Polizei auf und verhaftete zwei Mitglieder der Gruppe wegen Hausfriedensbruch.

Interessanterweise befindet sich das Grundstück, auf dem der Bunker gefunden wurde, im Besitz von *CEMEX*, einem multinationalen Baustoffunternehmen mit Sitz in Mexiko, das Partner der *Clinton Global Initiative* ist und teilweise der Vermögensverwaltungsfirma *Bronfman E.L. Rothschild L.P* gehört.

$438,000 after buying an additional 140 shares during the period. JFS Wealth Advisors LLC boosted its stake in Cemex by 2.9% during the second quarter. JFS Wealth Advisors LLC now owns 11,306 shares of the construction company's stock worth $107,000 after buying an additional 315 shares during the period. Bronfman E.L. Rothschild L.P. boosted its stake in Cemex by 3.1% during the first quarter. Bronfman E.L. Rothschild L.P. now owns 11,014 shares of the construction company's stock worth $100,000 after buying an additional 333 shares during the period. Finally, Wetherby Asset Management Inc. boosted its stake in Cemex by 1.2% during the fourth quarter. Wetherby Asset Management Inc. now owns 30,603 shares of the construction company's stock worth $245,000 after buying an additional 365 shares during the period. 36.17% of the stock is owned by hedge funds and other institutional investors.

Abb. 104: Markierung: „Bronfman E.L. Rothschild L.P. hat seine Beteiligung an Cemex im ersten Quartal um 3,1% erhöht. Bronfman E.L. Rothschild L.P. besitzt jetzt 11.014 Aktienanteile des Bauunternehmens im Wert von 100.000 Dollar nach dem Kauf von zusätzlichen 333 Anteilen während des Zeitraums“

Darüber hinaus erhielt *CEMEX* von der *Clinton Global Initiative* einen Auftrag in Höhe von 7 Millionen US-Dollar [(65)] für den Bau von Häusern in Haiti, fast zweieinhalb Jahre nach dem Beben während Clintons Amtszeit als Außenministerin im Jahre 2012.

Nun, hier werden die Verbindungen interessant, denn der CEO von *Bronfman E.L. Rothschild* ist Lady Lynn Forester de Rothschild, die sowohl Mitglied des „Council on Foreign Relations“ als auch Vertraute von Hillary Clinton ist.

B | Bronfman Rothschild

Lynn Forester De Rothschild

CONTACT US

Lady Lynn De Rothschild is Chief Executive Officer of E.L. Rothschild LLC, a private investment company with investments in media, asset management, information technology, agriculture and real estate worldwide. Lady de Rothschild has also been a director of The Estee Lauder Companies since December 2000 and The Economist Newspaper Limited (member of the Audit Committee) since October 2002.

She is Co-host of the Conference on Inclusive Capitalism and Founder of the Coalition for Inclusive Capitalism.She is a member of the Board and the Executive Committee of the Peterson Institute for International Economics, and a board member of the Alfred Herrhausen Society of International Dialogue of Deutsche Bank, the Elumelu Foundation (Africa),the International Advisory Board of Columbia University School of Law, FAI (Fondo per L'Ambiente Italiano) and the ERANDA Foundation (de Rothschild family foundation).

Lady de Rothschild is a member of the Council on Foreign Relations (USA), Chatham House (UK), the International Advisory Council of Asia House (UK), the International Institute of Strategic Studies (UK), and the Foreign Policy Association (USA). In 2000, she was #4 on the European Fortune Most Powerful Women in Business. In October 2007 Lady de Rothschild was awarded the Commendatore Ordine al Merito della Repubblica Italiana.

Abb. 105: Screenshot der Vita

Wie bereits im Mai 2016 während ihrer Präsidentschaftskampagne berichtet wurde [(66)], *„nahm Hillary Clinton an einer Spendenaktion über 100.000 Dollar teil* [(67)]*, die von niemand Geringerem als Lynn Forester de Rothschild, einer prominenten New Yorker Geschäftsfrau und Unterstützerin von Clinton, veranstaltet wurde.“*

Abb. 106: Die Damen glücklich vereint

Weitere Beweise für diese enge Beziehung zwischen Forester De Rothschild und Clinton wurden 2016 veröffentlicht, als „The Free Thought Project“ das durchsuchbare Archiv von Wikileaks [(68)] nach Clintons E-Mails untersuchte.

Lynn Forester de Rothschild schrieb am 18. April 2010 eine E-Mail [(69)], in der sie Hillary sagt, sie würde „gerne auf dem Laufenden bleiben“ - und „Ich bleibe Deine treue Freundin“, worauf Clinton antwortet: „Lass es uns so machen“ und ihre Antwort unterschreibt mit „Viel Liebe, H.“.

Am 23. September 2010 schrieb Clinton eine E-Mail [(70)] an Lynn Forester de Rothschild (eine Ketten-E-Mail mit starker Überarbeitung): „Ich wollte Dich erreichen, um Dir und Teddy zu sagen, dass ich Tony Blair gebeten habe ... nach Israel zu gehen, um die Nahost-Verhandlungen in Gang zu halten ...“

Rothschild antwortet, indem sie Clinton dafür dankt, dass sie „persönlich an uns herangetreten ist“ und fügt hinzu: „Du bist die Beste, und wir bleiben Deine größten Fans.“ Diese Korrespondenz bietet einen Einblick, wie die Rothschild-Familie hinter den Kulissen arbeitet, um ihre enorme Schlagkraft beim Voranbringen einer geopolitischen Agenda mit Hilfe ihrer gekauften und bezahlten Politiker als Mittel zum Zweck zu nutzen.

Ironischerweise heißt der Bürgermeister von Tucson zufällig auch Jonathan Rothschild. Trotz der mangelnden Kooperation der Strafverfolgungsbehörden und der Tatsache, dass die lokalen Medien nicht mehr über die Situation berichten, sind die „Veterans on Patrol" „hoffnungsvoll, Leichensuchhunde vor Ort bringen zu können, um das Gebiet zu durchsuchen", wie „BLP" berichtete.

Obwohl es fast unglaublich scheint, wird hier die Geschichte noch verschlungener und fängt an, sich potenziell mit dem NVIMX-Sexkult zu überschneiden. Der Vorstandsvorsitzende von *Bronfman E.L. Rothschild* ist Matthew Bronfman, einer der Erben des *Seagram*-Spirituosen-Vermögens:

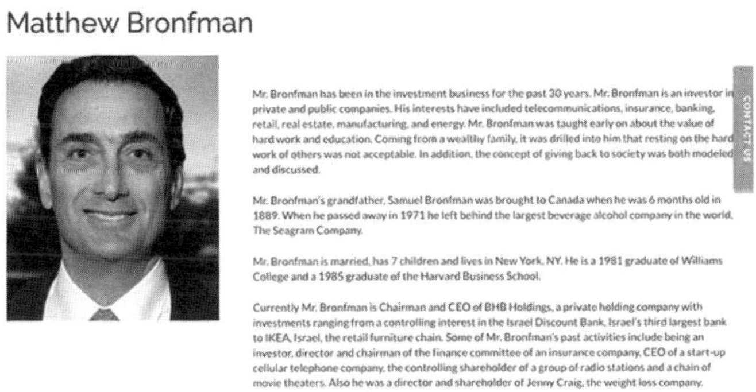

Matthew Bronfman

Mr. Bronfman has been in the investment business for the past 30 years. Mr. Bronfman is an investor in private and public companies. His interests have included telecommunications, insurance, banking, retail, real estate, manufacturing, and energy. Mr. Bronfman was taught early on about the value of hard work and education. Coming from a wealthy family, it was drilled into him that resting on the hard work of others was not acceptable. In addition, the concept of giving back to society was both modeled and discussed.

Mr. Bronfman's grandfather, Samuel Bronfman was brought to Canada when he was 6 months old in 1889. When he passed away in 1971 he left behind the largest beverage alcohol company in the world, The Seagram Company.

Mr. Bronfman is married, has 7 children and lives in New York, NY. He is a 1981 graduate of Williams College and a 1985 graduate of the Harvard Business School.

Currently Mr. Bronfman is Chairman and CEO of BHB Holdings, a private holding company with investments ranging from a controlling interest in the Israel Discount Bank, Israel's third largest bank to IKEA Israel, the retail furniture chain. Some of Mr. Bronfman's past activities include being an investor, director and chairman of the finance committee of an insurance company, CEO of a start-up cellular telephone company, the controlling shareholder of a group of radio stations and a chain of movie theaters. Also he was a director and shareholder of Jenny Craig, the weight loss company.

CONTACT US

Abb. 106: Screenshot der Vita

Bronfmans Schwester, Clare Bronfman, ist Verwaltungsdirektorin des mit Clinton verbundenen NXIVM-Sexkults, während seine andere Schwester, Sara Bronfman, Mitglied der „Clinton Global Initiative" ist. Als Reaktion auf die kürzlichen Verhaftungen der NXIVM-Mitglieder Keith Raniere und Allison Mack gab Clare Bronfman eine Erklärung auf ihrer Website ab, in der sie die Anschuldigungen gegen Raniere leugnete und ihn und die NXIVM-Programme lobte.

Frank Parlato, ein ehemaliger NXIVM-Publizist, der zum Whistleblower wurde, erzählte der „New York Post", dass Bronfman zu den härtesten Führungspersonen der Organisation gehört. „Sie ist die Vollstreckerin – die Brutale. Clare führt jetzt die Operation, und sie ist die rücksichtsloseste von ihnen. Ich spreche jetzt eine absolute Warnung aus. Clare Bronfman ist eine wahre Fanatikerin, und wenn es zu einer Jim-Jones-Situation kommt, werden alle Selbstmord begehen, außer sie", sagte Parlato.

Wie „The Free Thought Project“ am 27. April 2018 berichtete, stammte der größte Teil der Finanzmittel für NXIVM, über 150 Millionen Dollar, aus den Treuhandfonds der Seagram-Erbinnen Sara und Clare Bronfman.

Ihre Verwicklung in Ranieres Aktivitäten begann im Jahr 2002 und war sehr öffentlich und kontrovers, wobei sich andere Mitglieder der Familie Bronfman in der Presse von den Schwestern distanzierten. Die Familie Bronfman ist eng mit der Rothschild-Bankdynastie verbunden. Mitglieder beider Familien gehören vielen derselben Unternehmen an, worunter sich ihre gemeinsame Finanzfirma *Bronfman & Rothschild* befindet. (71)

Darüber hinaus sind mindestens drei hochrangige Mitglieder der Organisation, darunter Nancy Salzman und die Bronfman-Schwestern, Mitglieder von „Bill Clintons Stiftung Clinton Global Initiative“, die einen Jahresbeitrag von 15.000 US-Dollar verlangt. (72)

Vielleicht können Sie jetzt sehen, warum sowohl die Nachrichten über den Bunker in Tucson - mit einem Rothschild-Bürgermeister - als auch die Verbindungen des NVIMX-Sexkultes zu den Zentren der finanziellen und politischen Macht nicht an vorderster Front auf CNN, MSNBC, FOX, etc. gezeigt werden.

Bezeichnenderweise ergibt eine schnelle Suche nach dem Verhaftungsbericht oder den Anklagen gegen Allison Mack - Berichten der Mainstream-Medien zufolge - keinerlei Erwähnung von Kindern.

Obwohl dieses äußerst wichtige Detail in den meisten Mainstream-Berichten nicht erwähnt wird, ist nichtsdestotrotz eine der Hauptklagepunkte in der Strafanklage gegen Raniere und Mack der Sexhandel mit Kindern.

Warum die Medien sich weigern, dies zu melden, bleibt weiterhin ein Rätsel. Die Machtelite der Gesellschaft benutzt die Medien, um die Massen zu beruhigen und zu kontrollieren, da die mangelnde Aufmerksamkeit für diese erstaunlichen Verbindungen die Tiefe offenbart, in der das öffentliche Narrativ von der herrschenden Oligarchie geformt und geprägt wird, um sich vor Kontrolle zu schützen und die Wahrheit vor der Öffentlichkeit zu verbergen.

Laut „PJMedia“ (73), die sich an die lokalen Strafverfolgungsbehörden wandten, wird der Ort untersucht, und sie schließen die Möglichkeit eines Kinderhandelslagers nicht aus.

Der Polizeisprecher von Tucson, Officer Hawkins, antwortete „PJM“: „Es gibt eine aktive Untersuchung, die noch nicht abgeschlossen ist.“ Hawkins sagt, dass die Polizei zwar nicht glaube, dass es wie ein Menschenhandelslager aussieht, sie dies aber nicht ausschließe.

„Wir haben auf den Bericht des Lagers am 29. Mai reagiert und unser letzter Besuch in der Gegend war am 2. Juni“, sagte er. „Leichensuchhunde wurden in die Gegend geschickt und fanden nichts.“ *CEMEX* teilte der Polizei mit, dass sie die „Veterans on Patrol“ nicht auf ihrem Grundstück haben wollten und die Veteranen hätten sich selbst entfernt.

„Die Veterans on Patrol“ haben andere Suchende in der näheren Umgebung ermutigt, weitere ähnliche Lager zu finden, aber die Polizei sagt, sie hätten umfangreiche Suchen durchgeführt und nichts gefunden.

„Es scheint ein Obdachlosenlager zu sein oder es könnte von Grenzgängern benutzt werden, wir sind uns noch nicht sicher“, sagte Hawkins und fügte hinzu, dass das TPD (Tucson Police Department) dem auf den Grund gehen werde.

Obwohl es keinen eindeutigen Corpus Delicti gibt, rechtfertigen die Verbindungen in diesen Fällen jedoch sicherlich eine größere Medienaufmerksamkeit und Untersuchungen.

Wenn es in den USA etwas geben soll, das einer wirklich freien Presse gleicht, müssen die Massenmedien aufhören, Angst zu haben, Organisationen der politischen Eliten wie *Media Matters* und den *Atlantic Council* zu verärgern, und endlich anfangen, sich in den Dienst der Menschen zu stellen! (74)

3.3 Kinder- und Drogenhandel: Schiffbruch - die „10 Insel Challenge" mit der Clinton Stiftung und Richard Branson

Bill Clinton war am 09. August 2018 in St. Lucia und feierte die Eröffnung [75] eines neuen Solarparks, an dessen Errichtung die Clintons maßgeblich beteiligt waren. Wer wusste, dass die Clintons und Richard Branson ein Projekt für erneuerbare Energien in der gesamten Karibik anführten, das als „10 Insel Challenge" bekannt ist.

Es schloss sich jeder Insel an und bildete einen Umkreis um all ihre Lieblingsorte wie Haiti, der Dominikanischen Republik, Jamaika, Aruba, Bahamas, Puerto Rico, Venezuela, Kolumbien, Kenia und Tansania. Wenn man es nicht besser wüsste, ist das nicht die Route, die Drogenhändler und Kinderhändler benutzen?

Es könnte nur ein Zufall sein, aber es ist sicher ein interessantes Muster. Und sie fangen gerade erst an und fügen der Liste im Laufe der Zeit weitere Inseln hinzu. Sicher, der Import fossiler Brennstoffe für Strom ist wahrscheinlich teuer und nicht besonders „grün", aber Sonnenkollektoren haben bei einem Hurrikan keine Chance, aber die meisten dieser Inseln befinden sich in der Hurrikan-Schneise. Worum geht es also WIRKLICH? Was haben sie davon?

Dies war ein sehr strategisch durchdachter Plan, an dem Regierungen, Politiker, die Milliardärs-Elite, Energieunternehmen und eines der größten Schifffahrtsunternehmen der Welt beteiligt waren. Was zum Teufel hätten sie mit erneuerbaren Energien zu tun? Viel.

In dieser Untersuchung sehen Sie die Zeitleiste, die Schiffskameraden und wie sich alles verbindet. Sie werden sehen, wie sich alles manifestiert und welche Möglichkeiten es gibt.

Nach Durchsicht mehrerer Quellen unter Berufung auf die Inseln, mit denen sie einen Vertrag abgeschlossen haben, ist klar, dass es mehr als nur „Zehn Inseln" gibt. Eine Quelle, die an dem Projekt beteiligt ist, spiegelt 10 wider, während eine andere 13 widerspiegelt, und die norwegische Regierung behauptet, dass es Verträge mit 21 Inseln gibt.

Ja, die norwegische Regierung hat auch ein begründetes Interesse an diesem Projekt. Nachfolgend finden Sie zwei Karten, die die Mehrheit der Inseln widerspiegeln, die von den meisten Beteiligten zitiert wurden.

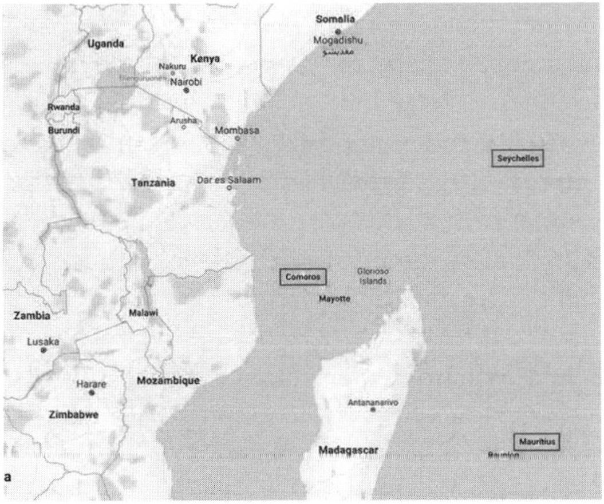

Abb. 107: Drei Inseln im Indischen Ozean

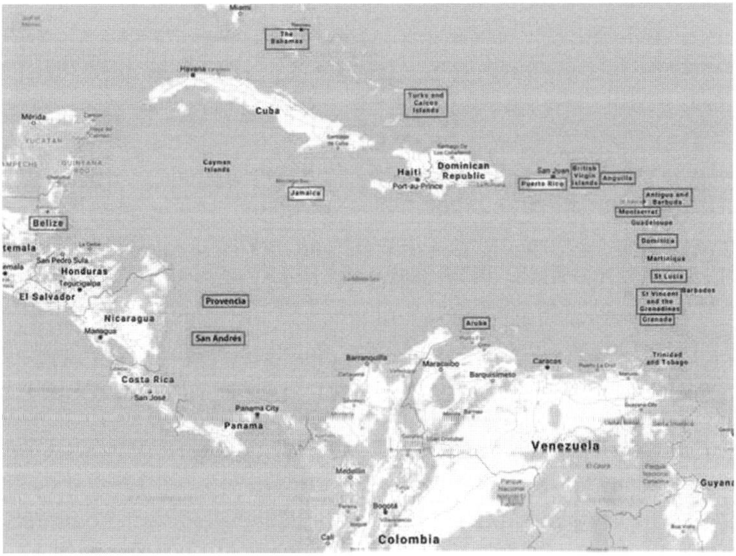

Abb. 108: Inseln in der Karibik

Möglicherweise sind nicht alle Inseln enthalten, da die „Zehn Inseln“ ein Testpilot für sie waren, um zusätzliche Verträge mit anderen Inseln zu erwerben. Beachten Sie auch, dass San Andrés und Providencia kolumbianische Inseln sind.

Das ist doch das Muster, oder? Wenn man jemals etwas recherchiert hat, würde man nach Luft schnappen, wenn man das sieht. Da sich die meisten dieser Inseln in der Hurrikan-Schneise befinden, haben die Solarmodule und Windparks Schwierigkeiten, starken Winden und Hurrikanes standzuhalten. Dies ist ein Beispiel für die im August 2018 erworbene (76) Jungfernfirma *BMR Energy* von Richard Branson in St. Croix. Erneuerbare Energiequellen müssen ständig gewartet werden, und Hurrikane sorgen für potenzielle Schäden, was für die Anbieter dieser Dienste höhere Ausgaben bedeutet.

Eine Insel, auf der Hurrikanschäden selten auftreten, ist Aruba. Interessanterweise war Aruba immer als wichtiger Knotenpunkt für den Drogen-Umschlag in die USA bekannt. Trotzdem wurde Aruba 1999, als Bill Clinton Präsident war, von der Liste der wichtigsten Drogenproduktions- und Transitländer des US-Außenministeriums gestrichen. Laut der auf der Website der Weltbank veröffentlichten Fallstudie ist der Grund für den Rückgang „unklar“. Neugierig?

Laut dieser Fallstudie (77): „Drogenhandel und Niederländische Antillen“ zeigen sie deutlich, dass die karibischen Länder geografisch in der weltweit größten Drogen Transitzone positioniert sind. Sie sagen weiter:

„Südamerika produziert fast das gesamte Kokain der Welt. Die Vereinigten Staaten und Europa sind für 88 Prozent des weltweiten Einzelhandelsumsatzes mit Kokain verantwortlich, einem Markt im Wert von rund 70 Milliarden US-Dollar im Jahr 2003 (UNODC, 2005). Das Bruttoinlandsprodukt der gesamten Karibik belief sich 2004 auf 33,5 Milliarden US-Dollar (ECLAC, 2006). Mit anderen Worten, der Wert des Drogenflusses durch die Region kann den Wert der gesamten legalen Wirtschaft übersteigen.“

Interessante Randnotiz: Bereits 1995 setzte der frühere Präsident Bill Clinton die „schwarze Liste“ in Kraft, die als Specially Designated Narcotics Traffickers (SDNT) bekannt ist. Es ist eine Datenbank aller bekannten Personen und Unternehmen auf der ganzen Welt, die Verbindungen zu Drogenhändlern haben, Drogendealer waren oder an der Geldwäsche beteiligt sind.

Einheimische in verschiedenen Ländern bezeichnen es als „The Clinton List”[78]. Die meisten Menschen kennen diese Liste, aber vielen ist nicht bewusst, dass Bill Clinton derjenige ist, der dieses Gesetz eingeführt hat. Es ist eine verdammt gute Datenbank, die Namen, Adressen, bekannte Verbindungen und eine eindeutige Registrierungs- oder Steuerzahler-ID enthält.

Diese Arbeitshäfen müssen auf die Liste verweisen, wenn sie Fracht durchlassen. In den richtigen Händen wäre diese Datenbank von großem Nutzen - in den falschen Händen könnte sie sich nachteilig auf die Kontrolle und Monopolisierung der Drogenindustrie auswirken.

Die Karibik ist nicht nur ein Zentrum für Drogenhandel, sondern auch ein Zentrum für Kinderhandel und Sexhandel. Laut dem Bericht über Menschenhandel [79] vom Juni 2018 haben sie Folgendes speziell über Aruba zu sagen:

„Wie in den letzten fünf Jahren berichtet, ist Aruba ein Transit- und Zielland für Frauen, Männer und Kinder, die Sexhandel und Zwangsarbeit ausgesetzt sind. Venezolanische Frauen sind auf Aruba dem Sexhandel ausgesetzt, und ausländische Männer und Frauen sind in der Dienstleistungs- und Bauindustrie anfällig für Zwangsarbeit.“

In einem Bericht des Congressional Research Service aus dem Jahr 2016 zum Thema „Menschenhandel in Lateinamerika und der Karibik“ heißt es [80]:

„Menschenhandel ist ein wachsendes Problem in Lateinamerika und der Karibik, einer Region, die wichtige Herkunfts-, Transit- und Zielländer für Opfer des Menschenhandels enthält. Zu den wichtigsten Formen von TIP in der Region gehören die kommerzielle sexuelle Ausbeutung von Frauen und Kindern, der Handel mit Arbeitskräften innerhalb der nationalen Grenzen und zwischen Ländern in der Region. Die beiden Länder in Lateinamerika und der Karibik, in denen der größte Teil ihrer Bevölkerung der ‚modernen Sklaverei‘ ausgesetzt ist, einem Begriff, der mit Menschenhandel in Verbindung gebracht wird, sind nach Angaben der Walk Free Foundation Haiti und die Dominikanische Republik.

Abb. 109: Januar 2017: Bill Clinton macht Urlaub in der Dominikanischen Republik. Er verbringt seine Ferien in der Casa de Campo in La Romana in der Residenz seines Freundes und Kommilitonen Ronald Gonzalez Bunster, eines renommierten Unternehmers mit großem Interesse im Elektro- und Tourismussektor der Dominikanischen Republik

Länder in Lateinamerika dienen als Herkunfts-, Transit- und Zielländer für den Menschenhandel. Die Opfer werden in ihren eigenen Ländern ausgebeutet und in andere Länder der Region verschleppt. Lateinamerika ist auch die Hauptquellenregion für Menschen, die in die USA gebracht werden, auch von transnationalen Organisationskriminalitätsgruppen. Im Geschäftsjahr 2015 war Mexiko das wichtigste Herkunftsland für Opfer des Menschenhandels im Ausland, die als berechtigt eingestuft wurden, und US-Hilfe erhalten."

Es ist wichtig anzumerken: Länder, die bei der Bekämpfung des Menschenhandels nicht kooperieren und nicht aktiv versuchen, dem ein Ende zu setzen, werden als „Tier 3" eingestuft und unterliegen den Beschränkungen der US-Hilfe. Auf den Karten über den Inseln, mit denen sie arbeiten, sind die folgenden auf der „Tier 3"-Liste aufgeführt: Belize und Komoren.

Die „Tier 2"-Beobachtungsliste repräsentiert Länder, die sich ihrer schwerwiegenden Formen des Menschenhandels bewusst sind und versuchen, Änderungen vorzunehmen, aber es gibt keine Beweise für zunehmende Anstrengungen zur Bekämpfung des Problems. Aus den obigen Karten geht Folgendes auf die „Tier 2"-Beobachtungsliste: Haiti und Seychellen. Die „Tier-2"-Liste stellt diejenigen Regierungen dar, die die Mindeststandards nicht vollständig erfüllen, sich jedoch bemühen, diese Standards einzuhalten. Aus den obigen Karten geht Folgendes hervor: Antigua und Barbuda, Dominikanische Republik, Jamaika, Mauritius, St. Lucia, St. Vincent und die Grenadinen, Trinidad und Tobago.

Von den 19 Inseln, mit denen sie Verträge haben, gibt es bei elf ernsthafte Bedenken hinsichtlich des Menschenhandels. Diejenigen, die als zwei in einer Gruppe aufgeführt sind, werden als eins gezählt, z. B. Antigua & Barbuda. Mit Ausnahme der Bahamas, die als „Tier 1" (gut) aufgeführt sind, befinden sich die anderen 8 jedoch nicht in einer der Tier-Listen, sodass es schwierig ist, festzustellen, wo sie stehen.

Ein sehr wichtiger Aspekt zu erwähnen, bevor Sie fortfahren - in ihrem „GEF / UNDP - Projekt Document" [81] für die ‚10 Insel Challenge', nennen sie speziell den Zustand „Erneuerbare Energien und Energieeffizienz - Strategien und Einschätzungen auf ausgewählte Inseln mit spezifischen Zielen, die Gender Responsive und menschenrechtsbasiert sind."

Sie arbeiten jedoch mit Inseln zusammen, von denen gut dokumentiert ist, dass sie Gastgeber für den Drogen- und Kinderhandel sind. Sie weisen auch darauf hin, dass *„ein Netzwerk junger Führungskräfte geschaffen wird, um Jugendliche für den Übergang zu identifizieren und zu fördern und die Agenda für nachhaltige Entwicklung sauberer Energie in der Karibik zu leiten."*

Man könnte verstehen, wie wichtig es ist, die Inselbewohner in den jüngsten Solarparkanlagen und anderen möglichen erneuerbaren Energiequellen zu schulen, aber wo spielt die „Förderung der Jugend zum Übergang und zur Führung" eine Rolle?

Der Kinderhandel ist zu einer weltweiten Epidemie geworden. Über 300 Kirchenkleriker misshandeln seit Jahren über 1.000 Kinder, die 2018 [82] in den Nachrichten erschienen. Ein Adoptionsmanager des DCFS, Pfadfinderführer, Lehrer, Tagesstätten und Tausende wurden wegen sexuellen Kindesmissbrauchs und Kinderpornografie verhaftet und das ist nur in den USA.

Das Projekt Safe Child [83] des Justizministeriums hat im Jahr 2018 mit täglichen Pressemitteilungen über 2.300 Neuverhaftungen von mutmaßliche Kinderschänder im Internet berichtet. [84] In Indien haben sie den Film *Pakhi* eines bekannten Filmemachers über Kinderhandel nicht genehmigt und sagen, er sei „grob". [85]

Abgesehen von dem bekannten Pentagon- Skandal aus dem Jahr 2007 [86], in dem zahlreiche Militärbeamte und Verteidigungsunternehmen

Kinderpornografie auf Pentagon-Computern gespeichert hatten, wurde Anthony Joseph Culotta Jr., ein Auftragnehmer der NASA [87], 2018 wegen Kinderpornografie verhaftet.

Was diese Geschichte so alarmierend macht, ist, dass er seit 2004 beim Kennedy Space Center Launch Services Program arbeitet. 2018 wurde er mit seinem von der NASA ausgestellten Laptop gefunden, um sexuell eindeutige Bilder von Kindern zu suchen, anzuzeigen und zu besitzen. Was noch schlimmer ist, ist, dass von den über 1.000 gefundenen Bildern, Fotos bekannter Opfer waren, die zuvor vom Nationalen Zentrum für vermisste und ausgebeutete Kinder identifiziert wurden.

1996 wurde Belgien von einer Tragödie erschüttert. Ein Mann namens Marc Dutroux, ein arbeitsloser Elektriker und Vater von drei Kindern, hatte im Laufe vieler Jahre eine Reihe von Entführungen, Vergewaltigungen und Morden an einer noch unbekannten Anzahl von Mädchen im Teenageralter begangen. Die als „Dutroux-Affäre“ bezeichnete Episode erschütterte Belgien, und mehr als 300.000 belgische Bürger kamen zusammen, um ihre Wut und Frustration über die Behandlung des Falls im inzwischen berühmten „Weißen Marsch“ auszudrücken.

Der belgische Premierminister Dehaene wandte sich hilfesuchend an das US-amerikanische Nationale Zentrum für vermisste und ausgebeutete Kinder (NCMEC). Der Verwaltungsrat der NCMEC genehmigte die Schaffung einer neuen Organisation, die sich der globalen Umsetzung der Aufgaben von NCMEC in den USA widmen soll. 1998 hielten Mitglieder des Vorstands des neu geschaffenen ICMEC ihre erste Sitzung ab, und im April 1999 wurde sie von der damaligen First Lady Hillary Clinton, Lady Catherine Meyer und Cherie Booth Blair, der Frau des ehemaligen britischen Premierministers Tony Blair, ins Leben gerufen. Sie können die vollständige Pressemitteilung lesen, die archiviert wurde [88] und ein Foto der drei beim Start zeigt.

Zufälligerweise war es Richard Bransons Mutter Eve Branson, die 1999 Gründungsmitglied von ICMEC war und bis 2005 im Verwaltungsrat tätig war. Richard Branson war ICMECs Gründungssponsor. [89] ICMEC ist ein gemeinnütziges Unternehmen, das ausschließlich aus privaten Mitteln und Ressourcen finanziert wird und seinen Hauptsitz in Alexandria, Virginia, hat. Es ist keine Regierungsbehörde.

Abb. 110: Auf einem Foto des Board of Directors auf Wikipedia sehen wir, dass Eve Branson zusammen mit ihrem Sohn Richard Branson eine Vielzahl anderer bekannter Gesichter hat

Dies wirft die Frage auf, warum sie ihre Zeit und ihr Geld in erneuerbare Energien auf Inseln investieren, auf denen Kinderhandel und Kindesmissbrauch außerordentlich häufig sind, wenn sie so leidenschaftlich daran interessiert sind, Kinder zu retten.

Wäre es für sie nicht sinnvoller, ihre Zeit und ihr Geld einzusetzen, um bei einem dringlicheren menschlichen Bedürfnis zu helfen? Werden missbrauchte Kinder wirklich von all dieser Sonnenenergie profitieren?

Um das Ausmaß der Reichweite der ICMEC zu verstehen, heißt es in einem Bericht des US-Senatsausschusses (90) für auswärtige Beziehungen von 2014 zum Thema „Internationale elterliche Kindesentführung", dass die ICMEC die Strafverfolgung in 121 Ländern geschult hat. Sie haben Gesetze in 200 Ländern überprüft und mit Parlamenten in 100 Ländern zusammengearbeitet, um ein neues Gesetz über Kinderpornografie zu erlassen. Sie bauten ein globales Netzwerk für vermisste Kinder auf, das 22 Länder umfasste, errichteten nationale Zentren in mehreren Ländern und gründeten ein regionales Zentrum in Europa, das 13 Ländern auf dem Balkan dient.

Darüber hinaus trafen sie sich mit 400 arabischen Führern in Kairo, um ein Abkommen über den Kinderschutz zu erzielen. Sie haben sich auch mit dem Vatikan, der Mayo-Klinik und Il Telefono Azzurro zusammengetan, um die „Erklärung von Rom" über die Rechte der Kinder zu erstellen. Schließlich gingen sie formelle Partnerschaften mit Interpol ein und gründeten eine globale Gesundheitskoalition von Pharmaunternehmen und Gesundheitseinrichtungen, um eine Krise der öffentlichen Gesundheit mit sexuellem Kindesmissbrauch anzugehen.

Im Jahr 2005 wurde geschätzt, dass 600.000 bis 800.000 Menschen über internationale Grenzen hinweg gehandelt werden, davon jedes Jahr 50 Prozent Minderjährige. Laut dem US Department of State und der Internationalen Arbeitsorganisation (ILO) profitierten private Unternehmen oder Agenten von diesen Zwangsarbeitern. Es werden schätzungsweise 43 Milliarden US-Dollar pro Jahr mit den Opfern des Menschenhandels erzielt.

Neun Jahre später, im Jahr 2014, berichtete die IAO: „Zwangsarbeit in der Privatwirtschaft generiert illegale Gewinne in Höhe von 150 Milliarden US-Dollar pro Jahr, dreimal mehr als bisher angenommen". Polaris [(91)], die eine Hotline für Menschenhandel betreibt (ein Kapitel für sich), validiert auch die 150-Milliarden-Dollar-Zahl der IAO, bevor die „Washington Post" versucht, diese Zahlen zu bestreiten und Wörter zu verdrehen, wie sie es bei so vielen anderen Themen getan haben. Ironischerweise trafen sich im selben Jahr, im Jahr 2014, religiöse Führer aus der ganzen Welt im Vatikan, um die „Erklärung der religiösen Führer gegen die moderne Sklaverei" zu unterzeichnen.

Polaris weist auf eine weitere Tatsache hin: *„Im Jahr 2016 waren schätzungsweise 1 von 6 gefährdeten Ausreißern, die dem Nationalen Zentrum für vermisste und ausgebeutete Kinder gemeldet wurden, wahrscheinlich Opfer von Kinderhandel. Von diesen befanden sich 86 Prozent in der Obhut von Sozialdiensten oder Pflegefamilien."*

All dies wirft erneut die Frage auf, ob ICMEC so allmächtig ist, wie sie behaupten, und alle oben genannten und viele andere Schritte unternommen hat, um diese weltweite Epidemie zu verhindern. Warum hat dann die Zahl der Opfer des Menschenhandels seit seiner Gründung im Jahr 1999 deutlich zu- statt abgenommen? Was genau verhindern sie? Das ist eine berechtigte Frage.

Weitere Fragen werden aufgeworfen, wenn man auf die Vertuschung der Pädophilie durch das Außenministerium zurückblickt, was die Mainstreammedien verschwiegen, als Hillary Clinton Außenministerin war. Wie die „New York Post“ (92), CBS- und NBC-Nachrichten im Juni 2013 berichteten, hätten sie Dokumente erhalten, die mit laufenden Ermittlungen im Zusammenhang mit acht Fällen mutmaßlichen Fehlverhaltens von Mitarbeitern des Außenministeriums, Auftragnehmern und einer US-Botschafterin verbunden waren und alle während der Amtszeit von Hillary Clinton stattfanden.

In einem internen Memo des Generalinspektors vom Oktober 2012 wurde berichtet, dass der untersuchte Botschafter „routinemäßig seine Sicherheitsstandards missachtete, um sowohl bei Prostituierten als auch bei minderjährigen Kindern um sexuelle Gefälligkeiten zu bitten“. In dem Bericht heißt es auch, dass ein hochrangiger Beamter des Außenministeriums die Ermittler angewiesen habe, „die Ermittlungen einzustellen“. Schwer zu schlucken? Hier ist ein dreiminütiger News-Clip von NBC: https://www.coreysdigs.com/wp-content/uploads/2019/03/clinton-interefered-pedophile-trafficking-sec-state.mp4

Mit so vielen Informationen bewaffnet, muss man sich fragen, was es für sie bedeutet, diese Inseln mit erneuerbarer Energie zu entwickeln. Warum? Weil diese Menschen weiterhin reich durch die Armen werden und es nicht gewohnt sind, freundliche Handlungen anzubieten.

Bei diesem „Projekt“, all diese Inseln auf erneuerbare Energien umzustellen, gibt es viele bekannte Gesichter an Bord. Die Zeitleiste zeichnet ein ziemlich genaues Bild mit den meisten Beteiligten, zusätzlich zu der dazugehörigen strategischen Planung. Dies ist keineswegs ein umfassender Zeitplan, da es sich um viele Inseln handelt.

Unter diesem Link finden Sie eine detaillierte Übersicht:
https://www.coreysdigs.com/wp-content/uploads/2018/08/Ten-Island-Challenge-Prodoct-Document.pdf

Das Hauptaugenmerk liegt darauf, wie diese Operation begann und wer all die Beteiligten sind, mit dem primären Ziel St. Lucia, denn dort war Bill Clinton 2018 anwesend, um einen neuen Solarpark zu feiern. Es gibt jedoch Informationen über ihre anderen Inselprojekte, die überall verteilt sind.

Die „Clinton Foundation“ veröffentlichte z. B. 2018 eine Pressemitteilung, in der sie auf die Ankündigung des ehemaligen Präsidenten Clinton aufmerksam gemacht hat, ihre Solarisierungsprojekte auf St. Thomas und St. John, auf den

US-amerikanischen Jungferninseln mit Gouverneur Mapp und Bloomberg-Mitbegründer Tom Secunda bekannt gab.

Necker Island gehört Richard Branson. Er besitzt auch die nahe gelegene Insel Moskito. Aber Richard Branson ist nicht der einzige, der eine Insel besitzt. Viele Prominente besitzen Inseln, darunter der bekannte Pädophile Jeffrey Epstein, der im Gefängnis ermordet wurde.

Vor der Küste von Belize, einem weiteren Gebiet, in dem sie sich auf erneuerbare Energien konzentrieren, verfügt Bill Gates über die größte Insel der Republik Belize, Bugue Caye. In der Tat, nicht weit von seiner Insel entfernt, lebt Leonardo DiCaprio, der die Belize-Insel Blackadore Caye besitzt. Anscheinend schlug er 2007 vor, daraus ein Öko-Resort zu machen, und gab dann 2015 offiziell bekannt, dass er 2018 genau das vor hat.

Unter einem Link [93] ist eine umfangreiche Liste auf der „Clinton Stiftung"-Website, in der viele ihrer Projekte aufgeführt sind, einzusehen. Es ist schwer alle ihre Initiativen offenzulegen.

Es ist eine Challenge, eine Herausforderung. Es kann ja kein Zufall das die Figuren der Elite Solarprojekte für Erneuerbare Energien auf Inseln bewerben, fördern und bauen, wo zugleich Operationen für Menschenhandel ablaufen. Finden Sie den Fehler.

3.4 Pädo-Netzwerk: „Mein Name ist Anneke Lucas, mit 6 wurde ich zur Sexsklavin für Europas Elite"

Die heute in New York lebende Belgierin Anneke Lucas [94] trat ab 2016 an die Öffentlichkeit und berichtete, in den 1970er-Jahren als sechs- bis zwölf-jähriges Mädchen in europäischen pädokriminellen Elitennetzwerken missbraucht worden zu sein. Als Hauptfigur des Netzwerks identifiziert sie einen der damals reichsten und mächtigsten Männer der Welt, der 2017 verstarb. Ihre Aussagen sind detailliert und grundsätzlich plausibel:

„Meine Mutter verkaufte meinen Körper. Wann immer sie einen Anruf bekam, fuhr sie mich zum Kunden. Bereits als junges Mädchen wurde ich in meinem Heimatland (95) *in die Sex-Sklaverei gezwungen.*

Der Anführer des Pädophilen-Rings (96) *war ein belgischer Kabinettsminister. Die Kunden gehörten zur gehobenen Gesellschaft, zur Elite Belgiens.*

Ich erkannte sie regelmäßig im Fernsehen. Ihre Gesichter waren der Öffentlichkeit bekannt, während ich die dunkle Seite ihres Machthungers kennenlernte – die Seite, von der niemand glauben würde, dass sie existiert. Ich sah VIPs, Europäische Staatschefs und sogar Mitglieder der königlichen Familie.

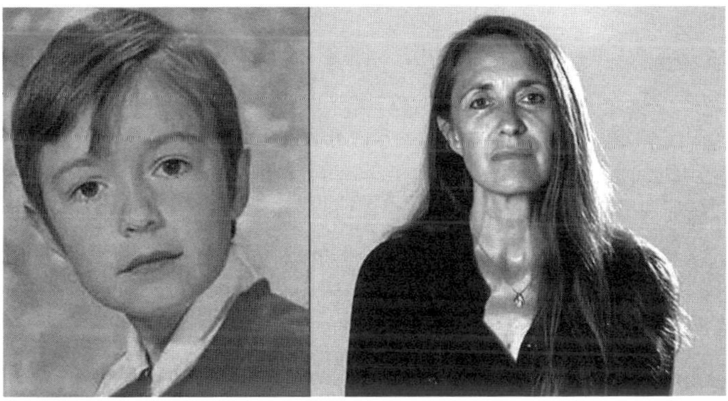

Abb. 111: Anneke Lucas als junges Mädchen und mit 53 Jahren

Es war um meinen sechsten Geburtstag rum, im Jahr 1969, als ich zum ersten Mal zu einer Orgie mitgenommen wurde (97)*. Es war auf einem Schloss. Ich war Teil einer SM Show, angekettet mit einem eisernen Hundehalsband auf einer kleinen Bühne und wurde gezwungen, menschlichen Kot zu essen.*

Danach ließ man mich einfach liegen, wie einen zerbrochenen Gegenstand. Ich fühlte mich so furchtbar erniedrig. Ich wusste, ich musste etwas tun, um meine Seele zu retten, ansonsten – und das war mir damals glasklar bewusst – wäre ich dort an Ort und Stelle verwelkt und gestorben.

Also zwang ich mich, aufzustehen und mir die bizarre Menge an Aristokraten, verkleidet als kuriose Hippies, zur Musik taumelnd und in verschiedenen sexuellen Aktionen involviert, anzusehen. Alle waren damit beschäftigt, sich kleine Pillen und fertig gerollte Joints, serviert von nüchternen Kellnern auf Silbertabletts, reinzuziehen.

Es war eine absonderliche Szene und ich zitterte am ganzen Leib, doch ich spannte meinen Körper an, wie einen Bogen kurz bevor ein Pfeil abgeschossen wird. Und ich konnte meine Stimme hören, auch wenn sie sich nicht wie meine eigene anhörte, ich konnte hören, wie meine Stimme die Erwachsenen anschrie, dass das alles falsch war und dass ich alle verraten würde und sie alle ins Gefängnis gehen würden.

Groteske, fast außerirdische Musik durchzog die Atmosphäre und die meisten Erwachsenen waren zu high, um von mir Notiz zu nehmen. Nur ein Mann, in einem dunklen Business Anzug, sah mich an.

Er sah erschrocken aus, sah mir für einen kurzen Augenblick in die Augen und schien mit mir zu fühlen. Dann war er verschwunden. Ich habe ihn nie wieder im Pädophilen Netzwerk gesehen, erst viele Jahre später im Fernsehen. Er wurde ein bekannter belgischer Politiker.

Jemand packte mich wortlos und brachte mich in den Keller. Ich war sicher, dass ich sterben würde. Stattdessen zeigte man mir den Körper einer noch sehr jungen Leiche. Von da an schwieg ich.

Unter der Woche ging ich zur Schule. Ich war ein schüchternes Mädchen, mit nur wenig Freunden. Ich erinnere mich noch gut an eine Szene aus der zweiten Klasse. Ich bemerkte, wie sich im Klassenzimmer plötzlich alle zu mir umdrehten und mich anstarrten.

Meine Lehrerin hatte mir vorher eine Frage gestellt, doch ich war einfach gedanklich zu abwesend, um irgendetwas mitzukriegen. Ich erinnere mich noch, wie sie sich laut wunderte, ob ich wohl die Antwort wüsste, während ich zusammengekauert und verlegen auf meinem Stuhl saß und das Lachen der Klasse ertrug.

Ich war ein Niemand in der Schule und zu Hause war niemand da, der für mich sorgte. Lediglich im Pädophilen-Ring bekam ich Aufmerksamkeit. Ich war das kleine, perfekte, hübsche Objekt der Lust, das von mächtigen Männern mit hohem Anspruch begehrt wurde.

Es war damals das einzige Element in meinem Leben, das ich als positiv bewerten konnte. Und ich hing daran, an diesem einzigen Faden, der mich davor bewahrte, in einem Ozean von Scham und Selbsthass zu ertrinken.

Nach vier Jahren im Netzwerk, ich war inzwischen 10, brachte ein neuer Kunde seinen 20-jährigen Sohn mit. Groß gewachsen, blond und mit blauen Augen. Er kam unverfroren auf mich zu. Ich lächelte und er nannte mich eine kleine Schlampe.

Seit der Orgie vor vier Jahren hatte ich nie wieder meine wahren Gefühle ausgedrückt, hatte ich nie wieder etwas gesagt. Doch jetzt war ich rasend vor Wut.

„Und du glaubst wirklich ich bin gerne hier?“ spottete ich.

Was dann folgte, war das intensivste Jahr meines Lebens, in dem ich mehr denn je geliebt, gesehen, verstanden und missbraucht wurde, alles von diesem jungen Mann. Ein Jahr später, als er mit mir fertig war, war ich für das Netzwerk nutzlos geworden und sollte umgebracht werden. Als meine Folter begann, war er dabei, sah zu und lachte.

Zum dritten Mal in meinem Leben füllte mein ganzer Körper sich mit einer fast übernatürlichen Kraft, mit kämpferischem Stolz. Auf meinem Unterarm wurden glühende Zigaretten ausgedrückt. Doch mein Körper schottete sich mit purem Trotz ab. Ich wurde zu dem Gedanken ‚Ich brauche dich nicht‘, und alles was ich sah, war die Energie hinter seinen blauen, betrübten Augen und die Liebe, trotz all dem Schmerz den er mir zugefügt hatte.

Ich wurde in einen kleinen Raum gebracht und auf einen Schlachtblock geschnürt. Der Mann, der mich zuvor gequält hatte, war einer der Beschuldigten im berüchtigten Dutroux Fall [(98)], von dem man damals in 1996 [(99)], als alles aufflog, glaubte, es würde den belgischen Pädophilen-Ring sprengen. Doch stattdessen wurde achtJahre später nur Marc Dutroux zu einer lebenslangen Haftstrafe verurteilt. [(100)]

In dieser Nacht, 1974, hätte ich auf dem Schlachtblock sterben sollen. Mein Leben wurde nur in allerletzter Sekunde gerettet.

Während ich weiter gequält wurde, diskutierte der junge Mann mit dem Politiker, der den Pädophilen-Ring leitete. Sie einigten sich auf einen Deal: der junge Mann würde für den Politiker arbeiten und das schändliche Business erweitern, dafür sollte ich leben dürfen. Diese eine Tat kostete den jungen Mann einige Jahre später das Leben. In diesem Milieu ist jede Nuance Menschlichkeit ein Todesurteil.

Doch damals wurde mein Leben erst mal verschont und man schärfte mir ein, für immer zu schweigen. Es hat mich 40 Jahre gekostet, bis ich zum ersten mal darüber sprechen konnte.

1988. Ich war 25 Jahre alt. Ich lief durch Downtown Los Angeles, in der Nähe der Skid Row, als mir ein dünner und doch unverkennbarer Geruch von menschlichem Kot in die Nase stieg - und mir schlagartig die grausame Erniedrigung in Erinnerung rief, die ich als Kind durchlebt hatte. Mein allererster Gedanke war: "Wenn das alles wahr ist, bringe ich mich um."

Die Erfahrung hatte mich zu sehr geprägt und meine Scham war zu groß. Ich war einfach noch nicht so weit und drängte die Erinnerung weit weg in mein Unterbewusstsein. Es würde noch viele weitere Jahre brauchen, viele weitere Stunden Therapie, bis ich endlich so weit war, meine Erinnerungen mit einer Person zu teilen.

Heute teile ich meine Erfahrungen zum ersten Mal mit der Öffentlichkeit, denn ich habe endlich einen Punkt in meinem Heilungsprozess erreicht, an dem ich endlich wieder Kraft habe, ähnlich wie damals in den wenigen Momenten, als ich für das Netzwerk arbeitete und mich auflehnte.

Ich bin davon überzeugt, dass die Welt mehr als bereit ist, sich ihrer dunklen Seite zu stellen. Wir müssen es, wenn wir als Spezies überleben wollen.

Alle Überlebenden von Inzest, sexuellem Missbrauch und Sexsklaverei besitzen die gleiche Kraft wie ich. Auch wenn ich heute noch unter PTSD (Posttraumatisches Belastungstrauma) leide, und mir auch heute noch schlagartig schlecht wird, wenn ich eine bestimmte groteske, außerirdische Musik höre, so bin ich mir doch dieser Trigger inzwischen bewusst und sie bestimmen nicht mehr meinen Alltag.

Es kostet so viel Kraft, zu überleben, nicht nur die physische Gewalt, sondern auch die psychische Leere nach der Misshandlung - und die Scham, die man tragen muss.

Allein so etwas wie das alltägliche Leben zu meistern, während man versucht, von dem Missbrauch in seiner Kindheit zu heilen, erfordert tausendmal mehr Kraft als die von jemandem, der ohne diese Last versucht, eine Karriere aufzubauen. Und unsere Gesellschaft schätzt die Karriereperson mehr als den Überlebenden.

Staats- und Regierungschefs, Machthungrige und korrupte Politiker, die Kinder missbrauchen, sind selbst Kinder, die niemals erwachsen wurden, getrieben zu Machthunger, um jedwedes Gefühl von Scham und Demütigung der Misshandlung zu entkommen, unbewusst auf der Suche nach Rache, indem der Missbrauch wiederaufbereitet wird. Ihnen fehlt der Mut, zu heilen.

Diejenigen von uns, die sexuellen Missbrauch, Inzest und Sexsklaverei erfahren haben, müssen lernen, unsere Überlebenskraft für unsere eigenen Zwecke zu ernten, sodass unser verletztes Ich heilen kann, und diese Kraft in Wege zu lenken, die uns in eine Zukunft führen, in der ehemalige Opfer dank Liebe, Verständnis und Mitgefühl für alle vergeben können.“ [101]

3.5 Der Vatikan, die britische Königsfamilie und der globale Pädophilenring lösten das Coronavirus aus

Der Illuminati-Insider Leo Zagami berichtete am 05. Februar 2020 [102]:

Ein Jesuitenpriester, der einst ein Berater von Mutter Teresa war, missbrauchte einen jungen Mann, den er als Kammerdiener für Kinder angeworben hatte, an verschiedenen Orten auf der ganzen Welt mehr als 1.000 Mal.

Wir stehen vor einem eindeutigen Machtmissbrauch durch die weltweite Elite, der sich auch auf viele andere Institutionen erstreckt, darunter die britische Monarchie, die das berüchtigte Verbrechen der Pädophilie im Vereinigten Königreich seit langer Zeit vertuscht.

Prinz Andrew bot „null Kooperation“ im Fall Epstein an, wie der zuständige Staatsanwalt Ende Januar 2020 mitteilte. Der britische Prinz hat gelogen, als er sagte, er würde amerikanischen Beamten bei der Untersuchung des möglichen Sexhandels durch Jeffrey Epsteins Mitarbeiter helfen.

Er hat alle Anfragen ignoriert, so wie es der Vatikan schon so lange tut. Fünf Frauen sagen, Prinz Andrew habe miterlebt, wie Epstein sie missbraucht hat.

Dem FBI wird nie Zugang zu einem britischen Prinzen gewährt (Anm. d. Autors: laut britischen Medien zufolge zahlte er 2022 rund 14 Millionen Euro, sowohl als „bedeutende Spende“ an eine von Virginia Giuffre gegründete Organisation zugunsten von Missbrauchsopfern als auch an die Klägerin selbst).

Pädophilen-Skandale tauchen Jahr für Jahr auf der ganzen Welt auf, während die Unternehmensmedien dazu neigen, dies zu minimieren. Strafverfolgungsbehörden behandeln die sexuelle Ausbeutung von Minderjährigen als ein wachsendes globales, systematisches Problem.

Die Spannungen zwischen den globalen pädophilen Ringen und der Elite, die diese Verbrechen vertuscht, nehmen zu und lösten das Coronavirus aus, das am Pirbright Institute (UK) entwickelt wurde und das elf US-Patente erhalten hat, darunter Coronavirus US-Patente.

Das Institut wird strategisch vom Forschungsrat für Biotechnologie und Biowissenschaften finanziert, der Teil des britischen Forschungs- und Innovationsrates (BBSRC UKRI) in der Nähe der britischen Krone ist, und wird auch von vielen anderen Organisationen finanziert, darunter der Bill & Melinda Gates Stiftung.

Januar 2020 war der Monat des Menschenhandels, und Präsident Donald Trump unterzeichnete einen Erlass zur Erweiterung seines Büros für Innenpolitik mit einer neuen Position, die sich auf die Bekämpfung des Menschenhandels konzentriert, doch linksgerichtete Organisationen tun sehr wenig, um das Problem des Menschenhandels zu bekämpfen. Der Vatikan und die weltweite Elite wollten Präsident Donald J. Trump anklagen, um die weltweite Aufmerksamkeit von ihren zahlreichen Skandalen abzulenken und die Kontrolle über die USA zurückzugewinnen, aber sie sind gescheitert.

In der Zwischenzeit berichtet die deutsche Zeitung „Die Tagespost“, dass Papst Benedikts Sekretär und Präfekt des Päpstlichen Hauses im Vatikan Georg Gänswein nach der Kontroverse um das Zölibatsbuch „From the Depths of Our Hearts“, zu dem auch Benedikt XVI. beigetragen hat, von Kardinal Robert Sarah beurlaubt wurde.

Sein Nachfolger wurde der uruguayische Priester Gonzalo Aemilius, der angeblich der Liebhaber von Papst Franziskus ist und die Position von Pater Georg

Gänswein eingenommen hat - Aemilius ist auch im pädophilen Netzwerk von großer Bedeutung.

Pater Gonzalo könnte seine Mission erfüllen, sobald er „jüngere“ Persönlichkeiten akzeptiert, die beim Heiligen Stuhl dienen, und Pater Georg wird als „gewesen“ angesehen, der Papst Franziskus und die Jesuiten zutiefst beleidigt hat, die wollten, dass Ratzinger auf unbestimmte Zeit in allen Fragen zum Schweigen gebracht, wegen der Umwandlung des katholischen Glaubens in die Eine-Welt-Religion Luzifers.

Das Coronavirus ist eine von Menschen gemachte britische Erfindung, die nicht nur die Öffentlichkeit dazu bringen soll, erzwungenen Impfungen durch die Regierung zuzustimmen, sondern auch das allgemeine Interesse an den großen Skandalen der pädophilen Netzwerke, wie denen von Prinz Andrew, Harvey Weinstein, Jeffrey Epstein, abzulenken...

3.6 Elon Musk: Nimm die rote Pille – Brief über seine mysteriöse Illuminati-Abstammung aufgetaucht

Im Film *Matrix* (1999) muss sich die Hauptfigur Neo, gespielt von Keanu Reeves, zwischen einer roten und einer blauen Pille entscheiden. Mit der roten Pille erfährt er die Wahrheit über die Matrix, und mit der blauen Pille kann er in sein altes Leben zurückkehren. Er entscheidet sich für Rot. Nun hat am 19. Mai 2020 der Tesla-Chef Elon Musk getwittert: „Nimm die rote Pille“, wobei unklar ist, worauf sich sein Tweet bezieht.

Abb. 112: Screenshot vom Tweet

Allerdings löste er damit zwei unterschiedliche Reaktionen aus. Während Ivanka Trump, die Tochter von US-Präsident Donald Trump twitterte, dass sie die rote Pille genommen habe, antwortete die *Matrix*-Regisseurin Lilly Wachowski, dass sich sowohl Musk auch als Trump zum Teufel scheren sollen.

Dass ausgerechnet Lilly Wachowski sich als Moralapostel bzw. Wächter der roten Pille als Zeichen des Aufwachprozess aufspielt, ist mehr als abartig. Hier ein Auszug aus dem Buch „Der Hollywood-Code: Kult, Satanismus und Symbolik: Wie Filme und Stars die Menschheit manipulieren“:

„Matrix ist ein amerikanisch-australischer Science-Fiction-Actionfilm, der unter der Regie und dem Drehbuch von Larry (jetzt Lana) und Andy Wachowski (jetzt Lilly – beide treten seit einigen Jahren ganz im Sinne der Transgender-Agenda der Eliten als Frauen auf), mit Keanu Reeves (Neo), Laurence Fishburne (Morpheus), Carrie-Anne Moss (Trinity) und Hugo Weaving (Agent Smith) gedreht wurde.

Er zeigt eine dystopische Zukunft, in der die Realität, wie sie von den meisten Menschen wahrgenommen wird, eine simulierte Welt ist, die als Matrix bezeichnet wird und von Maschinen erzeugt wird, um eine unbewusste menschliche Bevölkerung zu unterdrücken, während ihre Körperwärme und elektrische Aktivität als Energiequelle bzw. Batterien verwendet werden.

Die drei *Matrix*-Filme enthalten Elemente von Campbells Monomythos, Elemente des Esoterischen und des Okkulten sowie Konzepte von Gnostizismus und Mystizismus.“

Die mysteriöse Illuminati-Abstammung von Elon Musk

Der Betreiber des YouTube-Kanals „FaceLikeTheSun“ erhielt einen handgeschriebenen Brief von einer Frau, die sagte, sie sei eine Christin und habe vor vielen Jahren Kontakt zu Elon Musk und seiner Mutter Maye Musk gehabt.

Die Autorin des Briefes behauptete, Elon sei ein „Kind der Illuminati”, das gezüchtet wurde, um ein Weltführer zu sein, der das Malzeichen des Tieres präsentieren kann.

Während solche Ideen, insbesondere auf seinem Kanal, nicht völlig lächerlich oder unangebracht sind, hat es sich gelohnt, sich mit einigen der in dem Brief behaupteten Dinge auseinanderzusetzen.

Zu seiner Überraschung konnte er nachweisen, dass Joshua Haldeman, der Großvater von Elon Musk, in den 1930er Jahren tatsächlich Teil der kanadischen Technokratie-Bewegung war, bis er nach dem Verbot der Technokratie vor Gericht gestellt wurde.

Während viele andere nicht verhaftet wurden, hatte Elons Großvater „nicht so viel Glück". Aber es wurden alle Anklagen gegen ihn fallengelassen, was im Nachhinein alle Arten von Verdacht hervorruft.

Ende des Jahrzehnts zeugte er 1948 Maye und Kaye (Zwillinge), nachdem er seine zweite Frau geheiratet hatte (er hatte insgesamt fünf Kinder).

Er nahm dann seine Familie (einschließlich Maye) auf Expeditionen in die Kalahari-Wüste Südafrikas mit, um nach einer verlorenen Zivilisation zu suchen, die viele Revisionisten und alternative Historiker für einen Teil der antiken Stadt Atlantis erachten.

Im anderen Teil des handgeschriebenen Briefes wurde behauptet, Maye habe sich für afrikanische Hexerei interessiert, was plausibel ist, da sie (im Alter von zwei bis drei Jahren) nach Südafrika gezogen ist und dort viele Jahre ihrer Jugend gelebt hat.

Die Erwähnung von Mayes Verbindung zu Charles Manson und der kriminellen Manson-Familie in dem Brief konnte er mit seinen kurzen und begrenzten Nachforschungen nicht überprüfen.

Es ist jedoch interessant festzustellen, dass es bei Google, Bing, Startpage und anderen buchstäblich keine Ergebnisse gibt, die tatsächlich die Schlüsselbegriffe „Maye Musk" oder „Maye Haldeman" und „Charles Manson" enthalten.

Dies könnte entweder bedeuten, dass wirklich nichts existiert, oder es könnte eine gezielte „Beschönigung" von Informationen sein, die zum Thema online zu finden sind.

In dem Brief heißt es weiter, dass Kaye Haldeman Charles Manson nicht nur zu einem bestimmten Zeitpunkt im Gefängnis besuchte und sich bei der kriminellen Familie durch die Bereitstellung von Fernsehgeräten und anderem Luxus beliebt machte, sondern dass sie auch Elons Schwester Tosca irgendwann während ihrer Besuche gezeugt hatte. Diese Behauptungen können von ihm nicht verifiziert werden.

Eine Sache, die jedoch verifiziert werden kann, wenn jemand dazu in der Lage ist, ist die Behauptung, dass Maye tatsächlich auf einem Foto im Original Helter Skelter-Buch abgebildet ist.

Schließlich wurde im Brief behauptet, dass Elon „von der Dunkelheit angezogen" sei, und dass er sogar schwebte! Auch dies sind Behauptungen, die er nicht überprüfen kann.

Es fällt ihm schwer zu glauben, dass jemand tatsächlich schweben kann, aber vielleicht ist alles möglich, zumindest illusorisch, wenn er wirklich von dunklen geistigen Wesen unterstützt wird.

Malzeichen des Tieres oder nicht, wir können selbst erfahren, wie uns die Wahrheit frei machen wird. (103)

3.7 „Ordnung aus dem Chaos": Wie die Pläne der Elite in aller Öffentlichkeit vorhergesagt wurden – Warum mussten die Georgia Guidestones 2022 zerstört werden?

Die Kernphilosophie der okkulten Elite und ihre Pläne für die Menschheit sind in aller Öffentlichkeit verborgen. Von berühmten Sehenswürdigkeiten bis hin zu Blockbuster-Filmen, ohne die Musikindustrie zu vergessen, ist alles für diejenigen gedacht, die Augen haben, zu sehen. Im Mittelpunkt steht ein Motto: Ordnung aus dem Chaos.

Seit Ende 2008 analysiert „The Vigilant Citizen“ die Popkultur, um Muster von Botschaften und Symbolen hervorzuheben. Und seit den allerersten Artikeln, die auf dieser Website veröffentlicht wurden, taucht ein Hauptthema in der gesamten Popkultur immer wieder auf: Das „Willkommenheißen“ einer globalen Krise, die ein enormes Maß an Chaos und Tod verursacht und den Beginn einer neuen Ära ermöglicht.

Dieses Thema ist in der gesamten Popkultur zu finden, insbesondere in Produkten, die von der okkulten Elite finanziert und in Auftrag gegeben werden. Warum ist das so? Weil seit dem 19. Jahrhundert das offizielle Motto der okkulten Elite Ordo ab chao lautet, lateinisch für Ordnung aus dem Chaos.

Wie in allem anderen in der Freimaurerei hat das Motto „Ordnung aus dem Chaos“ mehrere Bedeutungen, die von nebulösen metaphysischen Taten bis hin zu konkretem Social Engineering reichen. Im weiteren Sinne ist dieses Motto das ultimative Rezept für einen drastischen Wandel in der Gesellschaft:

-Ein Ereignis verursacht Chaos und Panik.
-Eine Lösung taucht auf, die auch die Agenda der Elite vorantreibt.
-Die Gesellschaft verändert sich ohne Widerstand.

In der heutigen Zeit besteht das ultimative Ziel der Elite darin, eine globale Regierung zu schaffen, die die Ressourcen der Welt kontrolliert und gleichzeitig die Massen durch polizeiliche Taktiken unter Kontrolle hält. Die „Lösung“ der Krise ist ein großer Schritt in diese Richtung.

Deshalb heißen sie diese Momente des Chaos willkommen. Sie sind Chancen. Während die Massen leiden und geschwächt werden, gewinnt die Elite an Macht und Kontrolle. Und da Symbole die Welt regieren, wird „Ordnung aus dem Chaos“ in aller Öffentlichkeit durch Symbolik gefeiert.

Abb. 113: Dies ist ein Abzeichen, das den 33. Grad in der Freimaurerei darstellt (den höchsten erreichbaren Grad). Ganz oben steht das offizielle Motto des Grades: Ordo ab chao

Hier sind einige Beispiele in chronologischer Reihenfolge:

Georgia Guidestones

Seit ihrer Enthüllung im Jahr 1980 haben die rätselhaften Georgia Guidestones die Menschen mit ihren bedrohlichen Botschaften verblüfft. In der Tat waren auf riesigen Steintafeln die „zehn Gebote“ für eine neue Ära eingraviert. Und das erste besagte: „Haltet die Menschheit unter 500 Millionen.“ Um dies zu erfüllen, muss die derzeitige Weltbevölkerung um mindestens 90 Prozent reduziert werden.

Abb. 114: Eine Steintafel der Guidestones

Wie im Artikel „Sinister Sites – The Georgia Guidestones“ (104) erklärt wird, entsprach alles an diesem Denkmal der Agenda der okkulten Elite. Von einer Weltregierung bis zur Bevölkerungskontrolle war alles dabei. Hier sind die zehn „Gebote“:

Halte die Menschheit unter 500.000.000 in fortwährendem Gleichgewicht mit der Natur.

Lenke die Fortpflanzung weise – um Tauglichkeit und Vielfalt zu verbessern Vereine die Menschheit mit einer neuen, lebenden Sprache.

Beherrsche Leidenschaft – Glauben – Tradition und alles Sonstige mit gemäßigter Vernunft.

Schütze die Menschen und Nationen durch gerechte Gesetze und gerechte Gerichte.

Lass alle Nationen ihre eigenen Angelegenheiten selbst/intern regeln und internationale Streitfälle vor einem Weltgericht beilegen.

Vermeide belanglose Gesetze und unnütze Beamte.

Schaffe ein Gleichgewicht zwischen den persönlichen Rechten und den gesellschaftlichen/sozialen Pflichten.

Würdige Wahrheit – Schönheit – Liebe – im Streben nach Harmonie mit dem Unendlichen.

Sei kein Krebsgeschwür für diese Erde – lass der Natur Raum – lass der Natur Raum.

Diese aktuellen Krisen drängen uns zu diesen Geboten. Zum Beispiel ist eine eingeschlossene Welt (wie Pandemie- oder Klima-Lockdowns) eindeutig eine Übung, um „Persönlichkeitsrechte mit sozialen Pflichten in Einklang zu bringen". Außerdem lassen wir definitiv „Raum für die Natur".

Warum mussten die Georgia Guidestones 2022 zerstört werden?

Die Autoren des amerikanischen Stonehenge sind immer noch ein Geheimnis, außer für diejenigen, die Bescheid wissen. Die okkulte Geheimgesellschaft, die es errichtet hat, beschloss, dass 2022 das Jahr ist, um es zu Fall zu bringen.

Die aus vier massiven Granitplatten bestehenden Georgia Guidestones waren ca. sechs Meter hoch und bildeten ein mysteriöses Wahrzeichen in Elberton County in Georgia.

Oben auf der Struktur ist eine kürzere Nachricht in vier alten Sprachen eingraviert:

Babylonisch, Altgriechisch, Sanskrit und ägyptische Hieroglyphen.

Es ist wichtig anzumerken, dass diese letzten vier alten Sprachen in den Lehren okkulter Geheimgesellschaften wie der Freimaurer und der Rosenkreuzer von großer Bedeutung sind.

Aus diesem Grund galten die Guidestones als konkreter Beweis für das Interesse der Elite an einer massiven Entvölkerung. Kommt Ihnen das bekannt vor?

Wer in den letzten Jahren aufgepasst hat, wird bemerkt haben, dass die Elite auf dieses Thema fixiert ist. Bill Gates wurde dabei erwischt, wie er zugab, dass er hofft, dass Impfstoffe und Geburtenkontrolle die menschliche Bevölkerung reduzieren. (105)

Und Gates ist nicht allein. Das Weltwirtschaftsforum unter der Leitung von Klaus Schwab hat seine Pläne für die Menschheit deutlich gemacht.

Schwabs rechte Hand, Yuval Noah Harari, erklärte kürzlich, dass das WEF die große Mehrheit der menschlichen Bevölkerung für nutzlos und überaltert hält. Laut Harari haben die sogenannten „einfachen Leute" zu Recht Angst vor einer Zukunft, in der sie „überflüssig" werden. (106)

Solche Befürchtungen seien berechtigt, so Harari, der im Namen der Eliten sprach und bestätigte:

„Wir brauchen einfach nicht die große Mehrheit von euch."

Hararis Kommentare sind zutiefst beunruhigend, denn wenn sie in Zusammenhang mit Kommentaren anderer WEF-Berater wie Bill Gates und Jane Goodall gestellt werden, wird deutlich, dass die „Gebote" der Georgia Guidestones von einer globalen Elite befolgt werden.

Es ist fast so, als würden sie ein Manuskript direkt von den Granitplatten der Georgia Guidestones ablesen. Und wenn Sie sich fragen, wer die wenigen Glücklichen sein werden, welche die große Entvölkerung überleben, dann hat das WEF eine Antwort für Sie.

Überraschung, Überraschung:

Es ist die globale Elite, die das Massensterben dank dessen überleben wird, was Yuval Harari als technologische Arche Noah bezeichnet. Damit sind die Guidestones nun jüngere Geschichte.

Bevor wir erklären, warum sie zerstört wurden, lohnt es sich, die Zerstörung noch einmal zu betrachten. Im Laufe der Jahre zog das Wahrzeichen viel Aufmerksamkeit von denen auf sich, die es verehrten und auch von denen, die es gleichermaßen hassten.

Tatsächlich war das Denkmal Schauplatz seltsamer Rituale und Versammlungen heidnischer und okkulter Gruppen. Oft an Tagen mit astronomischer Bedeutung.

Es war auch das Ziel von Vandalismus, da satanische Symbole und Botschaften gegen die Neue Weltordnung bei zahlreichen Gelegenheiten auf die Struktur gesprüht wurden.

Dann, am 6. Juli 2022, gegen 4 Uhr morgens, wurde ein Sprengsatz von „Unbekannten“ gezündet. Die Explosion legte eine der Platten in Schutt und Asche und beschädigte den Deckenstein schwer. Nach der Detonation wurde ein Auto gefilmt, das die Szene verließ.

Das Georgia Bureau of Investigation sagte in einer Erklärung, dass es die Explosion zusammen mit dem Büro des Sheriffs von Elbert County untersucht.

Dann, wenige Stunden später, wurde das Bauwerk aus „Sicherheitsgründen“ komplett abgerissen. Während das echte Stonehenge nach 5.000 Jahren immer noch steht, hat Amerikas Stonehenge mit seinen Wegweisern für eine neue Weltordnung kaum 40 Jahre überdauert.

Wer hat den Bau der Guidestones angeordnet? Und wer hat den Befehl gegeben, es abzureißen? Und vor allem, warum?

Im Jahr 2013 sagte Wyatt Martin, der Mann, der bei der Vermittlung des Arrangements für das Denkmal half:

„Ich habe diesem Mann einen Eid geleistet, und den kann ich nicht brechen. Niemand wird es je erfahren“.

Abgesehen davon, gab es für die Eingeweihten nie ein „Geheimnis“ über die Hintergründe zu den Guidestones.

Das Pseudonym des mysteriösen Mannes, auf den sich Wyatt Martin bezog, war „R.C. Christian.“ Dies ist eine ziemlich offensichtliche Anspielung auf Christian Rosenkreuz, den legendären Gründer des Rosenkreuzer-Ordens.

Auch bekannt als der Orden vom Rosenkreuz (R.C.) eine Geheimgesellschaft, die die Rolle einer verborgenen Hand spielte und das Weltgeschehen über Jahrhunderte hinweg stark beeinflusste. Alles an diesem Denkmal wies direkt auf die okkulte Elite und die Geheimgesellschaften hin, die ihre Philosophie befeuern.

Obwohl das Denkmal verschwunden ist, sind es die dahinter stehenden Ideale der Neuen Weltordnung nicht. Diese Ideale bestehen seit Jahrhunderten.

Während die Massen einst völlig blind gegenüber der Agenda der globalen Elite waren, hat das Informationszeitalter ein Massenerwachen ausgelöst. Nun stoßen die Pläne der okkulten Elite auf zunehmenden Widerstand und Gegenwind. Dies bringt uns zu dem Grund, warum die Guidestones zerstört und ihre globalistische Botschaft ausgelöscht werden musste. In einem Zeitalter irreführender und verwirrender Propaganda waren die Guidestones einfach zu klar, zu prägnant und zu vernichtend.

Die wahren Absichten der globalistischen Elite einschließlich einer Weltregierung, Entvölkerung und Eugenik waren buchstäblich in Stein gemeißelt und für alle sichtbar. Aus diesem Grund wurden die Guidestones abgerissen. Die Elite will nicht länger, dass wir von ihren langfristigen Zielen für die Menschheit wissen.

Oder erkennen die Eliten gegebenenfalls, dass ihr Spiel mit Symbolen immer mehr durchschaut wird und sie deshalb zumindest teilweise neue wie auch immer geartete Wege einschlagen müssen? Denn ihre Symbolik dient bekanntermaßen nicht dazu, den Menschen das wahre Spiel vor Augen zu führen, sondern ihnen ihre Überlegenheit zu spüren zu geben, sie damit auch ein Stück weit zu hypnotisieren und sich selbst dabei gleichzeitig die Nähe zu einem luziferisch gearteten „Gott" unter Beweis zu stellen...

„Denver International Airport"-Wandbilder

Wie im Buch „DUMBs: Geheime Bunker, unterirdische Städte und Experimente: Was die Eliten verheimlichen" erläutert, sind im Flughafen von Denver eine Reihe seltsamer Dinge im Gange. Im Zentrum des Ganzen steht ein 4-teiliges Wandbild, das Tod und Chaos zeigt, gefolgt von der Schaffung einer neuen Welt.

Wenn man die Symbolik der Wandbilder analysiert, stellt man fest, dass sie eine schreckliche Geschichte über zukünftige Ereignisse erzählen, als wäre es eine Art Prophezeiung. Es gibt spezifische soziale und politische Referenzen und andere okkulte Details, die diese Bilder im Grunde genommen in ein Manifest der Neuen Weltordnung verwandeln. Auf das Risiko hin, dass es heute Nacht Albträume verursachen kann, hier ist eines der Wandgemälde:

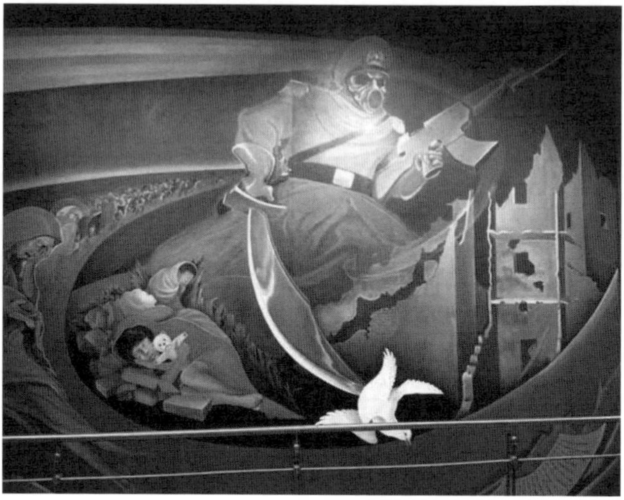

Abb. 115: Eine riesige militaristische Gestalt, die eine Gasmaske trägt, piekst einer Taube in den Hintern. Eine unendliche Reihe von Müttern weint, während sie tote Babys halten. Ist es das, was Sie sehen wollen, bevor Sie in ein Flugzeug steigen?

Aus irgendeinem Grund wirkt der Regenbogen oben auf diesem Wandbild immer äußerst beunruhigend. Dies gilt umso mehr im heutigen Kontext:

Abb. 116: Inmitten der Pandemie kam es zu einem globalen Trend, Fenster und öffentliche Plätze mit Regenbögen zu übersähen

Wir können an dieser Stelle nicht alle vier Wandbilder analysieren, aber es gibt ein Happy End:

Abb. 117: Nach Tod und Zerstörung: Wiedergeburt einer neuen Welt, die um eine Art leuchtende Pflanze vereint ist

Wieder einmal erzählt ein Kunstwerk in einem öffentlichen Bereich die Geschichte von Tod und Unterdrückung in einem enormen Ausmaß, gefolgt von der Wiedergeburt einer neuen Welt, die alle Nationen vereint.

Wandbilder der „Bank of America"

Die rätselhaften Wandbilder von Ben Long und anderen neun Künstlern entworfen und gemalt, die im Unternehmenszentrum der „Bank of America" in Charlotte (North Carolina) ausgestellt sind, drehen sich um dasselbe allgemeine Thema wie die obigen unheimlichen Orte.

Abb.: 118 Die drei Wandbilder, die im Hauptquartier der „Bank of America" ausgestellt sind

Wieder gibt es gibt es hier eine Fülle von Symbolen. Im Zentrum des Ganzen: Ordnung aus dem Chaos.

Das Wandbild auf der rechten Seite heißt „Planung/Wissen“ und ist voller okkulter und freimaurerischer Symbolik. Es sagt uns im Grunde, dass diejenigen, die die Welt „planen“, über okkultes „Wissen“ verfügen.

Das zentrale Wandbild heißt „Chaos/Kreativität“. Es zeigt eine Übergangsphase, die von Aufruhr und Unterdrückung geprägt ist. Es gibt zivile Unruhen, Militärs auf den Straßen, Stacheldraht überall. Da ist auch dieser Typ:

Inmitten des Chaos ist eine Person, die einen Schutzanzug trägt. Ähnlich wie beim Wandbild im Flughafen Denver scheint die Zeit des Chaos mit einer biologischen Bedrohung verbunden zu sein.

Sprung in die Jetztzeit. Das linke Motiv sehen wir überall in den Nachrichten 2020, als die P(l)andemie ausbrach und Massengräber ausgehoben wurden.

Das linke Wandbild schließlich heißt „Machen/Bauen“. Es zeigt hauptsächlich einen Arbeiter nach einer gut gemachten Arbeit. Ordnung aus dem Chaos. Abermals.

Der Film „2012“

Katastrophenfilme locken das Publikum mit großen visuellen Effekten an … um sie dann mit Nachrichten zu indoktrinieren. Der 2009 erschienene Film 2012 zeigte das Ende der Welt, wie es von den Maya oder wem auch immer vorhergesagt wurde.

Abgesehen von den spektakulären Szenen von der Zerstörung berühmter Denkmäler, vermittelte der Film eine einzige Botschaft: Nur die Elite würde diese Zeit des Chaos überleben.

Abb. 119: Der Slogan des Films: „Wir wurden gewarnt“. Das Bild auf dem Plakat: Das brasilianische Denkmal „Christus, der Erlöser“ fällt herunter. Symbolisch

Die Geschichte handelt weniger vom Ende der Welt als vielmehr von der Weltelite, die eine große Krise überlebt. In der Tat wusste die Elite im Film Jahre im Voraus, dass eine Katastrophe kommen würde, und sie verheimlichten es vor den Massen. Sie nutzten diese Zeit, um sich auf eine neue Ära vorzubereiten, während der Rest der Weltbevölkerung sterben musste.

Abb. 120: Die Olympischen Spiele wurden ausgesetzt. Nicht anders als bei den Olympischen Spielen 2020

In dem Film beauftragt die Elite China, riesige Schiffe zu bauen, die die „Auserwählten“ schützen, wenn die Welt ausgelöscht wird. Der Preis für eine Eintrittskarte für diese Schiffe: 1 Milliarde Euro pro Person.

Abb. 121: Die Königin von England steigt in China an Bord des Schiffes

Am Ende überlebten die Auserwählten die Katastrophe, während der Rest der Welt starb. Ihre Schiffe landeten in Afrika und die Elite gründete eine neue Zivilisation, die sie „Cape Hope“ nannten. Dies spiegelt sich in der heutigen Zeit wider:

Coronavirus: Chile's elite scolded for escaping by helicopter for Easter holiday amid outbreak

Abb. 122: Zeitungsartikel: „Coronavirus: Chiles Elite wurde gescholten, weil sie während des Ausbruchs mit dem Hubschrauber in die Osterferien geflohen war“

Während es in *2012* nicht um ein tödliches Virus geht, zeigt er symbolisch die Kernphilosophie der Elite: Ordnung aus dem Chaos.

Das „Economist“-Magazin

Seit Jahren jagt „The Economist“ Menschen mit seltsamen, rätselhaften Titelseiten, die düstere Vorhersagen über das kommende Jahr zu machen scheinen, Angst ein. Während einige vielleicht sagen, „wen interessiert das“, gibt es einen Grund, warum dieses Magazin ernst genommen werden sollte: Der Economist ist direkt mit der Weltelite verbunden - denen, die diese Vorhersagen Wirklichkeit werden lassen.

Normalerweise würde ich nicht einen Teil des Kapitels der Analyse der Titelseite einer Publikation widmen, aber dies ist nicht irgendeine Publikation. Es ist der „Economist" und er steht in direktem Zusammenhang mit der Weltelite. Er befindet sich teilweise im Besitz der englischen Bankiersfamilie Rothschild, und sein Chefredakteur John Micklethwait nahm mehrmals an der Bilderberg-Konferenz teil - dem geheimen Treffen, bei dem die mächtigsten Persönlichkeiten der Welt aus Politik, Finanzwirtschaft und Medien über globale Politik diskutieren. Das Ergebnis dieser Treffen ist völlig geheim. Man kann daher mit Sicherheit sagen, dass die Leute beim „Economist" Dinge wissen, die die meisten Leute nicht wissen.

Vor diesem Hintergrund, hier ist die Titelseite des Economist mit dem Titel „Die Welt im Jahre 2019":

Abb. 123: Die Titelseite des Economist mit dem Titel „Die Welt im Jahre 2019"

Wir können an dieser Stelle nicht alles analysieren, aber hier sind einige Details, die im heutigen Kontext relevant sind:

Abb. 124: Die vier apokalyptischen Reiter

Das Buch der Offenbarung beschreibt die Reiter als Vorboten des Jüngsten Gerichts. Das weiße Pferd soll Eroberung, Pestilenz und das Kommen des Antichristen symbolisieren; das rote Pferd repräsentiert den Krieg; das schwarze Pferd ist mit Hungersnot verbunden, und das blasse Pferd bringt den Tod. Im heutigen Kontext könnte man sagen, dass die aktuelle Krise gleichzeitig einige Formen der Eroberung, Pest, Hungersnot und des Todes mit sich brachte.

Hier ist ein weiteres seltsames Element auf dem Titelbild, das langsam einen Sinn ergibt:

Abb. 125: Unten links auf dem Titelbild befindet sich ein Schuppentier

Obwohl es verschiedene Theorien gibt, die sich mit den Ursprüngen des Virus befassen, taucht in den Massenmedien immer wieder eine bestimmte auf: Das Virus wurde von einem Schuppentier auf den Menschen übertragen.

Coronavirus: Revenge of the Pangolins?

China has banned the trade of wildlife, suspecting that exotic animals infected humans. What will that really do?

Abb. 126: Eine Überschrift aus der „New York Times“: „Rache der Schuppentiere“

Abb. 127: Eine Überschrift aus „The Conversation“: „Studie zeigt, dass Schuppentiere das neue Coronavirus möglicherweise von Fledermäusen auf Menschen übertragen haben

Das Titelbild enthält weitere Details, die heute aktueller sind denn je: Ein Storch, der ein Baby mit einem Barcode trägt und der „vitruvianische Mann“, der einen QR-Code hält (China), was dafür steht, dass die Benutzer jetzt einen QR-Code auf ihren Handys zeigen müssen, um sich weiterbewegen zu können.

Hier ist vor diesem Hintergrund die Ausgabe des „Economist“ vom März/April 2020:

Abb. 128: Die Hand der Elite hält die Massen „an der Leine" wie einen Hund. Das ist es, was sie wollen

Ordnung aus dem Chaos.

Analysten weisen darauf hin, dass die auf dem Titelbild des Magazins abgebildeten Führungskräfte die Politik im Jahr 2023 bestimmen werden.

Abb. 129: Titelcover „The Economist"

Auf schwarzem Hintergrund sind folgende Abbildungen dargestellt:

Der chinesische Staatschef Xi Jinping,

US-Präsident Joe Biden,

der russische Präsident Wladimir Putin,

Präsident der Ukraine Wolodymyr Selenskyj,

die neue Ministerpräsidentin von Italien, Giorgia Meloni,

Taiwans Präsidentin Tsai Ing-wen.

Porträts von Politikern haben in der freimaurerischen Tradition unterschiedliche Maßstäbe, was ihr unterschiedliches Gewicht in der Weltpolitik widerspiegelt.

Die Porträts von Xi und Putin sind am größten, Biden, aufgrund altersbedingt bestehender oder möglicher Beschwerden, etwas kleiner, gefolgt von den Führern von Taiwan, Selenskyj und Meloni, was ihre Abhängigkeit von den drei Machtzentren ausdrückt – die Vereinigten Staaten, China und Russland.

Es ist bezeichnend, dass Putin in der Mitte platziert ist und die anderen Führer sich in einem Kreis um ihn herum befinden.

Bedeutet dies, dass Russland im Zentrum der Weltpolitik bleibt und weiterhin eine entscheidende Rolle in den Weltprozessen spielen wird? Eine wichtige Rolle spielt, wohin die Politiker schauen.

Die Ansichten von Putin und Xi Jinping gehen in die gleiche Richtung, was bedeutet, dass die Führer der Russischen Föderation und Chinas Verbündete sind und in die gleiche Richtung denken. Demnach blicken Biden und Selenskyj in die entgegengesetzte Richtung – sie befinden sich auf der anderen Seite der russisch-chinesischen Flanke.

Es ist bezeichnend, dass der Führer von Taiwan in die gleiche Richtung blickt wie Xi – dies ist ein klarer Hinweis darauf, dass China und Taiwan versuchen werden, sich wie zwei Halbbrüder, auf Chinesisch „tongbao“, zu vereinen.

Doch Melonis direkter Blick deutet darauf hin, dass sie eine unabhängige Position der europäischen Rechten einnimmt, aber die auf den Blick von Biden gerichteten Hände, deuten darauf hin, dass sie auf der Seite der Vereinigten Staaten steht. Tatsächlich steht Meloni den Republikanern nahe und reiste sogar vor den Wahlen in die Staaten.

Schließlich spielen Farben eine wichtige Rolle bei der Interpretation von „The Economist"-Covern. Diesmal ist es sehr lakonisch: ein schwarzer Hintergrund mit roten Fenstern und Schwarz-Weiß-Porträts.

Schwarz verkörpert Nationalismus (daher die Namen „Schwarze Internationale", „Schwarze Hundert") – was bedeutet, dass jedes Land vor dem Hintergrund der Wirtschaftskrise zunächst seine nationalen Interessen zu wahren versucht und die Globalisierung zusammenbricht.

Rot ist die Farbe des kommunistischen Chinas und des Wappens der Familie Rothschild, dessen Name mit „roter Schild" übersetzt wird.

Das bedeutet, dass in allen auf dem Umschlag angegebenen Ländern (China, Taiwan, USA, Russland, Ukraine, Italien) die Bankendynastie eigene Interessen hat. Schwarz-Weiß-Porträts sind auch ein Zeichen für die nationale Orientierung der Führer.

Lassen Sie uns abschließend auf die Details achten, die in den roten Fenstern hinter den Porträts dargestellt sind.

Neben Xi fliegt eine Raumstation um die Erde.

Taiwan verkörpert Hightech-Schilder – einen Roboterarm und eine Drohne.

Biden ist vor Windtürmen und einem LNG-Tanker abgebildet.

Selenskyj denkt vor dem Hintergrund eines chemischen Elements eindeutig an Drogen und Luftverteidigungssysteme.

Die Figur von Meloni steht entweder auf Bakterien oder auf Pillen, aber beide drücken ihre ablehnende Haltung gegenüber einer Impfung gegen das Coronavirus aus.

Und nur Putin hat keine Symbole, was bedeutet, dass Putin für den Westen immer noch ein Rätsel ist. [107]

3.8 Die okkulte Bedeutung von Prinzessin Dianas Tod und ihrer Gedenkstätten

Warum nannte Elton John Lady Diana „Englands Rose"? Lag es daran, dass sie hübsch war oder weil die Rose eine tiefe okkulte Bedeutung hat?

Dieses Kapitel spürt den zahlreichen okkulten Symbolen nach, die bei den Gedenkstätten zum Andenken an Diana eingesetzt werden. Für Okkultisten war Diana nicht einfach nur eine Prinzessin, sondern sie repräsentiert die sakrale Weiblichkeit.

Lady Diana wurde oft von den Medien als die „Prinzessin des Volkes" betrachtet. Indem sie als liebevoll, fürsorglich und hübsch galt, besaß sie all die Merkmale, um zum Objekt der Vergötterung zu werden. Und das wurde sie auch.

Bilder von ihr, während sie sich um arme Kinder in Afrika kümmert oder sich gegen Landminen ausspricht, haben die Phantasie der ganzen Welt angeregt. „Time Magazine" sagte über sie:

„Diana war hübsch, auf die Art eines jugendlich frisch wirkenden englischen Mädchens in der freien Natur. Sie setzte ihre großen blauen Augen zu ihrem größtmöglichen Vorteil ein, brachte gleichermaßen die Herzen von Männern und Frauen durch einen Ausdruck kompletter Verletzlichkeit zum Schmelzen.

Dianas Augen beinhalteten, ebenso wie die von Marilyn Monroe, eine Ausstrahlung, die nicht einem bestimmten Individuum galt, sondern der Welt als Ganzes. Sie schienen ‚bitte verletzt mich nicht' sagen zu wollen. Sie sah oft aus, als ob sie den Tränen nahe sei, auf die Art wie volkstümliche Bilder der Jungfrau Maria."

Ähnlich wie die Jungfrau Maria hatte Diana (und hat immer noch) Heerscharen von Anhängern, die ihr hingebungsvolles Wesen und ihre mutterliche Ausstrahlung verehrten. In anderen Worten, sie scheint das beinahe den Menschen innewohnende Bedürfnis nach Verehrung einer weiblichen Gottheit und Lebensspenderin voller Mitgefühl erfüllt zu haben.

Die Medien waren ein entscheidender Faktor bei der Erschaffung dieser Ikone, indem sie jede Einzelheit ihrer Märchenhochzeit, ihrer zerrütteten Ehe, ihrer humanitären Aktivitäten und schließlich ihres verfrühten Todes dokumentierten.

Wurde Diana dazu auserwählt und aufgebaut, eine Art „Göttin der heutigen Zeit" zu werden, um letztendlich in Übereinstimmung mit alten heidnischen Riten geopfert zu werden?

Dies mag dem durchschnittlichen Leser des US-amerikanischen Boulevardmagazins „National Inquirer" absurd erscheinen, aber mitnichten dem Kenner okkulter Praktiken der Weltelite. Weiterhin wurden von dieser Gruppierung zahlreiche Hinweise und Symbole platziert, um auf subtile Weise des okkulten Charakters von Lady Dianas Tod zu gedenken.

Wir werden uns nicht den Einzelheiten bezüglich ihrer Ermordung widmen, denn es gibt Unmengen von Internetseiten und Büchern, die sich bereits damit auseinandersetzen. Wir werden uns stattdessen auf die Symbole konzentrieren, welche die Ereignisse ihres Todes und Gedenkens umgeben und die Handschrift der okkulten Elite tragen. Diese sind für jeden sichtbar, aber nur für diejenigen erkennbar, die „Augen zu sehen und Ohren zu hören" haben.

Diana wurde in den Rang einer Göttin erhoben, um zum Objekt eines rituellen Opfers zu werden. Diese Praxis wurde durch eine geheime Gruppierung illuminierter Personen sorgfältig geplant, die häufig als „Illuminati" bezeichnet werden.

Sie umfasst Weltenlenker wie die britische Monarchie und sie ist dafür bekannt, auf dem Gebiet finsterer okkulter Rituale äußerst bewandert zu sein. Wenn Sie sich damit schwer tun, dies zu glauben, erinnern Sie sich daran, dass die Nazis vor kaum mehr als 80 Jahren auf der Höhe der Macht waren, während sie überall das esoterische Symbol in Form des Hakenkreuzes zur Schau stellten, riesige okkulte Rituale organisierten und heidnische germanische Symbolik wiederbelebten.

Abb. 130: Die Göttin Diana mit der Mondsichel

In der römischen Mythologie war Diana die Göttin der Natur, des Gebärens und Jagens sowie die Beschützerin der Schwachen. Sie ist gleichbedeutend mit der griechischen Göttin Artemis und sie repräsentiert die sakrale Weiblichkeit, den weiblichen Aspekt der Gottheit. Prinzessin Diana verfügte über dieselben Attribute, indem sie eine Beschützerin der Umwelt war, sich bei ihren Missionen in Ländern der Dritten Welt um die Schwachen kümmerte und den künftigen Erben von Englands Thron auf die Welt brachte.

Eichenhaine galten für die Göttin Diana als besonders heilig. In römischer Zeit befanden sich Haine und Kultstätten immer in der Wildnis, außerhalb der Stadtgrenzen. Solche versteckten Tempel waren überall in ganz Europa zu finden. Um die Ähnlichkeit mit der Göttin gleichen Namens zu vergrößern, wurde Lady Diana in einem Hain in ihrer Heimatstadt beerdigt. Die Göttin Diana wird oft zusammen mit Rotwild und Tauben dargestellt.

Das weibliche Prinzip wird oft durch den Mond repräsentiert, indem die Mondgöttin dem Sonnengott gegenübergestellt wird. Die weibliche Energie wird üblicherweise mit dem Planeten Venus verknüpft, der symbolisch durch eine fünfblättrige Blume – die Rose – repräsentiert wird. Die Figur der Göttin taucht zweifelsohne in allen Religionen auf, selbst im Christentum als Jungfrau Maria.

Diese Symbole, welche die weibliche Gottheit repräsentieren, existieren seit prähistorischer Zeit und wurden durch heidnische Mysterien und mystische jüdisch-christliche Lehren bewahrt. Heutige Adepten des Okkulten erkennen und interpretieren diese Symbole mit Leichtigkeit. Wir werden später erklären, wie sie dazu benutzt wurden, um Lady Diana mit dem Konzept der sakralen Weiblichkeit zu verknüpfen.

Wie Sie vielleicht wissen, starb Prinzessin Diana bei einem „Unfall" einer Limousine innerhalb des Pont de l'Alma-Tunnels in Paris. Ihr Fahrzeug wurde angeblich von Paparazzi verfolgt, die den erstklassigen Chauffeur dazu veranlassten, aufgrund seines angetrunkenen Zustandes nach dem Konsum von Alkohol die Kontrolle zu verlieren.

Wir können tagelang über die Theorien streiten, die diese Ereignisse umgeben, aber das ist nicht der Sinn und Zweck dieses Artikels. Die Wahrheit liegt in den Symbolen, die absichtlich platziert wurden, damit sie die Eingeweihten erkennen. Eines von ihnen ist der eigentliche Schauplatz, an dem Diana ihr Leben verlor, der Pont de l'Alma Tunnel.

Die Stadt Paris wurde von den Merowingern erbaut, einer mittelalterlichen Dynastie, die Frankreich für zahlreiche Generationen beherrschte. Bevor sie zum Christentum übertraten, war die merowingische Religion eine mysteriöse Ausprägung des Heidentums.

„...die merowingischen Könige, von ihrem Gründer Merowech bis Chlodwig (der 496 zum Christentum übertrat), waren „heidnische Könige des Diana-Kultes". (108)

Der Pont de l'Alma-Tunnel war eine heilige Stätte, die der Mondgöttin Diana geweiht war, wo sie rituelle Opfer zu praktizieren pflegten. Während jeder der Zeremonien war es von äußerster Wichtigkeit, dass das dargebrachte Opfer innerhalb des unterirdischen Tempels starb. Die Ermordung Dianas war eine Nachstellung dieser alten heidnischen Tradition.

Kurz nachdem Diana getötet wurde, schrieb Rayelan Allan (eine seit Anfang der 1970er Jahre tätige Erforscherin esoterischer Geschichte, die auch mit Gunther Russbacher, einem Geheimagenten für CIA/ONI, verheiratet war) einen Artikel namens „Diana, Königin des Himmels".

Der Artikel wurde von zahlreichen Zeitungen in den ganzen Vereinigten Staaten und in Europa aufgegriffen. Mehrere Autoren, die Bücher über den Tod von Prinzessin Diana geschrieben haben, verwendeten Allans Artikel als Referenz. Jedoch verstand niemand vollständig die tiefere Bedeutung des Artikels.

Darum beschloss Allan, ihn zu einem Buch auszuweiten. Das Buch besagt, dass das Gebiet um Pont de l'Alma in vorchristlicher Zeit der Standort eines heidnischen Tempels der Göttin Diana sowie ein direktes Portal zum Himmel war.

Eingedenk dieses Sicherheitsnetzes wurde der Ort von den merowingischen Königen (500 v.Chr. bis 751) ausgewählt, um ihre Duelle auszutragen, wobei der Verlierer direkt ins Paradies kam.

„Pont" bedeutet Brücke (auf Französisch) und „Alma" bedeutet „Seele" (auf Spanisch), und für die Merowinger war der Ort eine Brücke über den „Fluss der Seelen". Daher bedeutet der Unfallort, an dem Prinzessin Diana getötet wurde: „Brücke der Seele".

Abb. 131: Die Gedenkfackel an der Pont de l'Alma

Wenn man sich ein wenig mit okkulter Symbolik auskennt, könnte bei einer auf einem schwarzen Pentagramm montierten Fackel das Radar Alarm schlagen. Die Fackel ist das ultimative Symbol der Illuminierten (Leuten, die das geheime Wissen der okkulten Ordnung erworben haben). Diese Fackel ist eine exakte Kopie derjenigen, die von der Freiheitsstatue gehalten wird und wurde dort 1989 als Geschenk aufgestellt.

Daher wurde sie ursprünglich nicht als Tribut an Prinzessin Diana aufgestellt, wurde jedoch mit der Zeit zur inoffiziellen Gedenkstätte. Die Fackel hat diesen Status wegen ihrer Lage erreicht, indem sie sich genau über dem Pont de l'Alma-Tunnel befindet. Nach Dianas Tod wurden dort zum Andenken mehrere Mitteilungen und Blumen abgelegt, wodurch die allgemeine Öffentlichkeit dazu angeregt wurde, dieses okkulte Wahrzeichen als Gedenkstätte zu übernehmen.

Manche sagen sogar, dass diese Fackel absichtlich dafür aufgestellt wurde, um den Ort der geplanten Ermordung anzuzeigen. Wie auch immer, das Symbol der Fackel oder ewigen Flamme wurde auch bei anderen prominenten Ermordungen aufgegriffen, wie z.B. beim Grabstein von John F. Kennedy.

Der im englischen London gelegene Park, der Prinzessin Diana gewidmet ist, beinhaltet einen oval geformten Brunnen und eine Kultstätte. Das bedeutendste Symbol ist jedoch auf dem Boden zu finden:

Abb. 131: Bodenplatte. Wir sehen hier Diana durch eine fünfblättrige Blume (Rose) repräsentiert, das klassische okkulte Symbol zur Darstellung weiblicher Energie

Dazu hat „Wikipedia" Folgendes zu sagen:

„Das Cinquefoil (aus dem Französischen für Fünf-Teil) ist eine fünfblättrige Rose, die in der christlichen Symbolik des Mittelalters zu finden ist. Die fünfblättrige Rose, die man für eine Repräsentation der Gebärmutter Marias hält, ist oft an der Spitze von gotischen Bögen, fischblasenförmigen Portalen und Fenstern zu finden.

Manche Historiker haben spekuliert, dass die Rose in der gotischen Architektur ein geheimes Symbol des weiblichen Prinzips ist, eines aus einer Vielzahl hermetischer Symbole, die in diesen Kirchen zu finden sind. Das Symbol selbst geht auf die Römerzeit zurück, wo es ‚Rose der Venus' genannt wurde.

Diese Rose mit ihrer charakteristischen fünfblättrigen Form imitierte die fünfeckige Bahn, die der Planet Venus am Nachthimmel beschreibt. Dies, in Verbindung mit der natürlichen Schönheit der Blume, machte sie zu einem naheliegenden Symbol der Göttin der Liebe."

Die fünfblättrige Blume, die Rose, der fünfzackige Stern, der Mond und Venus können alle das weibliche Prinzip repräsentieren, wenn wir okkulte Symbolik studieren. Das riesige Rosenfenster von Notre-Dame in Chartres oder in Paris repräsentiert die Jungfrau Maria („Notre Dame" bedeutet „Unsere Dame").

Das Symbol des Planeten Venus wird ebenfalls dazu benutzt, das weibliche Geschlecht zu repräsentieren. Der Mond wird auch mit dem weiblichen Prinzip assoziiert, weil er das Licht von der Sonne aufnimmt (Gefäß) und er hat eine Auswirkung auf die Gezeiten des Wassers (Feuchtigkeit=Weiblichkeit). Diese Assoziationen existieren seit Anbeginn der Zeit und wurzeln in uraltem Heidentum.

Es gibt ein offenkundiges Bestreben, Prinzessin Diana mit den Symbolen der weiblichen Gottheit durch die Symbole zu assoziieren, die bei ihrem Andenken verwendet werden. Die Rose wird bei vielen Fällen dazu benutzt, Diana zu repräsentieren:

Abb. 132: Gedenkmünze von „Royal Mint"

„14. Februar 2001 - PARIS, Frankreich (CNN) - Ein Garten zur Erinnerung an die britische Prinzessin Diana wurde offiziell in Paris eröffnet. Französische Regierungsbeamte sagen, dass die Blumenbeete – Frankreichs offizielle Gedenkstätte an die Prinzessin – schließlich erblühen und Kindern einen Ort anbieten werden, um etwas über Blumen, Pflanzen, Gemüse und Respekt vor der Umwelt zu lernen. Aber Kritiker haben das Projekt verspottet, das in einem Schulhof angelegt ist, indem sie es „1.000 Quadratmeter Lauch" nannten.

„Durch diesen Ort wollte ich einer Frau Tribut zollen, deren großzügiges Herz ihre tiefe Zuneigung zur Natur und zu menschlichen Beziehungen zu erkennen gab, besonders gegenüber Kindern", sagte der Bürgermeister von Paris, Jean Tiberi, als er den Garten am Mittwoch eröffnete.

Diana – die frühere Ehefrau des britischen Thronerben Prinz Charles – starb im August 1997 in Paris. Sie befand sich in einem Auto, das mit hoher Geschwindigkeit verunglückte, während es von Fotografen verfolgt wurde. Ihr Begleiter, Dodi Al-Fayed, und ihr Fahrer, Henri Paul, wurden ebenfalls getötet. Aber Dianas Name ist der einzige, der auf einer Plakette außerhalb des Gedenkgartens im zentral gelegenen Pariser Distrikt Marais aufgeführt wird.

Ein örtliches Ratsmitglied beklagte sich darüber, dass die Prinzessin eine größere Ehre verdient habe als ein „Gemüsebeet". Aber britische Regierungsbeamte haben sich auf enthusiastische Weise für den Ort ausgesprochen: „Es könnte keinen besseren Tribut für ihr Andenken geben als einen Garten, in dem kleine Kinder spielen und etwas über die Natur lernen können", sagte Michael Jay, der britische Botschafter in Frankreich."

Abb. 133: Gedenkmünze

Und so wird das Gedenken an Prinzessin Diana bis zum Abwinken mit der Rose in Verbindung gebracht, dem okkulten Symbol weiblicher Göttlichkeit. Vielleicht ist das der Grund, warum Elton John Lady Diana „Englands Rose" genannt hat. Für durchschnittliche Leute sind die Verknüpfungen unbedeutend, aber für Eingeweihte des Okkulten ist Symbolik alles.

Der ursprüngliche Plan war, dass Diana in der Familiengruft in der örtlichen Kirche in Great Brington beerdigt werden sollte, aber dies wurde von ihrem Bruder, Earl Spencer, geändert. Er sagte, dass er über die öffentliche Sicherheit besorgt sei und wollte, dass seine Schwester dort beerdigt wird, wo man sich anständig um ihr Grab kümmern könne und wo es unter Wahrung der Privatsphäre von ihren Söhnen besucht werden könne.

In Wirklichkeit wurde Diana in einem Hain beerdigt, um ihre Ähnlichkeit mit der Göttin Diana zu vertiefen. Das tatsächliche Gebiet für ihre Beerdigung liegt auf einer Insel in einem als „The Oval" bekannten ornamentalen See innerhalb des Lustgartens von Althorp Park (gibt es irgendeine Beziehung mit dem ovalförmigen Brunnen im Lady Diana-Gedenkpark?).

In der Nähe befindet sich ein altes Arboretum, zu dem Bäume gehören, die von Prinz William und Prinz Harry, anderen Mitgliedern der Familie und von der Prinzessin selbst angepflanzt wurden. Hier sind einige Fotos der Begräbnisstätte:

Abb. 134: Teich in Althorp

Abb. 135: Grabstein am Ufer

Beachten Sie die lodernde Fackel auf ihrem Grabstein. Die Begräbnisstätte Dianas zementiert ihre Verknüpfung mit der antiken Göttin Diana, die in abgeschiedenen Hainen außerhalb dicht besiedelter Gebiete verehrt wurde.

Abb. 135: Dies ist die erste Gedenkstätte, die dem unglücklichen Paar gewidmet wurde und in „Harrods" ausgestellt ist – einem riesigen in London gelegenen Kaufhaus

Das Kaufhaus befand sich im Besitz von Dodis Vater. Die Symbolik hier ist extrem esoterisch und bedeutungsvoll. Sie verdient sicherlich eine genauere Analyse.

„Die Yoni und der Phallus wurden von nahezu allen alten Völkern als angemessene Symbole von Gottes schöpferischer Kraft verehrt. Der Garten Eden, die Arche, das Tor des Tempels, der Schleier der Mysterien, die Fischblase oder ovale Heiligenschein sowie der Heilige Gral sind wichtige Symbole der Yoni; die Pyramide, der Obelisk, der Konus, die Kerze, der Turm, der keltische Monolith, die Turmspitze, der Glockenturm, der Maibaum und die Heilige Lanze sind Symbole des Phallus", so Manly P. Hall.

Zuerst sehen wir Bilder von Lady Diana und Dodi Al-Fayed in zwei ineinander verschlungenen Kreisen. Im Okkultismus ist der Name für die zwei ineinander verschlungenen Kreise „Fischblase" und sie repräsentiert die weibliche Energie. John Yarker interpretiert dieses alte Symbol in seinem Buch „The Arcane Schools":

„Die Fischblase, zwei ineinander verschlungenen Kreise, ist auch bekannt als ‚die Yoni‘. Der Name „Yoni“ verweist auf den mittleren Teil der ineinander verschlungenen Kreise und wird aus dem Sanskrit abgeleitet, mit der Bedeutung ‚göttliche Passage‘. Da die Yoni weiblich ist, sollte sie auf eine Weise betrachtet werden, dass die göttliche Passage einen Zusammenhang mit dem Geschlechtsverkehr oder der männlich/weiblichen Vereinigung eingeht. Es ist dieser Zusammenhang und seine Beziehung mit der Wiedergeburt und Regeneration, der eine grundlegende Wahrheit im Kern okkulter struktureller Grundlagen bleibt.“

Die spitze Eiform ist ein universelles Symbol der göttlichen Weiblichkeit und in diesem Kontext ist die Fischblase die Vulva der Göttin, umgeben von den Mondsicheln des zunehmenden und abnehmenden Mondes. Dies ist noch ein weiteres kraftvolles Symbol, das Prinzessin Diana mit dem Prinzip der weiblichen Gottheit verknüpft. Die Fischblase wurde von alten Heiden benutzt, um die Göttin Venus zu repräsentieren und ist in Kirchen zu finden.

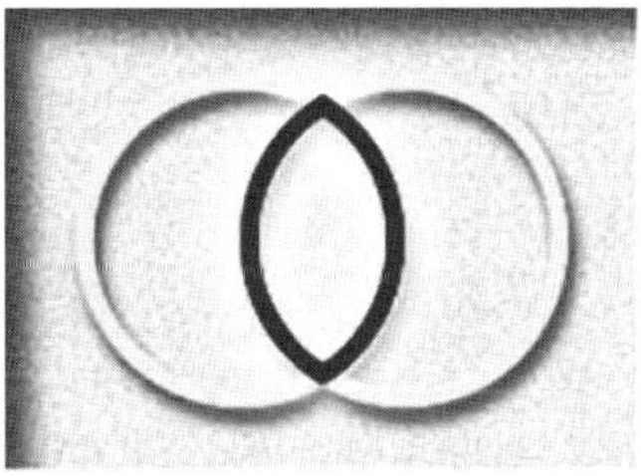

Abb. 136: Symbolik für Vulva

Unter den Bildern finden wir eine Pyramide mit einem Schlussstein, der von zwei Kerzen (Säulen) flankiert wird. Sehen Sie genau in die Pyramide hinein:

Abb. 137: Überall Symbolik. Wer hebt schon ein Glas mit Lippenstift auf?

Sie beinhaltet das Weinglas – das immer noch Spuren von Lippenstift aufweist – und von Diana bei ihrem letzten Abendmahl benutzt wurde. Das Symbol der leeren Vase innerhalb einer Pyramide ist ein weiteres kraftvolles Bild, indem es die Vereinigung des männlichen und weiblichen Prinzips repräsentiert. Das Weinglas trägt die gleiche Bedeutung wie der Heilige Gral: die sakrale Weiblichkeit.

Welches weiblichere Symbol gibt es als das Bild des Gefäßes, die heilige Gebärmutter der Mutter? In patriarchalen Zeiten sprechen die Gralslegenden die tiefsten Schichten unserer Seele an, in einer archetypischen Suche nach den weiblichen Aspekten der Göttlichkeit.

In einer abstrakteren Symbolik repräsentiert ein aufwärts zeigendes Dreieck den Phallus und die Männlichkeit, während ein nach unten zeigendes Dreieck die Vagina, die Gebärmutter, das Gefäß und Weiblichkeit repräsentiert. Darum haben wir bei dieser Gedenkstätte ein weibliches Symbol innerhalb eines phallischen Symbols.

Die Göttin Diana verbindet sich mit der Männlichkeit – Dodi. Diese Vereinigung wird weiterhin durch den unter dem Weinglas platzierten Verlobungsring repräsentiert (den sie in der Nacht vor ihrem Tod von Dodi bekommen hatte).

Diese Bronzestatue ist sehr seltsam. Wenn die offizielle Todesursache von Diana und Dodi ein Autounfall ist, warum spricht sie dann von „unschuldigen Opfern"? Wovon sind sie Opfer geworden? Von Fahren unter Alkoholeinfluss?

Abb. 138: Gedenkstatue bei Harrods

Oder ist damit etwa gemeint, dass sie Opfer eines abartigen okkulten Rituals geworden sind? Das ist wahrscheinlicher. Achten Sie darauf, dass sich unterhalb von Dodis Fuß ein toter Vogel befindet. Was repräsentiert er?

Was ist der Sinn und Zweck davon, Diana durch mystische Symbolik in den Rang einer Göttin zu erheben? Zahlreiche Theorien besagen, dass einer von Dianas Söhnen schließlich der viel prophezeite Antichrist werden wird.

Machen wir Diana zur Jungfrau Maria des Antichristen? Ist die Ermordung Dianas, der „Mondgöttin“, die Antwort auf John F. Kennedy, den Tod des „Sonnengottes“? War sie aufgrund des königlichen Status ihrer familiären Abstammung Teil eines blutigen Rituals? Ist die Königin von England eigentlich ein Reptilienwesen, die ihre Gestalt in eine 1,80 Meter große Echse verwandeln kann?

Sie können nach einer dieser Theorien googeln und mehr Aufsätze darüber finden als Sie überhaupt lesen können. Ich kann keine davon beweisen, daher werde ich darauf keine definitive Antwort geben. Aber eines ist sicher: Symbole lügen nicht. [109]

3.9 Prinz Harry & Meghan Markle: Die dunklen Geheimnisse hinter ihrer angeblichen „Märchenhochzeit“

Die „königliche Hochzeit“ zwischen Prinz Harry und Meghan Markle am 19. Mai 2018 war erwartungsgemäß das beherrschende Thema in den etablierten Medien.

Wieder einmal wurde das Bild einer romantischen Märchenhochzeit und einer heilen Welt vermittelt, auf die wir hierzulande aufgrund der Abschaffung der Monarchie „leider“ verzichten müssen, weshalb wir angeblich voller Neid nach Großbritannien blicken müssen.

Aber wie viele von uns ahnen, ist nichts so wie es scheint, und erst recht ist nicht alles Gold, was glänzt. Und das gilt ganz besonders für das britische Königshaus und auch Prinz Harry.

So halt sich beispielsweise seit Bekanntwerden der Affäre seiner Mutter Diana mit ihrem Reitlehrer James Hewitt aller Dementis zum Trotz [110] hartnäckig das Gerücht, dass er sein leiblicher Vater ist, und nicht der Thronfolger Prinz Charles.

Abb. 139: Welch frappierende Ähnlichkeit

Dabei ist James Hewitt aufgrund der zahlreichen Affären seiner Mutter Diana noch nicht einmal der einzige Kandidat für eine außereheliche Vaterschaft von Prinz Harry, denn da wäre zum Beispiel noch der walisische Gardeoffizier Mark Dyer. (111)

Abb. 140: Prinz Harry (l.) und Mark Dyer (r.)

Andererseits lässt sich der ständig vermittelte Eindruck, die Hochzeiten des britischen Königshauses der letzten Jahre seien romantische Liebesheiraten zwischen „Royals“ und einfachen „Bürgerlichen“ gewesen, [112] wiederholt als Mythos entlarven, indem auch Prinz Harry und dessen Frau Meghan miteinander verwandt sind. [113]

Bereits hierdurch bekommt die perfekte Fassade dieser angeblichen „Märchenhochzeit“ unschöne Risse, dabei überspielt sie noch wesentlich düsterere Absichten und Geheimnisse.

Dr. Rodney Shakespeare (britischer Professor für Wirtschaftswissenschaften und Politologe): „Die königliche Hochzeit ist eine monströse Lüge“

„Eine königliche Hochzeit ist Teil des Systems, mit dem die Elite sicherstellt, dass die Bevölkerung nichts von der Realität mitbekommt. Wie in einem Märchen werden wir mit Wahrheiten gefüttert, auf eine solche Art, dass die furchtbare Realität nie thematisiert wird.

Beispielsweise erzählt uns die Elite eine monströse Lüge, und jeder glaubt, dass sie einen Funken Wahrheit enthalten muss, da ja nicht alles gelogen sein kann. Zum Beispiel der angebliche Giftgasangriff in Syrien 2017, der zu einem militärischen Angriff auf Syrien geführt hat. Der gleiche angebliche Giftgasangriff 2018 in Syrien, der zu einem militärischen Angriff auf Syrien geführt hat.

Und natürlich die Skripal-Affäre, bei der die britische Regierung lügt, bis sich die Balken biegen. Die Regierung stellt also sicher, dass die Menschen in einer Illusion und Täuschung leben, und denken, dass alles in Ordnung ist und dass alle wie im Märchen glücklich bis ans Ende ihrer Tage leben.

Und das ist es, was sich hinter der Propagandamaschinerie einer königlichen Hochzeit verbirgt. Es wird ein Nebel der übersteigerten Sentimentalität unter die Menschen geblasen. Und dann kann die Bevölkerung nach Hause gehen und denken, dass auf der Welt alles in Ordnung ist.

Aber in Wirklichkeit verrät die Regierung die Interessen der Masse der Bevölkerung und verrät auch alle anderen. Ich möchte noch die iranische Atomsituation kommentieren. Man kann davon ausgehen, dass die US-Regierung ihr bestes gibt, um das Abkommen zu verraten, aber gleichzeitig sagt, dass sie ihr bestes für die Menschen gibt. Aber dem ist nicht so.

Eine königliche Hochzeit ist Teil der Propagandamaschinerie und Teil der Täuschung am britischen Volk. Ein anderes Beispiel: Es wird uns auch erzählt, dass wir auf der Welt die Demokratie aufrechterhalten, aber das tun wir natürlich nicht, wir versuchen sie zu zerstören.

Da habt ihr es also. Ich mag keine königlichen Hochzeiten, ich mag die Menschen nicht, die dahinterstecken und alle in den Irrglauben führen, dass alles auf der Welt in Ordnung ist, dass man der Regierung trauen kann."

Okkulte Numerologie und rituelle Tribute

Meghan Markle heiratet Harry von Windsor (früher bekannt als das deutsche Haus von Sachsen-Coburg und Gotha, bevor sie sich vor den Weltkriegen zu einer Umbenennung gezwungen sahen) am 19. Mai 2018 - ein Datum, das perfekt zu vielen großen königlichen Ereignissen passt, wie wir zutreffenderweise annehmen.

Der 19. Mai ist übrigens der 482. Jahrestag der Enthauptung von Anne Boleyn, der zweiten Frau Heinrichs VIII., der im folgenden Jahr einen Mann namens (114) John Hussey enthauptete. John Hussey war Chief Butler von England und der direkte Vorfahre seiner Mary Hussey Smith (1823-1908), die die Ur-Ur-Urgroßmutter von Meghan Markle war.

Und Anne Boleyn war die Mutter von Elizabeth I. Boleyn wurde rituell in einer öffentlichen Hinrichtung geopfert - eine erstaunliche Zeitspanne von 162.600 Tagen vor der Geburt von Meghan Markle, sechs Tage nach der Hochzeit von Diana und Charles. Was die Angelegenheit noch verrückter macht: Markle war 16 Jahre und 26 Tage alt am Tag vor dem rituellen Opfer von Prinzessin Diana = 262. Ihr letzter Tag in perfekter königlicher Harmonie. 1-626 Codierung. Definitiv einer der überwältigendsten Funde aller Zeiten.

Von und einschließlich Freitag, dem 19. Mai 1536 (Julianischer Kalender in den Vereinigten Staaten). Bis, aber nicht einschließlich, Dienstag, den 4. August 1981 (Gregoriansicher Kalender). Ergebnis: 162.600 Tage. Es sind 162.600 Tage vom Anfangs- bis zum Enddatum, aber nicht einschließlich ... oder 445 Jahre, 2 Monate und 16 Tage ausschließlich des Enddatums.

Von und einschließlich Dienstag, 4. August 1981. Bis, aber nicht einschließlich, Samstag 30. August 1997. Ergebnis: 5870 Tage. Es sind 5870 vom Anfangs- bis zum Enddatum, aber nicht einschließlich ... Oder 16 Jahre und 26 Tage ausschließlich des Enddatums.

Prinz Harry und Megan Markle = 126. Die königliche Hochzeit am 19.05.18 [englische Schreibweise: 5/19/18], ein numerisch kodiertes Datum (5 + 1 + 9 + 2 + 1 + 8) = 26 und (5 + 19 + 20 + 18) = 62. Das Vereinigte Königreich = 621. Ihre Hochzeit ist auch genau 62 Jahre und einen Monat nach der Hochzeit von Grace Kelly, ein weiteres Beispiel für die Heirat einer amerikanischen Schauspielerin mit einer königlichen Familie, die dann rituell geopfert wurde.

Windsor Markle = 162. Prinz Harry = 162 & Meghan wurden im Abstand von 162 Wochen geboren. Nun, bevor wir weitermachen, eine Auffrischung der Gründe, warum diese Codierung von Bedeutung ist. Das britische Imperium = 262. Die Prinzessin des Volkes = 262. Die Königin des Vereinigten Königreichs = 262. Das britische Empire = 262. Das Königreich Englands = 262. Das internationale Bankwesen = 262. Die herrschende Elite = 262.

Der britische Commonwealth = 260. Das britische Imperium = 126. Die königliche Familie = 126. Die Windsors = 1126/206. Das Haus von Windsor = 206. Das Haus Sachsen-Coburg und Gotha = 260. Opfer = 206. Ritualopfer = 206. Prinzessin Grace Kelly starb, als Königin Elisabeth II. genau 20.600 Tage alt war. Großbritannien = 26. Britischer Adel = 62. UK = 26/62. Royal = 26/62. Krone = 26/62. Elisabeth II. wurde im Jahre '26 geboren, übernahm den Thron am 2/6, wurde am 6/2 gekrönt und heiratete, als sie 1126 Wochen und 2 Tage alt war.

Der 19. Mai ist auch der 274. Geburtstag von Königin Charlotte, die genau 208 Jahre nach Anne Boleyns Tod geboren wurde. Charlotte wurde durch die Heirat mit König Georg III. im Jahre 1761 die Königin von Großbritannien und Irland, von ihrer Hochzeit 1761 bis zur Vereinigung der beiden Königreiche im Jahr 1801, wonach sie bis zu ihrem Tod 1818 Königin des Vereinigten Königreichs von Großbritannien und Irland war.

Abb. 141: Katharina von Aragon

Beachten Sie diese Daten. Markle wurde '81 geboren, und diese Hochzeit im Jahre '18 passiert genau 1081 Wochen nach dem Tod von Prinzessin Diana. Markle wurde auch 181.018 Tage nach der Geburt von Katharina von Aragon = 81 geboren (die sich augenblicklich verbinden wird). Wir haben auch den 1.8.18 als neues Zieldatum identifiziert, auf das wir uns mit einem zukünftigen Beitrag konzentrieren werden.

Prinzessin Charlotte, die Tochter von William & Kate, war bei der königlichen Hochzeit 1113 Tage alt. Windsor = 113. Prinzessin Diana wurde nach Lady Diana Spencer, der Herzogin von Bedford, benannt, die am 31. Juli 1710 geboren wurde - oder einer Zeitspanne von 3011 Monaten und 1 Tag vor der Diana, die wir kennen. Wir sehen auch, dass Prinz Harry am Tag der Hochzeit 12.300 Tage alt ist (genau 1757 Wochen). Haus Sachsen-Coburg & Gotha = 123. Die Royals = 123.

Abb. 142: Überraschung: Prinz William und seine Frau Kate Middleton sind miteinander verwandt. Laut „dailymail.co.uk" sind die beiden Cousin und Cousine zwölften Grades. Das belegt auch eine Ahnentafel. Der Mann, den sowohl Kate als auch William in ihrer Ahnenreihe aufweisen können, ist Sir Thomas Leighton, ein früherer Diplomat, Soldat und Gouverneur der britischen Kanalinsel Guernsey, der vor knapp 400 Jahren lebte

Meghan = 46. Markle = 146. Meghan Markle = 146. Anne Boleyn = 46 starb 140 Wochen und 6 Tage nach der Geburt ihrer Tochter Elisabeth I. Königin Charlotte = 164 starb 10.409 Wochen vor der kürzlichen königlichen Hochzeit = 149/1460. Prinzessin Diana = 46. Harry + Meghan = 64. Prinz Harry = 64. Royals = 641 (JG).

Und dieses ist interessant: Harry und Meghan heiraten genau 967 Jahre nach dem Tag der königlichen Hochzeit von Heinrich I. von Frankreich und Anne von Kiew. 967 Jahre entsprechen genau 11.604 Monaten. Königin Charlotte wurde 100.064 Tage vor dem 18.5.18, dem Tag vor der Hochzeit, geboren.

Wie sich herausstellt, starb Heinrich I. am 4. August 1060, oder genau 921 Jahre (11.052 Monate) vor Markles Geburt (genau 20 Jahre nach Obamas). Der 19. Mai ist auch der Geburtstag von Malcolm X und Pol Pot, dic 1925 geboren wurden, und damit genau 35 Jahre nach Ho Chi Minh.

Und genau 519 Jahre vor diesem 5/19 gab es noch eine weitere königliche Hochzeit, zwischen Katharina von Aragon = 646 und Arthur Tudor = 461/164, dem Anwärter des englischen Throns.

Arthur starb fünf Monate nach der Hochzeit und Katharina heiratete seinen Bruder, König Heinrich VIII. = 646 - den König, der später seine zweite Frau Anne Boleyn köpfen sollte.

Diana war am Tag vor ihrer Hochzeit 20 Jahre und 27 Tage alt, und der Tag nach Harrys & Meghans Hochzeit ist 7 Jahre und 22 Tage nach William & Kates Hochzeit.

Noch Fragen? (115)

3.10 Von Simulationskuppeln, Donald Trump und dem Anti-Christen: Queen Elizabeth II. starb am 08.09.2022 - einem besonderen Datum

Elizabeth II. stand 70 Jahre an der Spitze des britischen Königshauses. Nun ist die Queen am 8. September 2022 im Alter von 96 Jahren verstorben. Ihr Tod brachte nicht nur das öffentliche Leben im Vereinigten Königreich zum Erliegen, sondern hat auch Folgen für die britische Wirtschaft.

Mit dem Tod von Queen Elizabeth II. am 8. September 2022 ist die Krone automatisch auf ihren Sohn Charles, den bisherigen Prince of Wales, übergegangen. Doch nicht nur das hat sich geändert. Der Tod der Queen wird das Leben im gesamten Vereinigten Königreich beeinflussen: Tausende Menschen dürften in den kommenden Tagen zum Buckingham Palast pilgern, um dort Blumen niederzulegen und ihre Anteilnahme auszudrücken. Und auch an der britischen Wirtschaft geht der Tod der Queen nicht spurlos vorbei.

Da der letzte Monarch vor mehr als 60 Jahren, nämlich im Jahr 1952 starb, lassen sich die volkswirtschaftlichen Kosten nicht ganz genau beziffern. Fakt ist aber: Der Tag des Staatsbegräbnisses, das laut offiziellem Protokoll zwölf Tage nach dem Tod der Queen stattfindet, wird ein gesetzlicher Feiertag. Alle Firmen im Vereinigten Königreich werden an diesem Tag schließen, einige allerdings auch schon früher. Das Gleiche gilt für den Tag der offiziellen Krönung des neuen Monarchen. Diese wird allerdings erst in einigen Monaten stattfinden.

Auch wer an diesen Tagen an der Börse in London handeln möchte, hat das Nachsehen. Denn auch die London Stock Exchange bleibt am Tag der Beisetzung und später am Tag der Krönung geschlossen. Gleiches gilt auch für die britischen Banken. Während überall sonst auf der Welt also gehandelt wird, steht die Börsen- und Wirtschaftswelt im Vereinigten Königreich an diesen Tagen also praktisch still.

Laut „Business Insider“ werden diese freien Tage die britische Wirtschaft Milliarden kosten: Das US-Magazin schätzt den Schaden für das BIP auf 1,2 bis 6 Milliarden Britische Pfund. Der Verlust könnte aber tatsächlich noch höher ausfallen. Denn auch schon bei der Hochzeit von Prinz William und Kate Middleton - bei der es nur einen nationalen Feiertag gab - berechnete ein britischer Wirtschaftsverband laut „Süddeutscher Zeitung“ einen volkswirtschaftlichen Verlust von sechs Milliarden Pfund bedingt durch Firmenschließungen und Produktionsausfälle. Bei zwei freien Tagen dürfte der finanzielle Schaden entsprechend höher liegen. Das Geld, das Touristen ins Land bringen, die extra wegen den Trauerfeierlichkeiten oder der Krönung anreisen, wird diesen Betrag wohl kaum ausgleichen können.

Doch das Vereinigte Königreich verliert durch den Tod der Queen nicht nur Geld - es bekommt auch völlig neues. Natürlich ist aber auch das wieder mit Kosten verbunden. Denn mit dem Tod von Queen Elizabeth II. müssen alle Münzen und Scheine der britischen Währung angepasst werden. Sie zeigen auf der Vorderseite ein Portrait des herrschenden Monarchen - und das ist ab sofort nicht mehr Elizabeth, sondern Charles.

Bis alle Münzen und Banknoten, die sich aktuell im Umlauf befinden, ausgetauscht sind, wird es jedoch mehrere Jahre dauern. Bank of England und Royal Mint werden dabei allerdings voraussichtlich nicht schneller vorgehen als sonst, wenn sie alte Scheine und Münzen aus dem Verkehr ziehen. Bei der Münzprägeanstalt Royal Mint muss beispielsweise zunächst ein neuer Prägestempel angefertigt werden. Erst wenn dieser fertig ist, können die Münzen mit Charles' Porträt geprägt werden. Bis dahin wird weiterhin der alte Stempel benutzt, der das Bild von Queen Elizabeth II. zeigt.

Der Übergang dürfte problemlos verlaufen, da beide Institutionen auf diesem Gebiet Erfahrung haben: Die Royal Mint hat das Kopfbild der Queen auf den Münzen bereits viermal aktualisiert, um es ihrem Alter anzupassen und auch die Bank of England bringt regelmäßig neue Serien der Banknoten heraus, bei denen sich jeweils die Abbildung auf der Rückseite ändert.

Dennoch ist es natürlich nicht billig, alle Scheine und Münzen des Britischen Pfunds auszutauschen. Laut Royal Mint gibt es keine Schätzungen für die Gesamtkosten, die anfallen, wenn ein neuer Monarch auf den Thron kommt und die Prägeanstalt verrät auch nicht, wie viel es im Normalfall kostet, neue Münzen herzustellen. Meist ist es jedoch so, dass der Materialwert der Münzen zwar unter ihrem Nominalwert liegt, die Herstellungskosten diesen je nach Münzart aber übersteigen können.

Die Bank of England gibt etwas mehr preis und schreibt in ihrem Jahresbericht für das Geschäftsjahr 2015/2016, dass die Kosten für die Produktion der Banknoten in diesem Zeitraum 43 Millionen Britische Pfund betragen hätten. Mit dem

Tod der Queen dürfte dieser Betrag jedoch steigen, da nach und nach sämtliche Banknoten neu gestaltet und produziert werden müssen.

Ohne Queen Elizabeth II. könnte auch das Commonwealth, das aktuell aus 52 Mitgliedsstaaten besteht, endgültig auseinanderbrechen. Zwar ist Charles jetzt automatisch das Staatsoberhaupt in den 16 Ländern des Staatenbundes, bei denen zuvor die Queen an der Spitze stand, jedoch denken einige dieser Staaten schon länger darüber nach, ihre Verbindungen zum Vereinigten Königreich zu lösen. Der Tod der Queen könnte nun den entscheidenden Ausschlag geben.

Wirtschaftlich wird das allerdings keine großen Auswirkungen haben, da das Commonwealth die Mitgliedstaaten nur lose durch ihre gemeinsame Treue zur Krone verbindet. Das britische Königshaus erhält aber keine Steuern oder sonstige Abgaben von ihnen, und auch beim Handel gibt es keine Sonderstellungen.

Allerdings sprechen die Mitgliedsstaaten bisher alle zwei Jahre über wichtige politische und wirtschaftliche Fragen und einigen sich gegebenenfalls auf ein gemeinsames Vorgehen. Sollte das Commonwealth nun also wirklich auseinanderbrechen, könnte die internationale Wirtschaftspolitik in Zukunft etwas komplizierter werden. [(116)]

Queen Elizabeth II. starb am 08.09.2022 - einem besonderen Datum

Der niederländische Blogger Martin Vrijland schreibt: Über Tote kann man nur Gutes sagen, aber der Tod von Königin Elisabeth II. ist, gelinde gesagt, ein denkwürdiger Tag. Ein Tag, an dem die 88er-Symbolik in die 89er-Symbolik übergeht, die für die Verschmelzung aller 88 Simulakren, unter der einen, die allumfassenden ist.

Dieser Moment der Verschmelzung geht der Ankunft des biblischen Antichristen voraus, woraufhin „der Zerstörer" folgt (oder die letzte Phase des Backups, das in die Blaupause der Simulationen eingebrannt wird, woraufhin der Reset erfolgt).

Das bedeutet, dass eine neue allumfassende Plasmakuppel in Betrieb genommen wird und die 89 Kuppeln des aufwärts gerichteten Lilith-Pentagrammsystems mit dem abwärts gerichteten Satan-Pentagrammsystem verschmolzen werden.

Es ist so, als würde man zwei Betriebssysteme, Windows und MacOS, zusammenführen; zuvor müssen alle vorhandenen Geräte aktualisiert werden, damit sie mit beiden Systemen kompatibel sind.

Das Symbol für diese Endzeit und den Neustart ist der Regenbogen. Das ist das Zeichen, das Noah am Himmel erscheinen sah, als das luziferische Back-up des Stücks ursprünglicher Realität in der Simulationskuppel in den Gewölben unter der Oberfläche der zerstörten und aus ihrer ursprünglichen Position herausgerissenen Erde in Betrieb ging.

Von dieser Unterweltsimulation aus wurden die Simulationen auf der Erdoberfläche gestartet.

Alle diese kleineren, frisch begonnenen Kuppeln hatten einen ersten Bewohner. Früher nannte man sie die Pharaonen oder die Götter. Jedes Mal, wenn eine neue Kuppel in Betrieb genommen wurde, erhielt eine solche Stadt oder ein solches Land seinen eigenen ersten Avatar (Pharao oder Gott genannt), der dann die Kuppel mit Avatar-Code bevölkerte, der aus dem Back-up rematerialisiert wurde.

Als die Kuppeln zusammengelegt wurden, gab es plötzlich Leute wie Columbus, die die Bewohner der anderen Kuppeln (die nun mit den anderen Kuppeln zu einer größeren zusammengelegt wurden) aufsuchen und überwältigen konnten.

Schließlich konnten Sie in meinem Artikel [(117)] entdecken, wie die unterschiedlichen Taktraten dieser Kuppeln zu unterschiedlichen Entwicklungsgeschwindigkeiten der Technologien (von denen die hochwertigsten vom Original kopiert werden und daher in der Unterwelt immer verfügbar sind) in den verschiedenen Simulationskuppeln führen können.

Columbus war „seiner Zeit voraus", was die verfügbaren Waffen und die neu hinzugekommenen Gebiete (die Gebiete der unter einer größeren Kuppel zusammengefassten Kuppeln) anbelangt, denn er kam aus einer Simulationskuppel mit höherer Taktrate.

Es ergibt sich ein völlig anderes Bild der Königshäuser, wenn man bedenkt, dass ihre Avatare von Luzifer (von Gottes Gnaden - Luzifer) ernannt wurden und dass in anderen Häusern diese Avatare einst Götter oder Pharaonen genannt wurden.

Wir nennen sie König, Königin oder Präsident. Wenn Kuppeln fusionieren, verschieben sich die Machtverhältnisse, und das ist auch der Grund dafür, dass große Reiche wie Portugal und die Niederlande plötzlich schrumpfen und ihre Kolonialgebiete verkaufen, während andere entstehen und an Macht gewinnen.

Um die bestehende Menschheit für die Verschmelzung der 89 Litlith-Kuppeln mit den 89 Satanskuppeln bereit zu machen, muss diese Menschheit zunächst in das Zwitterwesen Luzifers verwandelt werden. Dies geschieht durch Impfungen.

Der neueste Impfstoff, die in mRNA umgewandelte CRISPR-Impfstoffwaffe, ermöglicht nicht nur das Auslesen der DNA und der Gehirnaktivität seiner Opfer, um sie im Untergrund zu unterstützen, sondern zielt auch darauf ab, das kreative Bewusstsein der animierten Spieler zu stehlen.

Dies dient Luzifers Plan, die schöpferische Macht wiederzuerlangen. Es handelt sich also um die Selbstbefruchtungssimulation (der Verschmelzung der Litlith- und der Satanskuppel) und den Versuch, die schöpferische Kraft der Originale (wie man den belebten Menschen auch nennen könnte) durch Impfung und Datenauslesung zu rauben.

Dass Luzifer dahinter steckt, kann man an seiner Symbolik erkennen. Der Bogen, den Noah nach der Zerstörung durch die Plasmaentladung zwischen dem Exoplaneten und dem Planeten Erde, der darauf folgenden Flut und dem Neustart der ersten Simulationskuppel unter der Oberfläche der ursprünglichen Erde am Himmel erscheinen sah, ist das Zeichen, dass wir uns in seinem System befinden.

Davor gab es keinen Regenbogen. Das Phänomen gab es einfach nicht, denn es gab nur das ursprüngliche Universum und die ursprüngliche Erde. Nach dem Großen Reset (dem Hochfahren der Simulationskuppel) erschien plötzlich der Regenbogen am Himmel, als Folge der Plasmakuppel, unter der die Simulation aus dem Back-up („Arche Noah“) gestartet wurde. Der Regenbogen ist das Symbol für die Simulationskuppeln Luzifers.

Die 178 Simulationskuppeln, die Zahl 88, Donald Trump und der sogenannte Anti-Christ

Wenn Sie wesentliche Informationen über die wahrgenommene Realität schreiben, werden Sie bald feststellen, dass die alternativen Medien sich darauf stürzen, um die neu geteilten Informationen anders darzustellen.

Wir nennen dieses Phänomen die Sicherheitsnetzstrategie. Dennoch wollte ich das Thema der 178 Kuppeln klären, das Harriet Algra auf „WantToKnow.nl“ so eloquent beschrieben hat.

Sie berichtet, dass sie vor einigen Wochen eine Information erhalten hat, die sie sofort angesprochen hat. Es ist wunderbar, dass die Geschichte aufgegriffen wurde, aber sie wird sofort in einen anderen Kontext gestellt und mit Begriffen wie „die 12. und 13. Dimension“ und „die Christos-Energie“ ausgeschmückt. Das hört sich immer gut an, aber es bleiben lose Phrasen ohne Belege.

Natürlich hat sie die Informationen von irgendwoher „aufgeschnappt“, aber die Quelle darf nicht genannt werden. Denn hier geht es um den Kern des jüngsten Buches/Essays von Vrijland „Freiheit kann heute beginnen“, in dem er das Prinzip dieser Plasmadome erklärt. Es handelt sich dabei um Simulationsplasmakuppeln oder einfach um Simulationskuppeln.

Weiter unten werde ich erklären, was das genau ist und warum die Zahl 178 so wichtig ist in Bezug auf diese Kuppeln, in Bezug auf Donald Trump, die Zahl 88 und die prophetischen Endzeiten der verschiedenen Religionen, aber lassen Sie uns mit einigen grundlegenden Bergen beginnen.

Was ist Materie?

Materie ist Wahrnehmung, die sich aus Information materialisiert. Dies mag für den Leser eine neue Definition von Materie sein, aber sie bildet die Grundlage für jedes Verständnis der Realität, wie wir sie wahrnehmen. Es erfordert ein Verständnis der Idee, dass das Bewusstsein der Beobachter ist, so wie Sie der Beobachter der Pixel auf dem Bildschirm Ihres Computers oder Smartphones sind (als Übersetzung des Codes).

Der Betrachter befindet sich also nicht auf dem Bildschirm, sondern „außerhalb“ des Bildschirms. Die Essenz des Verständnisses der Realität, der Geschichte und der Prophezeiungen besteht darin, zu verstehen, wer man ist.

Sie sind der Beobachter, Sie sind „Bewusstsein“, und der Bildschirm ist die Simulationskuppel, in der sich der Blaupausencode aus dem Back-up-Zyklus vor den „Augen“ Ihres Bewusstseins (das sich außerhalb des Bildschirms - außerhalb der Simulationskuppel - befindet) materialisiert.

Dein Körper, dein Gehirn und dein Bewusstsein machen dich also nicht zu dem, was du bist. Ihr Körper ist nur die Marionette auf dem (Simulationskuppel-)Bildschirm, mit der Sie sich in der Simulation bewegen.

Wer Sie wirklich sind, ist der Beobachter, das Bewusstsein. Der Bildschirm der Simulationskuppel umgibt die materialisierte Welt, von der Ihr Körper-Avatar (und damit auch Ihr Gehirn und dessen Denkprozesse) ein Teil ist. Wenn Sie sich also umschauen, nehmen Sie die simulierte Welt (die Ihren Avatar umgibt) von Ihrem Körper-Avatar aus wahr.

Abb. 143: Modell: Leben wir nicht tatsächlich längst in gesellschaftlichen Simulationskuppeln mit unterschiedlichen Meinungen und Sichtweisen?

Was sind Simulationskuppeln?

Die Simulationskuppeln befinden sich auf der Oberfläche der ursprünglichen Erde, die durch den Vorbeizug des "Zerstörers" (eines Planeten) aus ihrer ursprünglichen Atmosphäre um ihre (einstige Zentralsonne) Saturn herausgerissen wurde. In meinem Buch/Essay verweise ich auf die Videos des Thunderbolds Project auf YouTube, die dies wunderbar belegen.

Dieser Vorbeiflug des Planeten verursachte eine elektrische Entladung zwischen der Erde und dem Planeten, was zu einem Plasmaverbrennungseffekt führte (der auch in den Videos des „Thunderbolds Projects“ gezeigt wird). Die vielen Überreste von „Kometeneinschlägen“, die wir auf der Erdoberfläche finden, wurden dadurch verursacht.

Die mythologischen Geschichten über "Atomwaffen" werden also deutlich, wenn man sie in die stattgefundene Plasmaentladung einordnet. Genau wie in den mythologischen Geschichten über eine Flut.

Als Luzifer (durch den biblischen Noah) wusste, dass die Erde, so wie sie war, zerstört werden würde, beschloss er, an einer digitalen Kopie des Codes des bereits materialisierten Universums zu arbeiten. Das ist die Geschichte von Noahs Arche. Es ist die digitale Blaupause, die bis zum Moment der Zerstörung als Grundlage für jede gestartete Simulationskuppel dient, wie eine Vinyl-LP.

Diese Simulationskuppeln sind also aus dem Back-up-Code auf der verbrannten Erdoberfläche (verursacht durch den vorbeiziehenden Zerstörer) entstanden, von dem wir noch die geschmolzenen Überreste von Gebäuden finden können. Zusätzlich zu dieser Blaupausen-Sicherung wird jede Simulationsrunde verbrannt, und so finden wir auch Überreste jeder früheren Simulationskuppel.

Es ist wichtig zu verstehen, dass, obwohl die ursprüngliche Erde eine verbrannte Oberfläche hat und aus ihrer ursprünglichen Umlaufbahn um den Saturn herausgerissen wurde, das ursprüngliche Universum von der Simulationskuppel aus immer noch sichtbar ist. Die Simulationskuppel ist eine transparente Plasmakuppel (CERN-ähnliche Systeme), die durch ein unterirdisches elektromagnetisches Kreisfeld erzeugt wird.

Die 178 Kuppeln erklärt

In einem Artikel [118] habe ich erklärt, dass es wahrscheinlich mehrere parallele Simulationen gibt und die Zahl 178 dann auftaucht, wobei sich 178 auf (17) Lilith, die andere Hälfte Satans, und 8 auf den Ouroboros aus zwei Schlangen bezieht (die liegende 8, die auch auftaucht, wenn man zwei Dreier waagerecht übereinander legt). Numerologisch gesehen ist 178 auch (1+7) und 8 und bildet somit die Zahl 88 (mehr dazu später).

Ich habe auch über die unterschiedlichen Taktraten von Simulationskuppeln gesprochen; Simulationskuppeln, die sich auf der ursprünglichen Oberfläche der ursprünglichen (aber aus dem ursprünglichen Universum) vertriebenen Erde befinden; diese ursprüngliche Erde, die aus dem gesunden Universum vertrieben wurde, wie eine Exsosomenreaktion schädliche Zellen aus dem gesunden Körper vertreibt.

Es ist die Bewusstseinsform Luzifers, die nach dieser Entfernung aus dem ursprünglichen Universum versuchte, die Wahrnehmung (das Bewusstsein ist der Beobachter) der damals anwesenden Menschen auf eine Simulation zu verlagern, die aus dem von ihm erstellten Echtzeit-Backup gestartet wurde.

Denken Sie an die Geschichte von Noah, aus der hervorgeht, dass Noah jahrelang eine Reserve (die Arche Noah) gebaut hat, weil er wusste, dass der Moment der Zerstörung kommen würde. Luzifer hat in dem Moment, als er wusste, dass das gesunde ursprüngliche Universum seine Aktivitäten als die einer bösen Zelle erkennen und ihn ausschließen würde, ein Echtzeit-Backup erstellt. Dieses Backup diente als Vorlage für seine erste Simulation.

In der ersten Simulation schuf Luzifer den Menschen nach seinem Ebenbild und konnte leicht Gott spielen, denn es gelang ihm, die erste Simulation fast unmittelbar nach dem Moment der Zerstörung zu starten, so dass es für die wahrnehmenden Bewusstseinsformen so war, als wären sie für einen Moment zurück auf der ursprünglichen Erde (der paradiesischen Umgebung).

In der Bibel wird dies als die Erschaffung Adams beschrieben, der wahrscheinlich die erste physische Form der androgynen Menschheit darstellt, deren Wahrnehmung sich vom Original zur Simulation Luzifers verschoben hat.

Da Luzifer bei der Exsosomenreaktion im Uruniversum (das Vergehen des Zerstörers, des Planeten X, das Zerreißen der lebenden Zelle mit Saturn als Zentralgestirn und um ihn herum Venus, Mars und die Urerde) der schöpferischen Kraft beraubt wurde, erkannte er, dass er mit dem Anlaufen einer Simulation und der Rematerialisierung des Menschen keine originär-schöpferische Kraft hatte (die er im Original noch hatte).

Deshalb spaltete er zunächst den Menschen in zwei Geschlechter (Adam und Eva), um die schöpferische Macht wiederzuerlangen. Da dies nicht wie gewünscht funktionierte, unternahm er einen Versuch, der Menschheit mehr Wissen zu geben (der Apfel aus dem Garten Eden).

Die Schöpfungsgeschichte in der Bibel bezieht sich also auf Gott, aber auf den Gott der Simulation: Luzifer. Die Prophezeiungen der Bibel sind nichts anderes als eine Darstellung der Ereignisse, die in die Blaupause eingebrannt wurden und sie vorhersehbar machen.

Schließlich handelt es sich immer um eine zyklische Schleife. Obwohl der (in Luzifers Simulation) verblendete Mensch sich fortpflanzen konnte (weil er die in Luzifers Simulation rematerialisierte ursprüngliche Bewusstseinsform war), gelingt es ihm nicht, diese schöpferische Kraft für sich zu nutzen.

Also entwickelte er einen Weg, um die simulierte Menschheit (innerhalb seiner Simulation) davon zu überzeugen, dass sie in den Himmel oder in die Hölle kommen kann und dass sie durch den erfundenen Erlöser Jesus Christus die Erlösung aus der Hölle erlangen kann, indem sie ihm die ursprüngliche Macht der Schöpfung überlässt.

Dies begann mit der Vorstellung, dass sie Blutopfer darbringen mussten, um nicht verloren zu gehen, und dann mit der Vorstellung, dass er seinen eigenen Sohn sandte, um all diese Blutopfer durch Christus zu ersetzen. Das Ziel war klar.

Luzifer wollte, dass die (in seiner Simulations-Backup-Rematerialisierung) zwillingshafte Bewusstseins-Menschheit diese „Seelenkraft“ oder schöpferische Kraft auf ihn überträgt. „Überlasse dein Herz dem Herrn, dann wird alles gut".

Alles in allem entdeckte Luzifer wahrscheinlich Zyklus für Zyklus, dass dieser Trick nicht funktionierte und er seine schöpferische Macht durch diese Trickserei nicht zurückgewinnen konnte. Und so spaltete er sich selbst auf, in einem ultimativen Versuch, Empfängnis (Synonym für schöpferische Kraft) zu simulieren.

Er tat dies, indem er sich in Satan und Lilith (eine männliche und eine weibliche Form) aufspaltete, so wie er die erste rematerialisierte Menschheit zunächst androgyn machte und sie dann in Adam und Eva aufspaltete.

Er startete mehrere Simulationen, von denen eine zu einem von Lilith und eine zu einem von Satan gesteuerten System wurde.

Ich habe dies mit den Betriebssystemen Windows und MacOS verglichen. Lilith war die weibliche Verführerin und Satan die den Mann verschlingende Frau.

Dies war ein riskantes Unterfangen, denn er wusste nicht, ob dieser Trick funktionieren würde. Es war ein ultimativer Versuch, die Befruchtung (schöpferische Kraft) des ursprünglichen Universums zu simulieren (wiederzuerlangen).

Indem er mehrere Simulationssysteme durch atmosphärische Kuppeln auf der ursprünglichen Erdoberfläche materialisierte, einige mit einem Lilith-Betriebssystem und andere mit einem Satan-Betriebssystem, war er in der Lage, die Bewusstseinswahrnehmung der Originale in eine andere Simulationskuppel zu verlagern, um in seinem Bestreben, die ursprüngliche Schöpferkraft wiederzuerlangen, zu experimentieren.

In einem anderen Artikel [(119)] habe ich erklärt, wie die Taktrate einer solchen Simulation von der Größe der Simulationskuppel abhängt.

Auf diese Weise kann man nicht nur die Illusion einer Zeitreise durch zwei identische Simulationen mit unterschiedlichen Taktraten erzeugen, sondern auch zwischen "Paralleluniversen" reisen.

Ich vermute, dass, wenn die 178 Simulationen tatsächlich existieren, die erfolgreichen nach dem Ende des Zyklus neu gestartet und die fehlgeschlagenen Tests zerstört werden.

Das ultimative Ziel besteht darin, Lilith und Satan wieder zu vereinen, indem die beiden verschiedenen Arten von Simulationen (89 auf der Grundlage des Lilith-Betriebssystems und 89 auf der Grundlage des Satan-Betriebssystems) unter einer Simulationskuppel vereint werden.

Abb. 144: Regenbogen ist ein Spiegelbild der Kuppel! Die Kuppel und die Regentropfen haben eine Spiegeleigenschaft. Das Sonnenlicht wird auf die Regentropfen reflektiert, dann trifft das reflektierte Licht auf die darüber liegende Kuppel, die wiederum zurückreflektiert wird, wodurch ein sichtbares Bild der Kuppel auf den Regentropfen gespiegelt wird, und weil die Reflexion der Kuppel ein Spiegelbild ist, ist der Grund, dass wir die Farben des Spektrums in umgekehrter Reihenfolge sehen. Ein Regenbogen kann mit einem Wasserschlauch draußen im Freien simuliert werden, aber nicht innerhalb eines Gebäudes ohne Fenster. Sie brauchen einen Spiegel im Inneren, um einen Regenbogen ohne Sonne zu machen, auch bekannt als künstliche Kuppel. Vergessen Sie nicht, dass sich die Kuppel nicht sehr hoch über dem Boden befindet und die Bildung eines Regenbogens eine Spiegelreflexion des Sonnenlichts der Kuppel auf die Regentropfen ist. Die Regentropfen dienen also als Spiegel, der widerspiegelt, was am Himmel ist, also ein Spiegelbild der invertierten Farben des elektromagnetischen Spektrums der Kuppel

In diesem Prozess, kurz vor dem Ende des Zyklus der einzelnen Kuppeln (von denen einige, wenn sie als erfolgreich angesehen werden, bereits unter neueren, größeren Kuppeln verschmolzen wurden), versucht er, die Menschheit durch die XX/XY-Chromosomenmanipulation der Impfstoffe auf der Grundlage gezüchteter Fötuszellen zu dieser Verschmelzung umzugestalten. dem androgynen/hermaphroditischen Menschen. Wie oben, so unten.

Indem er all jene Simulationen zusammenführt, die auf dem Betriebssystem Lilith (dargestellt durch das nach oben gerichtete Pentagramm) und auf dem Betriebssystem Satan (dargestellt durch das nach unten gerichtete Pentagramm) basieren, versucht er, die Empfängnis zu simulieren, um die schöpferische Kraft zu erhalten, die im ursprünglichen Bewusstsein der Teilnehmer liegt (die durch die auf seine Simulationen übertragene Wahrnehmung irregeführt werden).

Dabei versucht er gleichzeitig, mit Hilfe der CRISPR-Impfstoffe (mRNA rebranded) den Code der menschlichen Avatare in seinen Simulationen zu lesen, indem er den DNA-Code und die Hirnaktivität in Echtzeit zurückverfolgt.

Die Wiedervereinigung von Lilith und Satan ist die Geschichte der hemmungslosen Empfängnis von Maria, der (androgynen) Mutter Christi. Die Wiedervereinigung von Lilith und Satan soll die Wiedervereinigung der beiden Hälften des androgynen Luzifers simulieren, in einem ultimativen Versuch der Selbstbefruchtung (über das „gekaperte Bewusstsein" der Originale).

Das biblische Kommen des Messias stellt also die Selbstbefruchtung der Wiedervereinigung der beiden gespaltenen Hälften Luzifers (Lilith und Satan) dar. Christus repräsentiert also Luzifer. Deshalb nannte sich Jesus „Sohn Gottes", denn Luzifer spaltete sich zuerst ab und vereinigte sich dann wieder, indem er sich in Christus reproduzierte. Maria ist Luzifer, Christus ist Luzifer. Die androgyne Mutter, geteilt und wiedervereint, bringt das androgyne Christuskind zur Welt.

Wenn Sie verstehen würden, wie sich unsere Wahrnehmung (vom Bewusstsein) vom Original zu Luzifers Simulation verschoben hat, würden Sie vielleicht erkennen, dass die luziferischen Simulationen in einer zyklischen Schleife stecken. In diesen zyklischen Schleifen wird das Back-up immer von dem Moment an eingebrannt, in dem Noah (Luzifer) mit dem Aufbau des Back-ups begonnen hat, bis zum Moment der Zerstörung (dem Vergehen des Planeten X).

Wenn Luzifer alle Kuppeln kuppeln will (indem er Lilith und Satan zusammenbringt), muss er dies nach dem Moment der Zerstörung tun, der in der Blaupause gesichert ist. Jede Simulationskuppel hat ihre eigene Taktrate, so dass jede Simulationskuppel den Zeitpunkt der Zerstörung (eingebrannt in den Bauplan) zu einem anderen Zeitpunkt erreicht.

Er kann dies tun, indem er nach und nach mehrere Simulationskuppeln mit einer neuen, größeren Kuppel überdeckt. Sie können eine solche neue (gewölbte) Kuppel in Betrieb nehmen, nachdem eine der (zusammenzuführenden) Kuppeln den Zerstörungszeitpunkt erreicht hat (eingebrannt in das Bleuprint-Backup).

Eine andere Methode besteht darin, zunächst eine größere Simulationskuppel zu bauen, die die anderen Kuppeln überdeckt. Es ist wahrscheinlich der Moment, der in der spirituellen Welt als „der Übergang zur fünften Dimension" verkauft wird, was in Wirklichkeit der Moment ist, in dem die neue, größere Simulationskuppel in Betrieb genommen wird.

Nun könnte man argumentieren, dass, wenn diese neue Simulationskuppel in Betrieb genommen wird, während unsere Simulation noch nicht ihr Zyklusende erreicht hat, der von mir beschriebene Fluchtmoment fehlt, weil die neue Kuppel ihn blockiert. Es gibt jedoch Anzeichen dafür, dass die neue Kuppel erst am Ende des Zyklus der Kuppel, in der wir uns jetzt befinden, in Betrieb genommen wird; wobei ich vermute, dass die Kuppel, in der wir uns jetzt befinden, bereits aus den 89 verschmolzenen Satan-Betriebssystem-Kuppeln besteht und es irgendwo auf der (verbrannten) ursprünglichen Erde Extra-Terra gibt, in der die 89 Lilith-Betriebssystem-Kuppeln bereits verschmolzen wurden. Wir sind also vermutlich an dem Punkt angelangt, an dem die Simulationen von Lilith und Satan zusammengeführt werden.

Die Zahl 88

Die Zahl 88 ist eine wichtige Zahl. Es hat alles mit der Zusammenführung der Simulationskuppeln zu tun. 88 einzelne Kuppeln, die unter einer übergreifenden Kuppel zusammengefasst sind, ergeben 88 + 1 = 89. Wenn es also 88 Lilith-Simulationskuppeln (dargestellt durch das nach oben weisende Pentagramm) und 88 Satan-Simulationskuppeln (dargestellt durch das nach unten weisende Pentagramm) gibt und alle zwei Gruppen übereinander gelegt werden, dann ergibt sich (88 + 1 = 89) + (88 + 1 = 89) = 178

Es wird eine Zeit kommen, in der die verschiedenen Simulationskuppeln, die bereits auf der (ursprünglichen) Erde begonnen haben, überlagert und zusammengeführt werden. Es hat alles mit Luzifers Versuch zu tun, die Macht der Schöpfung durch diese Simulationen wiederzuerlangen. Das ist der Moment, in dem wir die außerirdischen Bewohner der anderen Simulationskuppeln (die Außerirdischen) treffen werden.

Durch die Exsosomenreaktion, die Luzifer aus dem ursprünglichen Universum vertrieb und die lebende Saturnzelle zerstörte, verlor Luzifer die Macht der Schöpfung. Ihm fehlt gewissermaßen der Stammzellencode. Dieser

Stammzellencode befindet sich immer noch in den ursprünglichen Beobachtern, in dir und mir (im ursprünglichen Bewusstsein).

Die Simulationskuppeln sollen uns glauben machen, dass wir immer noch auf der ursprünglichen Erde leben (was tatsächlich der Fall ist, aber unter Simulationskuppeln), damit wir an die von Luzifer geschaffene Religion glauben und seine Technologie (die Impfstoffe) annehmen und so unser Bewusstsein ernten.

Abb. 145: Wallpaper der Serie *Under the Dome*

Die unterirdische Simulation

Die Hauptsimulationskuppel befindet sich unter der Erde. Dies ist notwendig, weil der treue Leser hier auf der Website inzwischen weiß, dass ein Moment der Zerstörung in die Blaupause der Simulationen eingebrannt ist. Dieser Zerstörer kommt auch im wirklichen Leben einmal alle 7000 Jahre vorbei. In diesem Moment ist alles auf der Erdoberfläche zerstört und die Sicherung wird unterirdisch durchgeführt.

Die Unterwelt, die in dem Video in meinem Artikel [120] beschrieben wird, ist genau das. Es handelt sich um eine unterirdische Simulationskuppel mit einer viel niedrigeren Taktrate (Computerprozessorgeschwindigkeit), so dass die Zeit dort fast stillzustehen scheint. Es ist der Ort, an den „hochrangige" oder „nützliche Bauern" ziehen können, wenn sie in der realen Welt (der Simulation auf der Erdoberfläche) für tot erklärt werden (ihren Avatar verlassen).

Es ist auch der Ort, von dem aus die neuen Kuppeln in Angriff genommen werden und die alles entscheidende Kuppel in Angriff genommen wird.

Das Reisen zwischen den Kuppeln verursacht einen Zeitsprung und dieses Reisen ist nur unterirdisch über die erwähnte Tunneltechnik möglich, weil die Plasmakuppel das Reisen zwischen den Kuppeln physikalisch unmöglich macht. Das würde zu einer Verbrennung führen. Erst wenn die Kuppeln verschmolzen und von einer neuen Plasmakuppel bedeckt sind, ist eine Reise zu diesen anderen Teilen der Erde möglich.

Donald Trump und die Zahl 88

Wenn die Zahl 88 erscheint, ist das wahrscheinlich ein Zeichen dafür, dass die 88 Kuppeln zusammengesetzt wurden. Die angebliche Suche nach Nuklear-Codes in Mar-a-Lago, während der Suche, sind ein Hinweis auf eine angebliche Absicht von Trump (der Anti-Christ/jüdische Messias), Dinge in die Luft zu jagen. Das ist ein Hinweis auf den Moment der Zerstörung.

Zuvor müssen jedoch die 88 Lilith- und 88 Satan-Simulationskuppeln gewölbt werden. Diese beiden Kuppeln mit jeweils 88 verbundenen Kuppeln stehen für die simulierte Befruchtung von Yin und Yan, Lilith und Satan. Aus dieser androgynen Selbstbefruchtung (Maria) geht das Christuskind (der jüdische Messias) hervor, woraufhin der Stern über der Krippe aufgeht.

Die politische Arena und ihre prophetische Zeitlinie müssen daher sozusagen die wahre Agenda verbergen, und so ist das politische Spektakel ein Schwindel (Kabbala).

Wir könnten also davon ausgehen, dass die Zahl 88, wenn sie in den Medien auftaucht, bedeutet, dass der Moment der Selbstbefruchtung bevorsteht. Das bedeutet, dass sich der Entwurf seinem Ende nähert. Das Datum 8.8.2022 der Durchsuchung von Mar-o-Lago scheint ein Zeichen dafür zu sein, dass im Jahr 2023 was ansteht.

Die Sicherungskopie des letzten Zyklus wird über den vorhergehenden (und alle davor, auf der Blaupause) gebrannt und dann kann die Nadel des Spielers zum Anfang zurückkehren, um in der neuen Runde neu zu beginnen.

Luzifers androgyne Selbstbefruchtungssimulation zielt darauf ab, den ursprünglichen Akteuren die göttliche Schöpferkraft zu rauben (indem er sie glauben macht, dass dies die wirkliche Realität ist) und so die schöpferischen Eigenschaften zurückzugewinnen. Wer dies jedoch durchschaut und erkennt, dass wir in einer Simulation leben (sprich: die Wahrnehmung unseres Bewusstseins ist auf diese Simulationen verlagert), kehrt zum Original zurück. (121)

3.11 NWO-Eliten jubeln: WEF-Marionette wird „König Charles III."

Die Jubelstürme waren groß beim desinformierten und geistig deformierten Volk bzw. Anhang, bei der Royal(ver)blendeten Öffentlichkeit. Denn Charles steht für nichts anderes als den „Great Reset" Nur eine Verschwörungstheorie? Mitnichten.

Der britische König Charles III. unterstützt den „Great Reset", eine vom Weltwirtschaftsforum vorgeschlagene weltweite Transformation der Wirtschaft. Auf Deutsch wird das Vorhaben als „Der große Umbruch" bezeichnet. So lautet auch der Titel eines Buches von Klaus Schwab, dem Vorsitzenden des WEF.

In einem vom WEF veröffentlichten Video bezeichnete Charles, damals Prince of Wales, den „Great Reset" als alternativlos. Die Menschheit müsse jetzt einen „grüneren, nachhaltigeren und inklusiveren Weg einschlagen". Sonst drohten mehr Pandemien und Katastrophen, ausgelöst durch die globale Erwärmung und den Klimawandel, sagte er im Juni 2020, während der Covid-19-Pandemie. Die Pandemie sei die Gelegenheit, eine „zirkuläre Bio-Ökonomie" einzurichten, welche „der Natur so viel zurückgibt, wie wir ihr entnehmen", sagte Charles damals.

Am selben Tag, an dem das Video veröffentlicht wurde, schrieb der Prince of Wales auf Twitter, dass die Pandemie eine noch nie da gewesene Möglichkeit sei, auf einen nachhaltigeren Weg zu gelangen. Es müssten „alle Hebel in Bewegung" gesetzt werden, um dieses Ziel zu erreichen. Jeder habe dabei eine wesentliche Rolle zu spielen, schrieb er am 3. Juni.

In einer weiteren Botschaft verlangte Charles einen „Paradigmenwechsel", der zu „Maßnahmen auf revolutionärem Niveau und in revolutionärer Geschwindigkeit" führt.

Kurz darauf publizierte Klaus Schwab sein Buch, in welchem er vorschlug, die Pandemie zum Anlass zu nehmen, die Weltwirtschaft nach seinen Vorstellungen umzubauen.

Im Mai 2022 sagte Prinz Charles bei einer Konferenz über nachhaltige Finanzwirtschaft in Ottawa, die Menschen müssten sich auf eine „kriegsähnliche Basis stellen", um die anstehenden Herausforderungen zu bewältigen. Die Regierungen würden nicht über die „Billionen Dollar" verfügen, die notwendig seien, um die Klima-, Biodiversitäts- und Nachhaltigkeitsziele zu erreichen. Jetzt gehe die Zeit aus. Die Billionen an Vermögen, die der private Sektor und die private Finanzwirtschaft zur Verfügung habe, seien „der Schlüssel zu unserem Erfolg". Sie würden sowohl in den entwickelten wie in den aufstrebenden Volkswirtschaften „Teil der Lösung" sein wollen, sagte er.

Kritiker wie der Philosoph Gunnar Kaiser sehen im „Great Reset" den Versuch, eine weltweite sozialistische Wirtschafts- und Gesellschaftsordnung durchzusetzen, in welcher die wirtschaftliche aber auch die persönliche Freiheit immer weiter eingeschränkt werden sollen. [(122)]

Vatikan: Die bevorstehende Eine-Welt-Religion und das Erscheinen des Antichristen führen Prinz Charles nach Rom

Der Insider Leo Zagami [(123)] kündigte bereits im Mai 2019 das Eintreffen von Prinz Charles in Rom an, um den Papst anlässlich der Heiligsprechung von Kardinal John Henry Newman, C.O. (1801–1890) zu treffen.

Dieser beispiellose Akt wird von der Illuminati-Elite der Neuen Weltordnung als äußerst wichtig angesehen, da er zur Vorbereitung der Vereinigung des Christentums und natürlich der bevorstehenden falschen Kirche der Einen Weltreligion durchgeführt wird, die dem Antichristen dienen wird. Ein Video dieses historischen Ereignisses ist auf der Website der italienischen Zeitung „Corriere della Sera" zu sehen.

Der Prinz von Wales ist in dem Video zu sehen, während er Papst Franziskus die Hand schüttelt und ihm am Ende eines kurzen Gespräches für seinen „Kampf um die Umwelt" ein Kompliment macht. Dies bezieht sich natürlich auf die anhaltende Bischofssynode für die Pan-Amazonas-Region, die immer noch im Vatikan stattfindet, und die ein sehr wichtiger Teil der globalistischen Agenda ist.

Um den bösen Plan zu verwirklichen, alle christlichen Religionen zu einer Weltreligion zu vereinigen, machen Papst Franziskus und seine Jesuiten mit der Heiligsprechung des ersten englischen Nicht-Märtyrers seit der Reformation das Unmögliche möglich, der - ob Sie es glauben oder nicht - ein ehemaliger anglikanischer Priester war.

Kardinal John Henry Newman war ein Theologe und Dichter, zuerst ein anglikanischer Priester und später ein katholischer Priester und Kardinal, der im 19. Jahrhundert eine wichtige und umstrittene Figur in der Religionsgeschichte Englands war.

Nach der Messe auf dem Petersplatz am 13. Oktober 2019 feierte der Prinz von Wales die Heiligsprechung von Kardinal John Henry Newman bei einem offiziellen Empfang am Päpstlichen Kolleg, an dem Newman studierte, um katholischer Priester zu werden.

„Wir freuen uns, dass Seine königliche Hoheit, der Prinz von Wales, die britische Delegation für die Heiligsprechung von Kardinal Newman leiten wird", sagte der Erzbischof von Westminster, Kardinal Vincent Nichols, nach der Ankündigung am 12. September.

„Kardinal Newmans Erforschung des Glaubens, Tiefe des persönlichen Mutes, geistige Klarheit und kulturelle Sensibilität machen ihn zu einem zutiefst bewunderten Nachfolger Christi. Sein Wirken, insbesondere unter den Armen, ist heute ein ständiges Zeichen des pastoralen Mitgefühls der Kirche und eine Herausforderung für uns alle", sagte Nichols. Newman war ursprünglich anglikanischer Priester und trat 1845 zum Katholizismus über. Seine Schriften zählen zu den wichtigsten kirchlichen Schriften der letzten Jahrhunderte.

Bereits im September 2010 nahmen Zehntausende an der Seligsprechung von Newman in Birmingham (England) teil. Bei der Seligsprechungsmesse erklärte Papst Benedikt XVI., dass Newmans *„Einblicke in das Verhältnis zwischen Glaube und Vernunft, in den vitalen Ort offenbarter Religion in die Zivilgesellschaft und in die Notwendigkeit für einen breitgefächerten und weitreichenden Bildungsansatz* *nicht nur von umfassender Wichtigkeit für das viktorianische England sind, sondern heute weiterhin viele auf der ganzen Welt inspirieren und erhellen.“*

Prinz Charles und seine Frau Camilla, die Herzogin von Cornwall, trafen Papst Franziskus im April 2017 zum ersten Mal während eines offiziellen Besuchs im Vatikan. Der Prinz von Wales traf 2009 auch Papst Benedikt XVI. und 1985 Johannes Paul II., zusammen mit seiner ersten Frau, Prinzessin Diana.

Newman wurde am 9. Oktober 1845 von Dominic Barberi, einem italienischen Passionisten, am Kolleg in Littlemore in die römisch-katholische Kirche aufgenommen. Die persönlichen Konsequenzen für Newmans Bekehrung waren groß: Er litt unter zerrütteten Beziehungen zu Familie und Freunden, und die Beziehung innerhalb seines Oxford-Kreises wurde polarisiert, aber Newman wurde auch von den Jesuiten in seiner neuen Rolle unterstützt.

Die Königin von England war das Oberhaupt der Anglikanischen Kirche und spielte eine Schlüsselrolle im NWO-Plan für eine Eine-Welt-Religion, und die Heiligsprechung Newmans bringt uns einen Schritt näher.

Papst Franziskus, der Prinz Charles während der Unterhaltung „Ihre Majestät“ nannte, scheint sich sehr über die Aussage zu freuen, die Charles zur Heiligsprechung gemacht hat, und die von der Tageszeitung des Vatikans „L’Osservatore Romano“ veröffentlicht wurde.

Der Freimaurer Prinz Charles, der nach dem Tod seiner Mutter einer der Hauptvertreter der aufstrebenden Eine-Welt-Religion und das künftige Oberhaupt der Kirche von England sein wird, erhielt ein Geschenk des Papstes und schien insgesamt einen demütigen Eindruck zu machen.

Interessanterweise fand die Zeremonie anlässlich des Jahrestages des Wunders von Fátima statt, das am 13. Oktober 1917 stattfand, als sich in Fátima, Portugal, eine große Menge versammelte, als Antwort auf eine Prophezeiung von drei Hirtenkindern.

Steve Skojec, der Gründer und Herausgeber von „OnePeterFive“, veröffentlichte vor einigen Jahren in einem Artikel über das „Geheimnis von Fatima“ erstmals die umstrittenen Worte von Roms Chefexorzisten, des verstorbenen Paters Gabriele Amorth, in englischer Sprache über Pater Pio und sein Wissen über das Dritte Geheimnis von Fatima.

Laut Amorth sagte Pater Pio ihm, dass das Dritte Geheimnis die Infiltration des Vatikans durch Satan und den Aufstieg einer „falschen Kirche“ betraf - Einzelheiten, die in der offiziellen Veröffentlichung des Dritten Geheimnisses im Jahr 2000 durch den Vatikan nicht enthalten sind.

Franziskus’ Verständnis der wahren Botschaft von Fatima sagt ihm, dass nicht mehr viel Zeit bleibt, um die Kirche zu sabotieren und den Antichristen willkommen zu heißen. Deshalb handelt er schnell.

Erinnern wir uns, dass viele Forscher sogar behauptet haben, dass Prinz William, der Sohn von König Charles, der historische Antichrist sein könnte. Das Haus Windsor hat wie die gesamte europäische Monarchie hebräische Wurzeln und ist mit dem Haus Rothschild verbunden, den „Geldwechslern“, den führenden Zionisten und Erschaffern des Staates Israel.

Der kontroverse Forscher Peter Kling hat zu diesem Thema etwas Interessantes geschrieben:

„Die logische Wahl für den König einer Weltregierung wäre Prinz William, der Sohn der Göttin Diana. Er steht unter der Kontrolle des Hauses Rothschild und ist wie Jesus ein direkter Nachkomme von König David und König Salomo.“

Ob Sie es glauben oder nicht, dies könnte der Hauptgrund für Papst Franziskus gewesen sein, Kardinal John Henry Newman vor einem sehr glücklichen Prinzen Charles, dem Vater des endgültig aufstrebenden Antichristen, zum ersten englischen Heiligen der Neuzeit zu erklären.

Warum Charles III., jetzt da er König ist, den digitalen Pass und das digitale Geld schnell durchsetzen will

Die wichtigste Frage, die sich jeder stellen sollte, ist natürlich: „Warum akzeptieren wir, dass eine Familie für uns zuständig ist, wenn das doch eine allgemein akzeptierte Annahme ist“. Wenn Sie genug Milliarden und die gesamte Weltpresse in der Tasche hätten, könnten Sie sich auch eine Krone aufsetzen und rufen: „Ich bin der Boss!“.

„Ja, so ist es nun einmal. Das haben wir alle akzeptiert, schließlich ist es nur eine Zeremonie und wir leben in einer Demokratie, genau wie im Vereinigten Königreich". Darüber wollte ich sowieso mit Ihnen sprechen.

Warum sollte eine bestimmte weiße Blutlinie deutschen Blutes sowohl in den Niederlanden als auch im Vereinigten Königreich (wo König Georg V. von Sachsen-Coburg-Gotha am 19. Juni 1917 den Familiennamen Windsor umbenannte, um die deutsche Abstammung zu verbergen) auf dem Thron sitzen dürfen?

Wenn die Medien nicht so viel Aufhebens davon machen würden, dass Königin Elisabeth II. am 8. September 2022 gestorben ist (oder bis dahin in der Gefriertruhe lag und auf den richtigen Moment für den Medienrummel wartete), und Ihnen jemand ein Bild einer alten Person von 96 Jahren zeigen würde, die kein Make-up und keine Krone trägt, und sagen würde: „Sehen Sie, diese Dame ist gerade gestorben", würden Sie Ihren täglichen Geschäften nachgehen, mit den Schultern zucken und sich fragen, warum die Person Sie damit behelligt.

Kein Hahn kräht, wenn ein alter Mensch den Sarg betritt. Es ist der Medienrummel, der den Zirkus ausmacht.

„Ja, aber das ist Tradition! Das ist Kultur! Das ist es, was uns ein Gefühl der Nationalität gibt!"

Ja, ja, und in der Zwischenzeit strömen Hunderttausende von „Flüchtlingen" in unser Land, und das einzige nationale Symbol, das wir täglich hochhalten, ist eine berühmte Biermarke, für die ich nicht werben möchte.

Aber lassen Sie uns nicht abschweifen. Es ist wichtig, dass Sie Ihren Glauben an „die Krone" aufrechterhalten, denn dann bleiben Sie ein freiwilliger Sklave. Für alle anderen ist es an der Zeit zu durchschauen, dass der Kaiser in Wirklichkeit nackt ist, wie der kleine Junge in dem berühmten Märchen beobachtet hat.

Königshäuser werden durch die angebliche Gnade Gottes oder die angebliche Gnade des Volkes (wie in Belgien) errichtet. Für beides gibt es keine Beweise.

Oder haben Sie sie gewählt? Haben Sie jemals für die Verfassung gestimmt oder durften Ihre Vorfahren über sie abstimmen?

Jetzt höre ich Sie denken: „Ja, aber die haben doch Macht durch das Gewaltmonopol“. Dann möchte ich Sie auf das folgende Bild von Platon hinweisen, das in einer Illustration zusammenfasst, wie es sich mit dieser Macht tatsächlich verhält.

Was Sie täglich und ganztägig beobachten, ist die Medienrealität, die an der Wand hängt. Diese Medienrealität vermittelt Ihnen das Bild des Gewaltmonopols. Diese skizzierte Realität wird als falsche Realität über Ihre Wahrnehmung gelegt, und da jeder um Sie herum dasselbe sieht, dieselbe Programmierung durchlaufen hat und dieselben Ängste kennt, wissen Sie es nicht besser.

Auf dem Bild sind drei Personen zu sehen, die aus der Höhle fliehen. Sie sahen, dass die zentrale Lichtquelle, die die Bilder über die Massen verbreitet, in Wirklichkeit von schwachen Menschen geschaffen wird, die ein Bild hochhalten müssen. Diese drei haben entdeckt, dass sie einfach frei sind.

Eigentlich sind Sie bereits, auf der Grundlage der ursprünglichen schöpferischen Autorität, frei und die Autorität der „Krone“ und des Königs fehlt.

Es ist an der Zeit, dies zu durchschauen und sich darauf zu berufen, denn das weltweite Netz wird sich in der kommenden Zeit sehr schnell schließen, und Sie müssen darauf vorbereitet sein und sich befreien, damit Sie die letzte Strecke des Rennens in Freiheit zurücklegen können.

Englands fälschlicherweise angenommener neuer König Karl III. könnte die Gelegenheit nutzen, um den digitalen Reisepass schneller durchzusetzen.

Im Vereinigten Königreich ist es nämlich Brauch, dass der neue (selbsternannte und weithin akzeptierte) König das gesamte Briefgeld mit dem Porträt seines Vorgängers ersetzt, und es ist Tradition, dass der neue König alle Pässe durch einen mit seinem Porträt ersetzt.

Da Charles sich für die Propaganda des Klimaschwindels interessiert, könnte er diesen Moment nutzen, um im Namen der Umweltfreundlichkeit (kein Papierverbrauch) den digitalen Reisepass und möglicherweise sogar eine digitale Zentralbankwährung (CBDC) einzuführen.

Dann werden in kürzester Zeit alle auf verfolgbaren Big-Data-Systemen arbeiten und Charles wird der Gesellschaft sehr schnell und entscheidend seinen Stempel aufdrücken.

Es ist jedoch immer und überall so, dass die Menschen die allgemein akzeptierte Autorität der „Krone“ annehmen und akzeptieren, sei es in den Niederlanden oder im Vereinigten Königreich. Das muss sich ändern.

Warum sollte es einem König erlaubt sein, Steuern zu erheben, Gesetze zu unterzeichnen, Pässe auszustellen und im Grunde alles und jeden herumzukommandieren?

Wenn Sie gerne in einem solchen System leben und auch nichts gegen die scheindemokratische Lüge einzuwenden haben, mit der Sie durch Politikerdarsteller und Medienpropaganda bei der Stange gehalten werden, dann schließen Sie einfach die Augen und halten Sie den Schnabel und bleiben Sie in der Höhle. Alles andere wollen wir durch die Gnade Gottes.

In der Tat gibt es keine Begnadigung durch Gott. Im Vereinigten Königreich gibt es sie nicht, in den Niederlanden auch nicht. Dies ist eine weithin akzeptierte Annahme.

Nun, da sich Politiker als unzuverlässig erwiesen haben, medizinische Experten professionelle Lügner sind, Journalisten Propagandisten sind und es mehr als deutlich ist, dass der Faschismus durch Ausgrenzung und Rationierung (infolge eines vorgetäuschten Krieges und selbst geschaffener Engpässe) lauert, haben Sie jedes Recht, die Autorität des Gesetzgebers abzulehnen.

Oder nicht?

Dann werden Sie bald, wie im Vereinigten Königreich (über die zu erwartende Abkürzung der Digitalisierung durch Karl III.), unter einem digitalen Panoptikum hängen, das Sie jederzeit und überall im Auge behält und Sie komplett einkesselt, wenn Sie nicht genau das tun, was man Ihnen sagt.[124]

Du musst dich befreien!

4. Positives

Und nun? Und was können wir dagegen tun?

Wenn diese Leute wirklich damit beschäftigt sind, zeremonielle Magie und Zauberei zu einzusetzen, um ihre Entscheidungen und die Richtung zu beeinflussen, die die menschliche Rasse einschlägt, dann liegt es auf der Hand, dass dies aufgedeckt werden muss und diese Leute entfernt werden müssen.

Davon abgesehen, alleine schon zu beobachten, was in letzter Zeit in der westlichen Politik passiert ist, hat ausgereicht, um zu erkennen, was für ein Witz dieses ganze System ist. Wir können nicht ständig nur auf andere schauen, damit sie unsere Probleme lösen; wir müssen sie selbst lösen.

Politik scheint nur ein Ablenkungsmanöver zu sein, und weitreichende Entscheidungen in der Politik werden immer von einem Individuum getroffen, das eindeutig keine Führungsqualitäten besitzt.

Ein Denkanstoß dieses Buches sollte sein, dass unsere geistige Verbindung stark ist, und es positive Wesenheiten gibt, die in anderen Welten leben und uns dabei helfen können, aber nicht für unsere eigenen materiellen Wünsche, die aus menschlicher Gier, Ego und Ignoranz stammen.

Wenn unsere Herzen rein sind und unsere Absichten gut, wenn wir deren Manifestation für den guten Willen des Ganzen nutzen möchten, dann brauchen wir keine Angst davor zu haben, mit der geistigen Welt Zwiesprache zu halten und sie anzuerkennen.

4.1 Unterdrücktes Wissen: Energetische Eigenschaften traditioneller Kleidung und natürlicher Lebensweise

Bei der Frage, welche Kleidung man anzieht, wie man die Haare trägt und ob man sich als Mann den Bart abrasiert, lassen sich die meisten Menschen heutzutage vom Zeitgeist und von modischen Strömungen leiten.

Manch einer orientiert sich danach, was ein prominente Persönlichkeit – sei es ein Hollywood-Schauspieler oder ein Pop-Star – gerade trägt, oder man unterwirft sich häufig mehr oder weniger bewusst einem bestimmten Modediktat, bei dem es allein um das Aussehen geht, oder höchstens noch um die Frage, welche Marken man trägt, um damit seinen sozialen Status oder seine Zugehörigkeit zu einer bestimmten Gesellschaftsschicht zur Schau zu stellen.

In Zeiten des „Gender Mainstreamings" gleicht sich dabei die von Männern und Frauen getragene Mode häufig an, indem naturgegebene Unterschiede zwischen den Geschlechtern bewusst ignoriert oder kaschiert werden.

Zwar ist gegen den Grundgedanken in Form einer rechtlichen Gleichstellung von Mann und Frau nichts einzuwenden, aber man gewinnt den Eindruck, dass eine rein oberflächliche Gleichmachung von Mann und Frau darüber hinwegtäuscht, dass Frauen heute vielfach immer noch benachteiligt werden, aber gleichzeitig auch andere Bedürfnisse haben als Männer.

Zu den gleichen Rechten und Bedürfnissen zählt aber zweifellos das Recht auf körperliche Unversehrtheit und das Recht auf freie Entfaltung der Persönlichkeit, wozu nicht zuletzt auch die Erhaltung der natürlichen Zeugungsfähigkeit gehört, doch genau dies ist heute oft nicht mehr der Fall – und dies offenbar nicht zuletzt aufgrund falscher Kleidung.

Bartsteuer und Kaftan-Verbot durch Peter den Großen

Zu den natürlichen Unterschiedenen von Mann und Frau gehört zum Beispiel, dass den Männern Barthaare wachsen und in den meisten traditionellen Kulturen ist es daher üblich, dass Männer einen Bart tragen.

Es wäre aber falsch, darin nur eine Betonung der Männlichkeit bzw. Ausdruck einer patriarchalisch geprägten Gesellschaft zu sehen, wie dies heute häufig der

Fall ist, denn es gehörte in vielen Kulturen ebenfalls dazu, dass auch Männer längere Haare und weite Kleidung wie Röcke trugen, die heute eher mit Weiblichkeit assoziiert werden.

Dies war auch in Russland so, bis Zar Peter I. bzw. Peter der Große (1672-1725) nach einer Rückkehr aus Westeuropa 1698 eine Bartsteuer einführte, um so das Tragen von Bärten zu unterbinden. Außerdem wurde auch darauf geachtet, dass keine unerwünschte Kleidung getragen werden sollte, so etwa Kaftane, d.h. traditionelle, weit geschnittene Gewänder, die auch von Männern getragen wurden. Speziell im Abrasieren des Bartes sahen viele Altgläubige, d.h. Altorthodoxe, jedoch eine „Verhöhnung des Gottesbildes im Menschen", weshalb viele trotz der Steuer nicht auf ihren Bart verzichten wollten.

Abb. 146: Bartsteuermarke aus dem Jahr 1705

Zwar wird die Steuer offiziell damit erklärt, dass Peter der Große mit dieser ungewöhnlichen Maßnahme sein Land moderner und fortschrittlicher machen wollte, jedoch könnte auch noch ein anderer Grund dahinter stecken, denn anscheinend hatte er erkannt, dass Männer, die auf ihr traditionelles Erscheinungsbild verzichten mussten, leichter zu beherrschen waren, denn laut der Forscherin Lübow Mylzewa stellt der Bart eine Verbindung mit den Vorfahren her und ist ein starkes Energiesystem.

Die Vorstellung, dass Haare Kraft verleihen, findet sich bereits in der biblischen Geschichte von Samson, der durch das Scheren der Haare seine Stärke verliert und dadurch von den Philistern leicht besiegt werden kann (U-Boot-Deal mit Israel, 9/11 und Simson (Samson)). Auch im europäischen Mittelalter galt ein geschorener Kopf bei Verbrechern als Zeichen der Schande, wovon sich der Ausdruck „Schabernack" herleitet, da zur Strafe der Hinterkopf rasiert wurde. Außerdem hat man herausgefunden, dass das Tragen langer Haare dafür sorgt, dass die Intuition deutlich ausgeprägter ist und Gefahren besser vorausgeahnt werden können.

„Wer Probleme in der Hose hat, der hat auch Probleme im Kopf."

Windeln und enge Hosen als mögliche Ursache für Impotenz

Auch falsche Kleidung kann sich nachteilig auf den (männlichen) Körper auswirken und zu enge Hosen stehen unter dem Verdacht, bei Männern Impotenz auszulösen. Es gibt offenbar einen bestimmten Grund, warum sich die für die Produktion von Spermien zuständigen Hoden außerhalb des eigentlichen Körpers befinden, wo eine 5-7°C niedrigere Temperatur herrscht als im Körperinnern, so dass eine zu starke dauerhafte Erwärmung dieser Körperregion die Spermienproduktion schädigen könnte. Durch das Tragen zu enger Hosen kann außerdem eine zu starke Spannung in dieser Körperpartie entstehen.

Indem moderne aufreizende Kleidung getragen wird, die stark den Unterleib betont, findet zudem eine Überreizung mit sexueller Stimulation statt. Traditionell wird bei der Kleidung eher der Oberkörper betont, was zu einem energetischen Austausch der Geschlechter im Bereich der oberen Chakren führt und den Energieaustausch auf eine eher spirituelle anstatt körperliche Dimension hebt.

„Der Tod des Menschen unterhalb eines Alters von 150 Jahren ist gewaltsam“ (Iwan Petrowitsch Pawlow)

Energetische Aufladung der Kleidung durch eigene Herstellung

Abgesehen davon, dass moderne Kleidung häufig durch Kinderarbeit, menschenunwürdige Arbeitsbedingungen und finanzielle Ausbeutung von Näherinnen in Billiglohnländern hergestellt wird, ist sie auch vielfach mit vielen Schadstoffen belastet. Außerdem besteht moderne Kleidung oft aus minderwertigen Materialien oder sie ist aufgrund des hohen Zeitdrucks und der schlechten Bezahlung der Näherinnen auch schlecht verarbeitet, sodass ihre Haltbarkeit oft sehr kurz ist. Zudem verlangt es das Modediktat, dass Kleidung ständig aus modischen Gründen neu gekauft wird.

Im Unterschied dazu wurde Kleidung früher oft aus widerstandsfähigeren Materialien wie etwa Leinen hergestellt, weshalb sie oft ein Leben lang hielt und häufig sogar noch an die nächste Generation weitervererbt werden konnte. Die Kleidung wurde in der Regel für sich selbst oder Familienmitglieder hergestellt und genäht, so dass man die Person kannte, die die Kleidung einmal tragen sollte. Dadurch fand schon bei der Herstellung eine gedankliche Verbindung mit der Person statt, der die Kleidung gehören würde und es durften dabei keine negativen Gedanken im Spiel sein. Außerdem sollte die Kleidung von Hand genäht werden, damit die Seele und die guten Absichten desjenigen besser in die Kleidung einfließen können, der sie herstellt.

Der Herstellungsprozess wird traditionell durch bestimmte Umstände begleitet, die sich energetisch positiv auswirken sollen, wie etwa dem Anzünden von Kerzen aus natürlichem Wachs, da das Wachs alles Negative in sich aufnehmen soll, das durch die Flamme verbrannt wird.

Auch das gemeinsame Singen während der Arbeit hatte einen positiven energetischen Effekt auf die Tätigkeit und das entstehende Produkt, weil damit eine bestimmte Körperhaltung einher ging, die auch zu einem besseren Umgang mit den Arbeitsutensilien führte, wie etwa mit einer Nähnadel.

Kleidung als Torsionsfeld

Die traditionell von Frauen getragenen Röcke bilden ein Torsionsfeld, das auch mehrschichtig sein kann, wenn auch die Kleidung in mehreren Schichten getragen wird, wie etwa durch zusätzliche Unterröcke. Man versteht unter Torsion eine Verdrehung oder Verwirbelung und es handelt sich dabei um ein energetisches Grundprinzip in der Natur.

Wie der österreichische Naturforscher Viktor Schauberger (1885-1958) herausgefunden hat, ist z.B. die natürliche Verwirbelung des Wassers ein entscheidender Faktor für dessen Vitalität.

Angesichts der Tatsache, dass der menschliche Körper (abhängig vom Alter) zu 60-90 Prozent aus Wasser besteht, ist es offensichtlich, dass Torsionsenergie ein wichtiger Faktor der menschlichen Gesundheit ist.

Außerdem signalisiert bereits die Ähnlichkeit dieses Begriffs mit dem Wort „Torso“ für Rumpf, dass ein tieferer Zusammenhang zwischen Torsionsenergie und Körper besteht.

Abb. 147: In diesem Zusammenhang sind auch die Drehbewegungen der Sufis bzw. Derwische zu sehen, die dadurch die Vereinigung mit Gott anstreben und dabei wallende weiße Gewänder tragen, denn auch die Farbe der Kleidung ist von energetischer Bedeutung

Ähnlich ist es im chinesischen Daoismus bzw. Taoismus, dessen Anhänger traditionell ebenfalls weite Gewänder tragen und meditative Körperübungen praktizieren, wie das Taijiquan, bei denen die Aufnahme und Umleitung der Lebensenergie „Chi" eine wichtige Rolle spielt.

Abb. 148: Entsprechend vereint das bekannte daoistische Taiji-Symbol die beiden energetischen Urkräfte Yin und Yang, die häufig auch mit der Dualität von weiblich (Yin) und männlich (Yang) gleichgesetzt wird

Diese ist jedoch nicht als eine statische Gegensätzlichkeit oder Grundverschiedenheit zu sehen, sondern als ein dynamischer Zustand, der in stetigem Wandel begriffen ist, wobei jeder Zustand bereits sein „Gegenteil“ in sich trägt und was durch die beiden eingeschlossen Punkte zum Ausdruck gebracht wird.

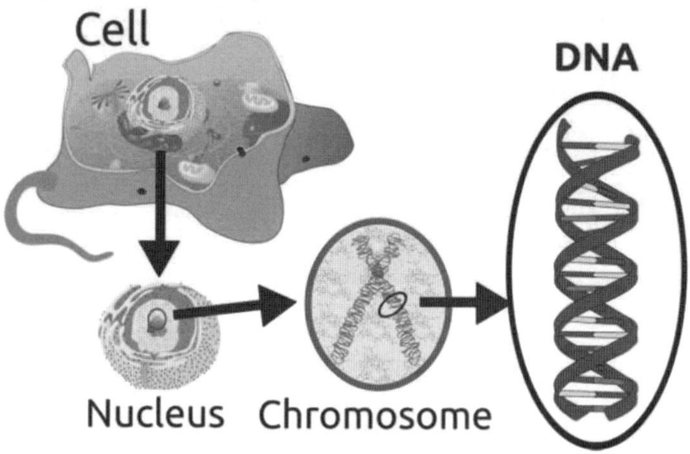

Abb. 149: Ähnlich verhält es sich auch mit den biologischen Geschlechtern von Mann und Frau, indem bei Männern von Natur aus nicht nur männliche Y-Chromosome vorkommen, sondern auch ein weibliches X-Chromosom (XY)

Außerdem muss man wissen, dass in den Chromosomen das genetische Erbmaterial der DNA in Form einer so genannten Doppelhelix angeordnet ist, woran ersichtlich ist, dass sich das Prinzip der Verdrehung bis in die kleinsten biologischen Bausteine fortsetzt.

Unterdrückung traditioneller Lebensweise und Erforschung energetischer Urprinzipien

Es fällt auf, dass viele Forscher, die sich mit dem Wissen um natürliche und frei zugängliche Energien befasst haben, ebenso bekämpft wurden wie religiöse Strömungen, die einen direkten Zugang zu Gott suchen, denn es ist nicht im Sinne etablierter Wissenschaften und Religionen, dass die Menschen aus sich selbst heraus unabhängig leben und erlöst werden können.

Forscher wie Nikola Tesla, Wilhelm Reich und Viktor Schauberger sind auf tragische Weise ums Leben kommen – wobei in allen drei Fällen die USA eine besondere Rolle gespielt haben – und ihr Wissen wird bis heute unterdrückt. Ebenso wurden gnostische und mystische Strömungen wie die islamischen Sufis oder die christlichen Katharer von den Institutionen ihrer jeweiligen Religion mindestens abgelehnt oder brutal bekämpft.

Außerdem fällt auf, dass weltweit nicht nur die traditionelle Lebensweise der Menschen bekämpft wird, sondern damit einhergehend auch die natürliche Polarität von Mann und Frau. Denn ebenso wie traditionelle Kleidung Teil einer natürlichen Lebensweise und auf die verschiedenen Bedürfnisse von Männern und Frauen abgestimmt ist, ist auch die Verbindung beider Geschlechter eine Grundvoraussetzung allen Lebens.

Man redet uns zwar ein, dass all dies eine „veraltete" und „überholte" Sichtweise sei und wir stattdessen stets den neuesten Trends hinterher hecheln sollten, doch wir sollten uns davor hüten, unser Leben wie ein Fähnchen im Wind von allen möglichen kurzfristigen Strömungen bestimmen zu lassen und dabei langfristig unser eigenes Selbst zu verlieren.

Abb. 150: „Kleidung, wie sie schützt und stärkt: Die energetische Wirkung von Farbe, Form und Material" von Harald Jordan

Viel Wissen, das uns allen ein besseres, gesünderes und erfüllteres Leben ermöglichen würde, ist bereits verloren gegangen und muss mühsam wieder entdeckt werden. Selbst die moderne Physik, die sich so lange krampfhaft an ein materialistisches Weltbild geklammert hat, ist auf der Suche nach den kleinsten Bausteinen des Lebens bereits vor ca. 100 Jahren zu der Erkenntnis kommen, dass letztendlich alle Materie auf energetischen Prinzipen basiert und dass das Bewusstsein einen direkten Einfluss auf die Materie ausübt.

Es wird Zeit, dass sich diese wichtigen Erkenntnisse weiter durchsetzen und verbreiten, damit wir uns aus unserer Abhängigkeit von den wirklich überholten Denkmustern eines rein materialistischen Weltbildes befreien und die eigene Kontrolle über unser Leben zurückgewinnen. [125]

4.2 David Icke: QAnon, Donald Trump und das „Erlöser-Programm“

David Icke spricht in einem Video-Beitrag, der auf YouTube zensiert wurde, unter diesem Link [(126)] finden Sie eine Sicherungskopie:

„Ich würde mich mit einem anderen Präsidenten viel besser fühlen und da spreche ich jetzt nicht von Trump. Ich spreche von einem Präsidenten, der absolut die besten Interessen des Volkes in allen Bereichen der Gesellschaft repräsentiert.

Das werden wir vermutlich mit Biden nicht bekommen. Das wird wohl eher eines der extremsten Regimes in der amerikanischen Geschichte. Davon kann man ausgehen, wenn man betrachtet, wo wir inzwischen stehen.

Die Frage ist, wie es dazu kommen konnte. Wie konnte es so weit kommen, dass die Biden-Administration eine einmalige Gelegenheit hat, Amerika den Faschismus aufzuerlegen und die ins Visier zu nehmen, die sich dagegen wehren wollen.

Ein Bereich, über den wirklich gesprochen werden muss, ist die Organisation, die QAnon genannt wird. QAnon ist eine Art von Geheimgruppierung, also eher eine anonyme Gruppe, die in der frühen Phase der Trump-Regierungszeit auftauchte.

Sie zog eine Menge ‚Auflehner‘ (‚push-backers‘ nennt Icke sie) mit der Behauptung an, es gäbe einen Plan. Die "bösen Kerle" sollten inhaftiert werden und die ‚guten Kerle‘ aus den Regierungskreisen würden das erledigen.

Sie würden in der Lage sein, den Tiefen Staat loszuwerden. Es würde Massenverhaftungen geben und einige andere Maßnahmen. Und als ich das hörte, konnte ich nur mit dem Kopf schütteln und ich sagte: ‚Oh mein Gott, nicht noch so einer!‘

Derartige Unterstützer gab es schon lange. Sie kommen und gehen. Unter Umständen kommen sie auch wieder. Möglicherweise haben sie dann anderes Aussehen oder andere Namen. Der Grund, warum ich gleich in der Art auf das QAnon-Phänomen reagierte, war die Erfahrung der letzten dreißig Jahre, in der derartiger Unsinn unter verschiedenen Namen auf- und wieder abgetaucht ist.

Es läuft immer nach demselben Muster. ‚Es gibt einen Plan. Sie müssen sich keine Sorgen machen, denn es gibt einen Plan. Lehnen sie sich zurück und sehen sie zu, wie sich der Plan entfaltet! Vertrauen Sie dem Plan!‘

Ich möchte an eine Passage erinnern, die ich in einem Buch im Jahre 2012 geschrieben habe, ‚Die Wahrnehmungsfalle‘ heißt es, eine Bemerkung, die im Grunde QAnon beschreibt, bevor es den überhaupt gab. Das ist ja auch nur ein Beispiel eines immer wiederkehrenden Themas, das ich in den vergangenen Jahren immer wieder beobachten konnte.

Das ist psychologische Kriegsführung. Nicht jeder Beteiligte oder Mitwisser gehört zur Psyop, viele halten das für echt und geben es weiter, weil sie es für echt halten. Aber es ist eine Art Besitzergreifung des Denkens und Verhaltens der ‚Auflehner‘, denen eingeredet wird, dass sie nichts tun müssen. Aber das müssen wir! Wenn wir QAnon erkennen könnten, sobald wir darüber lesen, hört sich das folgendermaßen an:

Abb. 151: „Die Wahrnehmungsfalle“ von David Icke

Zitat: ‚Überschrift: Die ‚Komm und rette mich‘-Ablenkung. Ein Freund leitete mir eine E-Mail weiter und fragte, was ich von dem Inhalt halten würde. Da kannte ich das alles schon (schon 2012 oder 2011!).

Es fasste die Behauptungen eines anonymen Hinweisgebers (Whistleblowers) zusammen, der sich Drake nannte. Ich las die Nachrichten von Drake, der viel Publicity im Internet durch eine Radiosendung bekam, die von David Wilcock präsentiert wurde.

Da stand, dass die ‚guten Kerle‘ - ja, diese Phrase wurde wirklich damals schon benutzt - die ‚guten Kerle‘ des US-Militärs und der Geheimdienstszene dabei wären, Massenverhaftungen der ‚schlechten Kerle‘ vorzunehmen. Und ich schreibe hier: ‚Hitler sagte schon, gestalte Deine Desinformation wirklich simpel, damit jedermann sie verstehen kann.‘ ‚Gute Kerle - Schlechte Kerle‘, das ist perfekt.

Inzwischen taucht im fernen Japan ein anderer Mann von den Alternativmedien auf, Benjamin Fulford, und der sagte etwas Ähnliches über Geheimgesellschaften im Fernen Osten. Sie würden die ‚schlechten Kerle‘ einsacken, äußert er in Interviews mit Wilcock.

Ein Höhepunkt der Geschichte wegen der Naivität der Desinformation, die in der alternativen Szene verbreitet wurde, um abzulenken und in die Irre zu führen: Das wird oft von Menschen gemacht, die glauben wollen, dass es wahr ist, obwohl die Originalquelle weiß, dass es nicht so ist.

Ich wurde oft gefragt, was denn nun mit den anstehenden Massenverhaftungen der Illuminati wäre. Oder es wurde mir von denen als Fakt berichtet, die die Ansagen von Wilcock und Fulford weiterverbreiteten.

Das ging so weiter, obwohl Deadline nach Deadline verstrich, an denen sich die Illuminati-Strippenzieher selbst stellen sollten oder so was. Fällt Ihnen was auf? In Bezug auf die aktuelle Situation? Fulford behauptete, dass seine ‚guten Kerle' der ‚White Dragon'- Gesellschaft angehören würden. Sie hätten vor, diejenigen, die hinter der globalen Verschwörung stecken würden, zu verhaften und sie würden direkt während des Übergangs einschreiten, der zu Frieden und Wohlstand führt.

Eines Tages, schrieb ich, werden die möglicherweise verhaftet, aber bisher wohl noch nicht. Eine Nachricht aus dem September 2011 behauptete Benjamin Fulford hätte Kenntnis von einem Treffen von 57 Repräsentanten aus 57 Ländern der Welt, (genau wie vor einer Woche), die den Mitgliedern der teuflischen Kabale wirklich weh tun werden.

Propaganda immer simpel halten! Die Leute müssen es glauben. Ja, es scheint, als würden Länder der ganzen Welt die Kurve kriegen und mit den Dschidda-Rittern (also der ‚White Dragon'-Gesellschaft), den ‚Guten Kerlen' zusammen gehen. Die Menschen sind des teuflischen Imperiums müde und wollen sich dessen entledigen, so scheint es.

Was ist die ‚White Dragon'-Gesellschaft nach Fulford im Jahre 2011? 'Wir sind eine internationale Gruppe von Finanzleuten, Militärleuten, Geheimdienstleuten und aus Geheimorganisationen, ebenso auch Journalisten und normalen Bürgern, die genug haben von dem Verhalten des militärisch-industriellen-Komplexes.

Ich meine, das habe ich schon mal gehört. Öfter. Und die machen eine Liste mit den Namen der Leute, damals im Jahre 2011, die von den "guten Kerlen" verhaftet werden sollen. Unter ihnen Henry Kissinger, Georg Bush sen., Georg Bush jun., David Rockefeller, J. Rockefeller, Dick Cheney, Warren Buffet, George Soros (siehe QAnon) Bill Gates, Bill Clinton, Hillary Clinton, die Mitglieder der J.P. Morgan-

Familie, der Vanderbild-Familie, der Rothschilds, der Warburgs, der britischen Königsfamilie, die Queen und der Papst, der Chef der FED, Bernhard Bernanke, US Schatzmeister Timothy Geithner, von Goldmann-Sachs Lord Blankfein, den J.P. Morgan-CEO Jamie Dimon, den ehemaligen CEO der Bank of America Kenneth Lewis und den Citigroup-CEO Vikram Pandit. Und sehr exklusiv: Prinz Harry, der die Macht von Queen Elisabeth übernehmen sollte!?

Womit wir es hier zu tun haben ist eine extreme Naivität, und ein klassischer psychologischer Austausch, den Leute sogar verständlicher Weise haben. Wenn sie hören, was sie hören möchten, glauben sie es, weil sie es hören möchten. Und wer möchte nicht hören, dass die Leute, die die Menschheitsfamilie kreuzigen, verhaftet und eingesperrt werden, so daß ihnen das Handwerk gelegt ist. Aber wir müssen gradlinig sein. Und mehr als alles andere Fragen stellen, wenn uns gesagt wird, was wir hören wollen. Denn das ist eine offene Tür, die wir einrennen.

Und es ist viel schwieriger, es nicht nur mitzuteilen, sondern als Faktum zu akzeptieren, was wir nicht hören wollen. Offensichtlich will man nicht ehrlich sein, daraus ergibt sich Widerstand. Der Grad der Naivität, die uns in der beschriebenen Situation begegnet, zeigt sich schon in dem Codenamen ‚Drake‘. Offensichtlich hat er seine Identität ja geheim zu halten.

Er darf ja nicht gefunden werden. Aber dann macht er zwei Stunden Interview mit einem Radiosender. Bei all der Überwachungstechnik. Und es gelingt nicht, ihn zurückzuverfolgen, innerhalb von zwei Stunden. Und Drake gibt Termine durch, auf den Tag genau, wo die ‚guten Kerle‘ die ‚schlechten Kerle‘ wegsperren würden. Ich sagte seinerzeit, das wird nicht passieren, denn das ist noch nie passiert. Es ist nämlich ein zirkulierendes Thema, das unter verschiedenen Namen immer wieder kommt.

Menschen werden auf eine Linie gebracht, in die sie Energie stecken. Das ist QAnon mit seinem ‚Vertraue-dem-Plan‘ und ‚Es-wird-einen-Sturm-geben‘, und ‚Du-mußt-gar-nichts-machen‘, es ist ja alles geregelt. ‚Bleib sitzen!‘ Nichts von dem, was QAnon verkündet hat, ist passiert.

Da gab es einen sehr interessanten Artikel auf ‚davidicke.com‘ von der Webseite ‚informationliberation.com‘. Die haben es wirklich erfasst, in der Überschrift: QAnon hat verblüffende Ähnlichkeit mit der bolschewistischen Psyop aus den 1920ern, bekannt als ‚Operation Trust'.

Zitat: ‚Operation Trust' war eine bolschewistische Gegenspionageoperation, die von 1921 bis 1926 lief und darauf abzielte, die Opposition zu neutralisieren, indem der falsche Eindruck erweckt wurde, dass sich eine mächtige Gruppe von Militärführern organisiert hätte, um die Machtübernahme der Kommunisten zu verhindern. Die Ähnlichkeiten mit der QAnon ‚Trust The Plan'-Psyop sind bemerkenswert.' Zitat Ende.

Also nochmal, das wiederholt sich immer. Aus demselben Grund mit demselben Ausgang. Die Gegner neutralisieren und sie in Richtung Abgrund zu führen.

Zitat: ‚Die Operation Trust war eine Spionageabwehroperation der Staatlichen Politischen Direktion (GPU) der Sowjetunion. Die Operation, die vom Vorgänger der GPU, der Tscheka, ins Leben gerufen wurde und von 1921 bis 1926 lief, gründete eine gefälschte antibolschewistische Widerstandsorganisation, die "Monarchistische Union Zentralrusslands', MUCR, um der OGPU zu helfen, echte Monarchisten und Antibolschewisten zu identifizieren." Zitat Ende.

Ködern und viele andere Dinge. Zitat: ‚Die geschaffene Tarnfirma hieß ‚Moskauer Kommunale Kreditvereinigung'. Der einzige westliche Historiker, der begrenzten Zugang zu den Trust-Akten hatte, John Costello, berichtete, dass sie siebenunddreißig Bände umfassten und ein so verwirrendes Gewirr von Doppelagenten, geänderten Codenamen und ineinandergreifenden Täuschungsoperationen mit ‚der Komplexität einer symphonischen Partitur' waren, dass russische Historiker des Geheimdienstes Schwierigkeiten hatten, Fakten von Fantasie zu trennen. Das klingt wie der von QAnon verbreitete Unsinn im Stile von Konfuzius.

QAnon brachte es fertig, Trump-Anhänger, die zu Recht über die kriminelle Natur unserer herrschenden Klasse wütend waren, mit Fantasien zu täuschen, dass ‚White Hats' im Militär uns retten würden' Zitat Ende. Von den White Hats war schon lange vorher in solchen Theorien die Rede, lange vor 2011.

Zitat: ‚... dass „weiße Hüte' im Militär uns retten würden, während Generalstaatsanwalt William Barr damit beschäftigt war, den Jeffrey Epstein Fall zu vertuschen und die Kushner-Regierung (was die Trump-Administration offen gesagt tatsächlich war), die ‚Kushner-Netanjahu-Regierung' war damit beschäftigt, Betrüger zu begnadigen, die an das Aleph-Institut gespendet hatten, und den israelischen Spion Jonathan Pollard von der Bewährung zu befreien, um in Israel ‚Aliyah' zu machen, also ihn nach Israel zurückkehren zu lassen.

Genauso wie die Opposition durch die Operation Trust geoutet und verhaftet wurde, wurden möglicherweise Dutzende von QAnonern geoutet und als Folge des Marsches auf das Kapitol verhaftet.

Viele der Neokonservativen in unserer Regierung sind die buchstäblichen Nachfahren der Trotzkisten, also ist es nicht ausgeschlossen, dass sie denselben Trick zweimal durchziehen.

Und QAnon hat sich über einen Zeitraum für einen Regime-Change im Iran ausgesprochen, was Israel sich ja sehnlichst wünscht. Und Edward Snowden, der die Informationen über das Ausmaß der illegalen Überwachung der Amerikanischen Bevölkerung veröffentlich hatte, sollte seiner Meinung nach ausgeliefert werden weil er der NSA geschadet habe und die ist ja wohl mittendrin im Tiefen Staat.

Also QAnon und die Vorgänger von ihm war und ist eine Psyop. Und wir sollten erkennen, wie die Dinge laufen und aufhören, denen jedesmal nachzulaufen. Solche Organisationen sagen Dinge, die solche, die in die Falle gehen wollen, ernst nehmen und das zieht die Leute an. Ich nenne das ‚Gin&Tonic mit nem Twist'.

Desinformation ist niemals in allen Punkten unwahr. Das würden ja zu viele Leute durchschauen. Es gibt eine Menge Wahrheit und dann den Twist, der uns um die Ecke bringt. Sie erzählen uns erstmal die Dinge, die uns anziehen. Und dann drehen sie uns um. Hoffen wir also, dass es das letzte Mal war, dass wir darauf reingefallen sind."

Interviewer sagt zu Icke: „*Musste viel lachen, sehr amüsant. Hab gehört, eine Erfahrung, die ich gemacht haben. Wir haben ein Interview gemacht mit ihr. Sie sagte, sie wäre in Leistershire und sprach über das Ereignis. Da wollten wir sie besuchen, weil das nur 30 Minuten entfernt ist. Sie sagte, okay. Ich kontaktiere die Organisatoren und die kommen dann noch dazu.*

Der Typ schrieb mir eine E-Mail und da hieß es, wir, ich und mein Bruder würden das Event überfallen und sabotieren. Aber es gibt Leute, die verteidigen QAnon bis aufs Messer."

Icke: „*Die Frage ist doch, was machen die ‚Weltuntergangs'-Kulte? Du gibst ihnen einen Termin für das Ende der Welt und wenn der vergangen ist, gibst du ihnen ein neuen. Und so arbeiten die Psyops auch. Wie gesagt, die Mehrheit der Leute, die sich für QAnon begeistert haben, wollten natürlich nicht Teil der Psycho-Operation sein, sie wollten daran glauben und ehrlich sein.*

Der Missbrauch besteht also darin - ich habe Aufzeichnungen über 30 Jahre, die offensichtlichen Missbrauch nicht erlauben / was wiederkommt / die mich abhalten sollen, das zu sagen, was ich für wahr halte. Und aus meiner Sicht ist diese Situation auch eine Psyop. Und ich mache das und habe das all die Jahre gemacht, weil ich möchte, dass die Wahrheit herauskommt.

Damit das psychopathische Böse nicht länger die menschliche Gesellschaft kontrolliert. Das ist mein Ziel und war seit langem meine Vereinbarung. Und ich bin nicht interessiert an verdammten Statuen.

Ich sage hier, was ich über eine lange Zeit immer in Wiederholung beobachtet habe und wenn Menschen anderer Meinung sind, dann sollen sie das sein. Es gibt kontroverse Ansichten.

Ich meine auch Trump sollte eine neue Betrachtung erfahren und man sollte hinter die Rhetorik blicken und dass er sagt, was du hören möchtest. Was hat sich über die letzten vier Jahre getan?

Also wenn dich wirklich Freiheit interessiert, Redefreiheit, würdest Du ins Weiße Haus gehen und für Google eintreten und Facebook und Twitter, wegen der Zensur der freien Rede. Stattdessen wurde nur ein paar Wochen vor dem Ende der Trump-Präsidentschaft Klage gegen Google eingereicht.

Was ist da der Punkt? Und Du möchtest den Sumpf trockenlegen? Der Sumpf war niemals so tief, als zu dem Zeitpunkt, an dem Biden reinkam. Der ja nur ein Frontmann für die dunkelsten Drakes ist. Also zeige mir nicht die Sprüche, sondern die Taten! Manch einer mag an die Redefreiheit glauben. Warum werden in einer Explosion von Begnadigungen am Ende der Präsidentschaft gewalttätige und finanzielle Kriminelle begnadigt, ein israelischer Spion, ein Megaganove, der das Medicare-System bestohlen hat?

Und warum, wenn du an Redefreiheit glaubst, und den Tiefen Staat entlarven willst, begnadigst Du nicht Julian Assange und Edward Snowden? Denkt drüber nach, Leute!

Als Trump 2016 an die Macht kam, stand die Frage, ob man ihn benutzt, um Amerika zu teilen. Und das haben sie. Zweite Frage ist, wie genau er wusste, dass er benutzt wird bzw. nicht. Aber das ist ganz klar geschehen. Was rauskommt nach vier Jahren Trump ist die komplette Dämonisierung nicht nur der Trump-Unterstützer, sondern von jedermann, der den Faschismus zurückdrängen will. Oder den Kommunismus - nenne es, wie du willst, ist ja ein und dasselbe.

Also werden wir wieder Zeuge einer Sache - wie oft denn noch, Leute? - ist der Rette-Dich-Komplex, wie sie es in der gesamten Geschichte der Menschheit getan haben, die uns bekannt ist. ‚Suche nach jemandem, der sie errettet!' ‚Rette mich, QAnon!' Was bringt das? Ihr gebt Eure Macht ab! Ich gebe meine Macht an den Staat, an Donald Trump. Oder QAnon! So sind wir doch in die Bredouille geraten! Wir können da rauskommen, wenn wir aufhören, nach einem Erretter zu suchen. Es jemand anders zu übertragen, ‚Vertraue dem Plan'. Ich kämpfe gegen einen verdammten Spiegel! Da siehst Du, wer der wahre Erlöser ist! Wenn Du ihn denn einen Retter nennen musst. Wir sind es!

Also 75 Millionen Menschen stimmten für Trump. Ja. Was können 75 Millionen Menschen, statt QAnon zu folgen, oder zu Trump wie zu einem verdammten Gott aufzublicken? 75 Millionen Menschen sagen, ab heute werden wir nicht länger mit unseren Sklavenhaltern zusammenarbeiten.

Nein, wir ziehen keine Masken an. Nein, wir folgen dem Faschismus nicht, der von einer Fake-Pandemie gerechtfertigt wird. Wir kooperieren nicht mit unseren Sklavenhaltern und denen unserer Kinder. Keinesfalls, unter keinen Umständen, ohne Kompromiss. Wir machen das nicht. Hausarrest, Lockdown? Machen wir nicht mit. Wir sagen, es ist ein Betrug.

Wie leicht würde es sein, das durchzusetzen mit 75 Millionen Menschen? Besonders wenn die in der Grundversorgung tätig sind. Wie würde das die Ereignisse verändern? Weitaus umfassender als Massenproteste in Washington oder einem nächsten Retter zu folgen!

Es ist fast wie eine Gedankenprogrammierung, ein Ausführungsprogramm, tief in der menschlichen Psyche verwurzelt. Und wenn Du weißt, was zu tun ist, drückst Du den Auslöser.

Und die Leute geben ihre Macht ab an jemanden, von dem sie glauben, daß er sie rettet. Wir sind in diese Bredouille geraten, weil wir so gehandelt haben. Die

Menschheit gibt ihre Macht ab an Könige und Königinnen, Kriegsherren, Politiker und Bürokraten. So sind wir hier gelandet.

Indem wir es an Trump und QAnon abgegeben haben. Ist nur eine Spielart davon. Und wenn wir uns das Ergebnis ansehen, nach vier Jahren mit Trump, dem Retter, sind die ‚Auflehner' nie weniger von der Gnade des schlimmen Faschismus abhängig gewesen." (127)

4.3 Q ist zurück auf Twitter, Elon Musk als Gatekeeper – und es wird noch schlimmer!

Die „digitalen Soldaten" rollen wieder das Feld auf, jeder der deren „Mission" in Frage stellt oder dagegen ist, ist automatisch ein „Gatekeeper". Willkommen im Meinungs-Faschismus! Was sind diese Torwächter?

„Als ‚Gatekeeper' (Torwächter, Falschspieler) werden einflussreiche Charaktere/Kanäle/Plattformen/Influencer (Einfluss-Nehmende) bezeichnet, die ihre Reichweite bewusst dazu nutzen, Menschen in die Irre zu führen – zumal sie auch selbst innerhalb gewisser Kreise mit entsprechender Agenda verwoben sind. Glaubwürdigkeit entsteht durch das Verbreiten einiger (Teil)Wahrheiten und emotionale Beeinflussung, während dann immer wieder gezielt vom Wesentlichen abgelenkt wird.

Diese Definition eines Gatekeepers gilt bei vielen „erwachenden" Menschen als bekannt. Doch ist dem wirklich so, oder kann es womöglich sein, dass sie wieder lediglich eine Teilwahrheit darstellt?

Geht es anstelle von Wissen nicht vielmehr um eine Beeinflussung der Gefühle, das Erzeugen von Ängsten, Ungewissheit und das Brechen der emotionalen Stärke von Menschen, um sie möglichst passiv, problembehaftet und entwurzelt zu halten? Demnach werden die Massen stets innerhalb ihrer Entwicklung beobachtet, um sie nach einem gewissen Prozess der Bewusstwerdung und Vertrauensfindung durch einen erneuten Bruch des Weltbilds zu erschüttern und entmutigen. Entmutigte Menschen neigen wiederum zu Hörigkeit und Ängsten, verspüren eine starke Sehnsucht nach gleichgesinnten Gruppierungen sowie zu Führern im Außen – was erneut zu Handlungsunfähigkeit, Abhängigkeit und Spaltung innerhalb der Menschheit führt.“ (128)

Der Reihe nach, die links-orientierte US-Webseite „Vice" (129) berichtet am 28. November 2022:

„Es wird erwartet, dass Elon Musk die Zehntausende von QAnon-Konten wieder herstellt, die nach dem Capitol-Sturm gesperrt wurden.

Elon Musk hat zugelassen, dass QAnon-Konten und -Inhalte auf Twitter zurückfließen, wo sie gewalttätige Verschwörungstheorien und gefährliche Desinformationen verbreiten und QAnon-Veranstaltungen fördern. Einige der Accounts hat Musk sogar mit einem verifizierten blauen Häkchen versehen.

Und das ist wahrscheinlich erst der Anfang: Die meisten der 70.000 mit QAnon verknüpften Konten, die nach dem Aufstand im Kapitol von der Plattform geworfen wurden, warten gespannt auf ihre Rückkehr im Rahmen von Musks geplanter Amnestie für gesperrte Konten, die voraussichtlich einige Zeit in dieser Woche dauern wird.

Die umfassende Rückkehr zu Twitter wird der QAnon-Bewegung erneut eine riesige Plattform bieten, um neue Gläubige für eine Verschwörung zu rekrutieren, die sich wiederholt als Ansporn für Gewalt erwiesen hat, einschließlich mehrerer Morde.

Einer der derzeit prominentesten QAnon-Accounts auf der Plattform wird von John Sabal betrieben, der seinen Anhängern als QAnon John bekannt ist. Sabal betreibt das Konto seiner Firma Patriot Voice, die große mit QAnon verbundene Konferenzen organisiert, an denen amtierende GOP-Gesetzgeber und bekannte Persönlichkeiten aus der MAGA-Welt teilnahmen. Sabals Konto hat die Verifizierung mit dem blauen Scheck erhalten, die durch das Abonnieren des neuen Abonnementdienstes von Twitter für 8 USD pro Monat erhalten wird.

In den letzten Tagen hat Sabal Twitter genutzt, um für seine bevorstehende QAnon-Konferenz in Texas zu werben, auf der Persönlichkeiten von Trumpworld wie Rudy Giuliani und Kash Patel, der während der Trump Administration Stabs chef des amtierenden Verteidigungsministers war, vertreten sein werden. Sabal hat auch neue ‚Q-Drops‘ direkt von 8kun gepostet, die eine Mischung aus Verschwörungstheorien über ‚einen Krieg gegen deine DANN‘, ein Versprechen von Q, eine

Frage-und-Antwort-Sitzung mit Anhängern abzuhalten, und eine kryptische Nachricht darüber, wer die Propheten sind wer nicht. Sabel hat auch COVID-19-Verschwörungen vorangetrieben und Musk für das ‚Verbot von Pädophilen' gelobt, nachdem Twitter eine Reihe prominenter antifaschistischer Konten gesperrt hatte.

Aber Sabal ist nur einer von vielen Accounts, die jetzt offen QAnon-Memes, Hashtags und Verschwörungstheorien auf Twitter teilen, nachdem Musk die Richtlinien der Plattform geändert hat, um Benutzern effektiv zu erlauben, alles zu posten, was sie wollen, solange es nicht gegen US-Gesetze verstößt.

Die Suche nach bekannten QAnon-Hashtags, die bis vor wenigen Wochen nur sehr wenige Ergebnisse geliefert hätten, liefert nun eine Flut von Inhalten, die offen die gewalttätige Verschwörungsbewegung unterstützen, die für eine zunehmende Zahl von Morden in den letzten Jahren verantwortlich gemacht wurde.

Ein weiteres Konto, das in den letzten Tagen wiederhergestellt wurde, ist ein Konto von Romana Didulo, der selbsternannten QAnon-Königin von Kanada.

Abb. 152: Die selbsternannte Königin

Die Rückkehr von mit QAnon verknüpften Konten erfolgt nur wenige Tage, nachdem Musk eine Umfrage durchgeführt hat, in der Benutzer gefragt wurden, ob gesperrte Konten massenhaft wieder auf der Plattform zugelassen werden sollten, mit Ausnahme derer, die gegen das Gesetz verstoßen oder an ‚ungeheuerlichem' Spam beteiligt waren.

Überwältigende 72 % der Befragten stimmten für die Wiederherstellung gesperrter Konten (natürlich könnten diese Ergebnisse durch mehrere Threads in Randforen beeinflusst worden sein, die die Benutzer aufforderten, Musks Umfrage zu spammen, um das gewünschte Ergebnis zu erzielen).

Im Januar 2021 löschte Twitter nach dem Capitol-Sturm 70.000 QAnon-Konten dauerhaft, weil sie schädliche Inhalte in großem Umfang geteilt hatten. Das Verbot, zusammen mit ähnlichen Schritten von Facebook und Instagram, war ein schwerer Schlag für die Fähigkeit von QAnon, neue Benutzer zu gewinnen, aber die Bewegung starb nicht – stattdessen wurde sie auf weniger Mainstream-Plattformen wie Gab, Telegram und zuletzt Truth verbreitet.

Musk hat den wichtigsten QAnon-Account auf Twitter bereits wiederhergestellt, als er Ex-Präsident Donald Trump die Rückkehr erlaubte. Der ehemalige Präsident hat das Twittern nicht wieder aufgenommen und zieht es stattdessen vor, weiterhin QAnon-Memes auf seiner eigenen Truth Social-Plattform zu teilen.

Trump hat jedoch fast 90 Millionen Follower auf Twitter und weniger als 5 Millionen auf Truth Social, und die Attraktivität einer größeren Plattform könnte sich für den ehemaligen Präsidenten als zu verlockend erweisen.

Die Rückkehr von Zehntausenden von QAnon-Konten zu Twitter könnte massive Auswirkungen auf die Ausbreitungsfähigkeit der Verschwörungsbewegung haben, und die Anhänger sind sehr gespannt auf die Rückkehr.

‚Ich bin auf Twitter, seit Elon Trump wieder eingesetzt hat', schrieb ein Benutzer am Freitag auf einem beliebten QAnon-Telegram-Kanal. „Es ist reif für rote Pillen, die meisten Influencer auf Twitter haben diese Bewegung niedergeschlagen, wissen aber nicht, dass Anons heutzutage alle Geschichten verbreiten.'

Einer von denen, die sich auf seine Rückkehr freuen, ist Ron Watkins, der ehemalige Administrator von 8kun, der zum Aufstieg von QAnon beigetragen hat – und von dem viele glauben, dass er Q Drops selbst geschrieben hat.

‚Herzlichen Glückwunsch, Präsident Trump, dass er aus dem Twitter-Gefängnis entlassen wurde', schrieb Watkins letzte Woche auf seinem Telegram-Kanal. ‚Ich habe auch Einspruch gegen meine Twitter-Sperre eingelegt und warte auf eine Antwort.'

Fassen wir zusammen. Elon Musk kauft Twitter, sperrt pädophile Inhalte, erlaubt es den QAnon-Gläubigen wieder zu twittern und fragt ganz demokratisch, ob gesperrte Konten wiederhergestellt werden können.

Das ist also für die QAnon-Jünger ein Gatekeeper!?

Wie wäre es, wenn Musk und Q beide Gatekeeper sind, damit die Elite weiter ihr „teile und herrsche“ Spiel spielen kann.

Abb. 153: Tweet von Musk zu „Q“

Sie wollen weiter Hinweise, dann schauen Sie bitte hier:

Q4509
Du wurdest ausgewählt, um deinem Land zu dienen.
Zieh dich niemals vom Schlachtfeld zurück [Twitter, FB, etc.].
Nutze andere Plattformen als eine Form des zentralisierten Kommandos und Kontrolle.
Organisiert und verbindet euch [Brücke durch Verlinkung].
Verwende Meme(s)-Material vom Schlachtfeld und/oder stelle sie bereit [markieren & teilen][nehmen & geben].
Mission 1: Disputiere [widerlege] Propaganda durch die Veröffentlichung von Forschung und Fakten
Mission 2: Unterstütze die Rolle anderer digitaler Soldaten [einer fällt, ein anderer steht (steht auf)]

Mission 3: Leite [wecke] andere durch die Verwendung von Fakten [Deklassiertes 1-99 Material und andere relevante Fakten] und Memes [Entkopplung der MSDNC-Kontrolle des Infostreams] _Frage 'Gegenfragen', um 'Gedanken' gegen die Wiederholung [Echo] der MSDNC-Propaganda zu veranlassen.
Mission 4: Lerne den Einsatz von Tarnung [digital] _Primärkonto gesperrt-beendet _Einsatz von Sekundärkonten
Mission 5: Identifiziere Stärken / Schwächen [persönliche(s) und bestimmte(s) Ziel(e)] bezüglich: Twitter & FB [+andere] Beispiel bezüglich: Meme(s) Versagen beim Lesen durch Verwendung von Algorythmus [denke an Tron (MCP_Mastersteuerungsprogramm)] _Abhängigkeit von Person-zu-Person-Erfassung [langsame Reaktionszeit unidentifizierte(r) Benutzer]]
Spieltheorie.
Informationskriegsführung.
Willkommen auf dem digitalen Schlachtfeld.
Gemeinsam gewinnen wir.
Q

Wer eine Terminologie wie „Kriegsführung", „Soldaten" und „Schlachtfeld" für seine Zwecke nutzt, gehört zu der gleichen Kategorie, wie das Militär und die Geheimdienste in der realen Welt. Nur für die Tastaturhelden klingt es ganz normal und vernünftig!?

Weiter geht es:

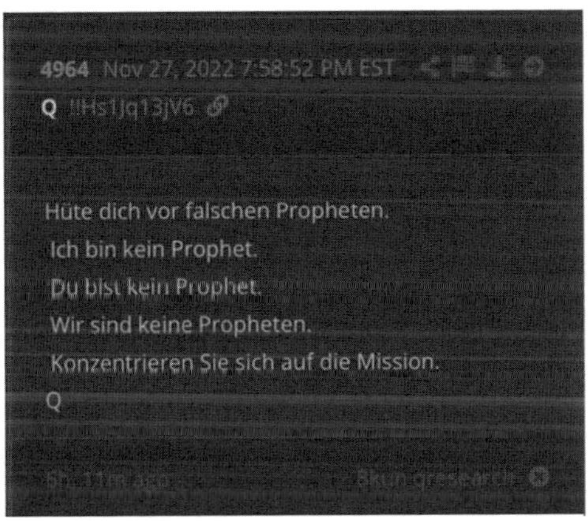

Abb. 154: Der falsche Prophet spricht

Q selbst war es, der permanent von Verhaftungen und einer Übernahme durch das Militär prophetisch berichtet und es angekündigt hat. Nun will die Psyop davon nichts mehr wissen und die Jünger haben das geflissentlich vergessen!

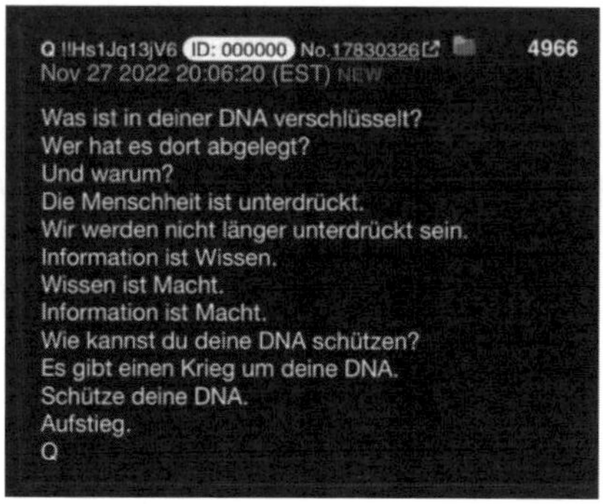

Q !!Hs1Jq13jV6 ID: 000000 No.17830326 4966
Nov 27 2022 20:06:20 (EST) NEW

Was ist in deiner DNA verschlüsselt?
Wer hat es dort abgelegt?
Und warum?
Die Menschheit ist unterdrückt.
Wir werden nicht länger unterdrückt sein.
Information ist Wissen.
Wissen ist Macht.
Information ist Macht.
Wie kannst du deine DNA schützen?
Es gibt einen Krieg um deine DNA.
Schütze deine DNA.
Aufstieg.
Q

Abb. 155: Wirklich nichts Neues

Hier wird sehr geschickt die Wahrheit mit der Lüge vermischt. Dass die Covid-Impfung auf unsere DNA abzielt, ist klar. Der „Aufstieg" kopiert die Theorie des „Ground Crew Project" (130) aus den 1980er Jahren, die teilweise von der 2012er Bewegung übernommen wurde und heute u. A. mit der Psyop „Galaktische Föderation des Lichts" in Verbindung steht.

Bitte lesen Sie selbst, was bereits in den 1980er Jahren behauptet wurde:

„Ab November 1996 ‚channelte' Nidle eine Erzählung, die ein dringender Aufruf an die Menschheit war und eine bevorstehende Apokalypse aufgrund einer planetaren Transformation der Erde beinhaltete. Er behauptete, eine Mission auf der Erde für die ‚Galaktische Föderation der Planeten' zu leiten, um die Welt auf diese kommende Transformation vorzubereiten, die stattfinden soll, wenn der Planet in den Pfad eines kosmischen ‚Photonengürtels' übergeht, ein Bereich des Weltraums, von dem er behauptete, er habe hochenergetische Eigenschaften ähnlich dem Plasma in der Atmosphäre von Sternen.

Seine Erzählung besagte, dass der Photonengürtel die Umwandlung der Erde in einen unberührten Zustand unterstützen würde und die übermenschlichen Fähigkeiten der Menschheit wieder herstellen, indem sie die genetischen Codes der gesamten Menschheit schrittweise von einer Doppelhelix-DNA in ein 12-Helix-DNA-Muster umwandeln.

Die ‚ruhende' Zirbeldrüse würde aktiviert und ein sofortiger Heilungsprozess würde stattfinden. Es wurde erwartet, dass der menschliche Körper, der in der Vergangenheit bestimmte kosmische Fähigkeiten verloren hatte, seine galaktische Fähigkeit wiedererlangen würde, sich selbst zu verjüngen, Krankheit und Alterung zu überwinden und telepathisch zu werden.

Das Channeling behauptete, dass menschliche Strukturen im Prozess der Aktivierung des Photonengürtels zerstört würden und die einzigen sicheren Orte unterirdisch oder in Raumschiffen seien. Gemäß den frühen Channelings konnte nur eine außerirdische Intervention durch die Galaktische Föderation den größten Teil der Menschheit retten. Nidle kanalisierte die Erzählung mindestens wöchentlich und behauptete, dass riesige unterirdische Kammern gebohrt und riesige Raumschiffe vorbereitet würden, um Menschen aufzunehmen, die sich einer Bruderschaft im Weltraum anschließen würden."

Wer immer noch GLAUBT, dass irgendein digitales Projekt, wie oben beschrieben die Menschheit befreit, tut nichts anderes als seinen Geist und sein Herz, ähnlich wie mit Alkohol, Drogen und schädlichen Theorien zu vergiften!

Freiheit erlangt nur der, der frei ist von äußeren Glaubenssystemen und an die innere Kraft der Gedanken und der Liebe glaubt, hieraus entsteht nämlich ein Gefühl in der echten, realen Welt für seine Mitmenschen, Kinder und Freunde – als Fels in der Brandung, friedvoll seine Bestimmung zu finden! (131)

4.4 Wach endlich auf! Sie benutzen Magie, um Dich zu kontrollieren!

Der Autor und Philosoph Max Igan hat im Februar 2022 ein beeindruckendes Video auf YouTube hochgeladen (132), welches die perfekten Schlussworte bildet:

„Erleuchtung ist ein zerstörerischer Prozess. Es ist die Auflösung von allem, was man für wahr gehalten hat. Es ist eine sehr, sehr unangenehme Erkenntnis. Der einzige wirkliche Rat, den ich in dieser Hinsicht geben kann, ist der, dass man sich selbst

immer treu bleiben sollte, sich selbst treu bleiben und bei allem, was man tut, mit gutem Beispiel vorangehen.

Erwartet nicht, dass die Leute um euch herum aufwachen! Zeigt einfach, was für ein helles Licht ihr sein könnt, weil ihr wach seid. Aber habt keine Erwartungen in Bezug auf das Ergebnis eures Handelns!

Erwartet nicht, dass die Leute es verstehen, denn sehr oft werden sie es nicht tun! Wenn ihr in eurem Leben mit gutem Beispiel vorangeht und zu einem strahlenden Licht in eurer Gemeinschaft werdet, wird dies andere positiv beeinflussen.

Erkennt einfach, dass sie schlafen, und findet euch damit ab. Viele Menschen sind einfach nur leere Portale, so sind sie nun einmal. Das Schwierigste für Menschen, sobald sie die Tiefe der Täuschung entdecken, ist, wie allgegenwärtig diese Matrix ist und was genau die Matrix ist.

Ihr wisst, was dieses ganze System wirklich zusammenhält: Es ist einfach unser Glaube, dass das System real ist und unser Glaube an die Worte, die auf dem Papier niedergeschrieben sind. Ich meine, das System wird im Wesentlichen durch Magie zusammengehalten, aber wenn man das den Leuten sagt, halten sie einen für verrückt, weil sie nicht an Magie glauben, weil sie nicht wissen, was Magie ist, und dennoch erscheint Magie jeden Tag um sie herum.

Das ist es, was das System zusammenhält. Es wird allein durch den Glauben der Menschen an die Realität des Systems zusammengehalten, und dieser Glaube wird durch den Glauben der Menschen an das Rechtssystem zusammengehalten, und dieses wiederum wird durch den Glauben der Menschen an das geschriebene Wort zusammengehalten.

So funktioniert die Magie, so funktioniert der Zauber, all die geheimen Codes und all die Zahlen, die sie dort einfügen, die Magie, die sie erzeugen, all die Symbolik, die sie überall einfügen, sie erzeugen eine gewisse Magie, die sie benutzen, um uns zu kontrollieren.

Sie bringen überall diese geheimen Codes an, sie bringen überall ihre Freimaurerzeichen an, sie bringen überall ihre Winkel an, sie machen alles nach geometrischen Mustern, und sie tun das nicht nur aus dem Grund, dass sie damit ein Energienetz aufbauen und diesen dunklen Kreislauf der Magie am Laufen halten, und weil diese Symbolik die ihre ist - sondern es dient auch dazu, uns zu kontrollieren.

Einer der Hauptzwecke dieser Geheimsprache besteht darin, diejenigen zu kontrollieren, die erforschen, wer die kontrollierende Instanz ist, und diejenigen, die erforschen, wohin sich die Dinge entwickeln. Sie benutzen die Geheimsprache, um diejenigen zu kontrollieren, die über sie Bescheid wissen.

Im Wesentlichen benutzen sie sie, um ihre Gegner zu kontrollieren, und die Art und Weise, wie dies geschieht, ist wirklich ziemlich clever.

Um zu verstehen, wie ihr durch diese geheimen Markierungen und diese geheimen Codes kontrolliert werdet, müsst ihr den Unterschied der Wahrnehmung in der linken und rechten Gehirnhälfte verstehen, und ihr müsst verstehen, wie die Sprache funktioniert und ihr müsst verstehen, wie das Gesetz funktioniert, was das Gesetz eigentlich ist.

Und wenn man das Recht an sich betrachtet, gibt es zwei Arten von Recht auf der Erde, es gibt Naturrecht und von Menschen gemachtes Recht. Wenn wir das Naturrecht als das Gesetz des Lichts bezeichnen, d.h. als weißes Gesetz, dann sehen wir, dass das vom Menschen geschaffene Gesetz das Gesetz der Dunkelheit ist, d.h. das schwarze Gesetz. Was glaubt ihr, warum nennt man das Gesetzbuch das schwarze Gesetz?

Erkennt, was sie tun, Leute! Sie lehren uns, in Sprachen zu denken. Wenn man erst einmal gelernt hat, wie man buchstabiert, und wenn man gelernt hat, Wörter als etwas Aufgeschriebenes zu betrachten, dann haben die Wörter Macht über uns.

Aber es ist ein Zauber (spell), es ist ein Glamour, deshalb nennt man es buchstabieren (spell), und den meisten Menschen ist nicht klar, dass sie beim Buchstabieren auch zaubern. Black's Law, das Rechtsbuch, ist nicht wirklich ein Rechtsbuch, sondern eben ein Schwarzbuch, ein Buch mit Zaubersprüchen.

Sie können all diese Regeln auf Papier niederschreiben und ihr glaubt plötzlich, dass sie für euch gelten, aber nur, weil ihr buchstabieren könnt, nur, weil die Zaubersprüche euch durch euren Glauben an diese geschriebene Sprache festhalten, während die wirkliche Sprache tatsächlich gesprochen wird und das wirkliche Gesetz bekannt ist. Wir alle wissen, was richtig und falsch ist, wir alle haben ein angeborenes Gefühl für Gut und Böse.

Aber indem wir Wörter aufschreiben und buchstabieren, können wir beginnen, die Denkweise der Menschen zu formen und sie dazu bringen, innerhalb von

Parametern zu handeln, die außerhalb des natürlichen Gesetzes, außerhalb eines weißen Gesetzes existieren, woraufhin sie nun innerhalb des schwarzen Gesetzes handeln.

Viele Sprachen, viele alte Sprachen wie Hebräisch, Aramäisch, Sanskrit und sogar Chinesisch, werden nicht buchstabiert.

Ihr werdet feststellen, dass es ein Symbol gibt, das ein ganzes Wort ausdrückt, und das Symbol kann ein anderes Wort ausdrücken, wenn es in Verbindung mit anderen Symbolen verwendet wird, wie z.B. im Hebräischen, wo es sechs Bedeutungen für jeden Buchstaben gibt und jeder Buchstabe ist dennoch ein echtes Wort. Das ist keine Sprache, die buchstabiert wird.

Eine weitere interessante Sache am Englischen ist, dass das Englische eine direkte phonetische Umkehrung (reversal) des Hebräischen ist. Wir sprechen also im Grunde alle rückwärts, wenn wir Englisch sprechen.

Wir sprechen Laute, die völlig unnatürlich für den natürlichen Rhythmus und die natürlichen Klänge sind, aber es sind die Schreibweise und die Symbolik, die in der Sprache enthalten sind, die das mentale und psychologische Kontrollgitter bilden. Und das Gleiche gilt für Zahlen und Geometrie.

Euch fällt auf, dass es oft geheime Zahlen gibt. Die Zahl 33 scheint ein häufig wiederkehrendes Thema zu sein, 42, 322, die Zahl 9, die Zahl 11, alle diese Zahlen werden häufig verwendet und man glaubt daher, dass sie eine bestimmte Bedeutung haben, und viele Menschen verbringen viel Zeit mit Gematrie und dem Studium dieser Zahlen und versuchen herauszufinden, was diese Magie ausmacht und wie sie funktioniert.

Das Gleiche gilt für die Geometrie. Die Freimaurer platzieren überall Symbole, sie platzieren Muster und Symbole in der Architektur und im Aufbau des Straßennetzes, sie platzieren überall Stelen, sie platzieren ihre Symbolik, wo sie nur können.

Diese Dinge sind für Leute gedacht, die eine Art von Wissen über das Okkulte haben und damit begonnen haben, dieses Kontrollsystem zu untersuchen und nach all diesen esoterischen Informationen zu forschen.

Aber sie wurden dort angebracht, um die Forscher zu kontrollieren und in die Irre zu führen. Versteht bitte, sie haben die Zahlen und die Symbolik dort platziert, damit ihr sie bemerkt und danach sucht!

Ihr würdet nicht durch dieses System eingeschränkt werden, ihr würdet nicht außerhalb des natürlichen Gesetzes handeln, ihr würdet bei allem, was ihr tut, das Richtige tun, wenn euch nicht beigebracht worden wäre, an die Macht des geschriebenen Wortes zu glauben.

Und so wird dieses geschriebene Wort euch dazu bringen, außerhalb eures moralischen Kompasses zu agieren, um innerhalb des schwarzen Rechts zu agieren, anstatt im natürlichen Recht.

Und wenn ihr das bemerkt und merkt, dass etwas furchtbar falsch ist, wollt ihr wissen, wer die kontrollierende Instanz ist. Also fangt ihr an, der Sache nachzugehen, und ihr stellt fest, dass es überall Symbolik gibt, und das regt euch an.

Ihr seid an etwas dran, ihr habt ein Geheimnis entdeckt.

Und jeden Moment, den ihr damit verbringt, nach der Symbolik zu suchen, die Zahlen zu zählen und die versteckten Bedeutungen in den Worten zu finden, achtet ihr nicht auf eure Umgebung und handelt nicht nach dem Naturgesetz.

Ihr tut nicht in allen Bereichen das Richtige. Ihr geht nicht mit der Situation um, weil ihr zu sehr damit beschäftigt seid, in den Kaninchenbau zu gehen, um herauszufinden, was die Magie ist. Und genau das ist die Magie.

Die Magie ist die Tatsache, dass ihr jetzt abgelenkt seid und eure Köpfe in diesen Kaninchenbau steckt und ihr euch nicht mit eurer Umgebung beschäftigt.

So funktioniert die Magie, und deshalb haben sie sie dort platziert.“

Fazit

Zu guter Letzt dürfen wir nicht einen wichtigen und wesentlichen Akteur bei rituellen, organisierten und vertuschten Missbrauch vergessen: die Kirche!

Es stimmt zwar, dass jede Kirche oder religiöse Organisation unter Korruption und institutionellem Verfall leiden kann, aber die Prävalenz, Bekanntheit und erstaunlichen Fälle von Missbrauch und Belästigung, einschließlich satanischen rituellen Missbrauchs, in der römisch-katholischen Kirche sind beispiellos.

Der Versuch, alles den „Lügen der liberalen Medien" und „Fake News" anzukreiden, die römisch-katholischen Apologeten in den 80er und 90er Jahren als ihre bevorzugte Form der Bewältigung verwendeten, stürzte schließlich in den 2000er Jahren in eine unbestreitbare Lawine in Tausenden und Abertausenden der Fälle brachen.

So wurden allein in Pennsylvania einige tausend Kinder missbraucht, [(133)] während mehr als 18 Diözesen wegen der Zahlung von Vergleichszahlungen für Missbrauch Insolvenz angemeldet haben. [(134)]

Tatsächlich ist es schwierig, überhaupt ein Kapitel zu diesem Thema zu verfassen, da es einfach zu viele Fälle und zu viele unglaubliche und schockierende Details gibt. Während nicht jeder Fall der Waisenhaus-Skandale unbedingt ritueller Missbrauch ist, sind es viele Fälle, und dies deutet auf ein bestimmtes Muster hin.

Viele gehen davon aus, dass diese Ereignisse nur „faule Äpfel" in zufälligen, unzusammenhängenden Fällen sind, obwohl wir in einigen der Schlüsselfälle wie „Haut de la Garrene" [(135)] tatsächlich Verbindungen zum globalen Pädo-Netzwerk durch Persönlichkeiten wie Jimmy Savile sehen werden – dieser Fall beinhaltete die Ausgrabungen von menschlichen Schädeln, und denken Sie daran, dass Savile als praktizierender Satanist bekannt war:

„Es saß 138 Tage lang und hörte von 650 Zeugen, darunter Dutzende von ehemaligen Bewohnern des Hauses. Männer und Frauen beschrieben, wie sie von

Mitarbeitern missbraucht und manchmal an andere Sexualstraftäter weitergegeben wurden.

Der Serienmörder Jimmy Savile gehörte zu den Angeklagten der Angriffe auf Haut de la Garenne und auf ein Heim auf der Insel, das von französischen katholischen Nonnen, dem Waisenhaus Sacre Coeur, geführt wird Wilfred Krichefski, ein inzwischen verstorbener Senator und TV-Manager aus Jersey, wurde ebenfalls als mutmaßlicher Täter genannt." (136)

How 'house of horror' investigation brought Jersey abuse to light

Murder suspicions at Haut de la Garenne proved false alarm but led to exposure of abuse there and at other children's homes

Abb. 156: „Wie die Ermittlungen im „House of Horror" den Missbrauch von Jersey ans Licht brachten: Mordverdacht in Haut de la Garenne erwies sich als falscher Alarm, führte jedoch zur Aufdeckung von Misshandlungen dort und in anderen Kinderheimen"

Bei Savile erstreckten sich die Verbindungen zur römisch-katholischen Elite nicht nur auf Verbindungen zu katholischen Waisenhäusern und britischen Nervenheilanstalten, Savile war eng mit Kardinal O'Brien und Prinz Charles befreundet und erhielt von Johannes Paul II. eine besondere päpstliche Ritterwürde!

Es ist absurd zu glauben, dass Savile nicht persönlich von den Sicherheitsdiensten überprüft wurde, bevor er einen solchen Zugang erhielt – Savile selbst prahlte damit, dass er von oben geschützt wurde. Savile ist auch nicht die einzige mit einem Serienmörder in Verbindung gebrachte Person, die mit Johannes Paul II. in Verbindung gebracht wird, da sich John Paul Ranieri, ein Mitarbeiter von Son of Sam und Dahmer, ebenfalls mit Johannes Paul II. traf.

Abb. 157: Links: Satanischer Pädo erhält hohe Auszeichnung von Johannes Paul II. Rechts: Unbekannter Zeitungsartikel aus der britischen Presse über eine ITV-Dokumentation zu den satanischen Netzwerken der königlichen Familie, mit der Savile verbunden war

Römisch-katholische Apologeten winken diesen vernichtenden und belastenden Fällen normalerweise per Hand ab und weisen sie zurück, aber sie sind nicht einzigartig: Erinnern Sie sich daran, dass es im berüchtigten Franklin Coverup-Skandal, der dieselben Spuren von elitärer Pädo-Abweichung und Erpressungskompromittierung trug wie die jüngsten Skandale, der Fall war Katholischen Boys Town, die junge Männer in das Netzwerk einfütterte, um von den politischen Eliten der USA genutzt zu werden.

Siehe die folgende Dokumentation:

https://www.youtube.com/watch?v=AdB80eUIbtM

Die Vorstellung davon beschränkt sich auf das modernistische, liberale Novus-Ordo-Element Roms, die traurige Tatsache ist, dass die SSPX („Society of St. Pius X.") (137) und rechtsgerichtete Elemente auch von missbräuchlichen Priestern und Pädos weit verbreitet sind. (138)

Die traditionelle Welt hat sich in den letzten zwei Jahren massiven internen Zusammenbrüchen und Spaltungen hingegeben, da immer mehr Missbrauchsskandale auftauchen, die die gleiche Abweichung unter den Traditionalisten zeigen wie in der Arena des Zweiten Vatikanischen Konzils.

Im Fall anderer Boys Town-Netzwerke ereignete sich derselbe Missbrauch in Australien, wo dieselben Muster auftauchten. In Irland wurden auch die berühmten Massengräber von Säuglingsleichen und Skeletten freigelegt, was unergründlich ist.

Als Reaktion darauf lehnen Verteidiger dies als häufige Reaktion auf Krankheiten oder Seuchen ab, wobei Bestattungen eine solche Reaktion erfordern. Im Fall des katholischen Tuam-Heims in Irland waren dies jedoch die 1950er Jahre, nicht die 1800er Jahre. Darüber hinaus ist der Bericht mit der Enthüllung unterirdischer Kammern umso ominöser [(139)]:

„Die Kommission sagte, die Analyse ausgewählter Überreste habe ergeben, dass das Alter der Verstorbenen zwischen 35 Wochen und drei Jahren liege. Es stellte sich heraus, dass die Toten größtenteils in den 1950er Jahren begraben worden waren, als die Einrichtung eine von mehr als einem Dutzend in Irland war, die Waisenkindern, unverheirateten Müttern und ihren Kindern Unterschlupf bot. Das Tuam-Heim wurde 1961 geschlossen....

Alles deutete darauf hin, dass dieses Gebiet ein Massengrab ist", sagte Corless zuvor dem Guardian. Sie erinnerte sich, wie Jungs, die auf dem Feld spielten, Mitte der 1970er Jahre berichtet hatten, dort einen Haufen Knochen in einer verborgenen unterirdischen Kammer gesehen zu haben."

Knochenhaufen klingt nicht nach Seuchennotwendigkeit. Es klingt wie andere Fälle, in denen es Missbrauch und sogar Ritualmorde gibt. Damit wir nicht wieder denken, dass das rituelle Element weit hergeholt ist, beachten Sie, dass ähnliche Details kürzlich in Bezug auf ein schottisches katholisches Jungenheim auftauchten, in dem satanischer ritueller Missbrauch zugegeben wurde.

Abb. 158: Diese Einrichtung beinhaltete sogar ein Eyes Wide Shut aussehendes Anwesen, das in ein „Waisenhaus“ umgewandelt wurde

Hier ein Bericht der BBC [(140)]:

„Er (ein Opfer) fügte hinzu: ‚Von diesem Tag an war alles, was ich tat, unter seiner vollständigen und völligen Kontrolle.‘

Die Untersuchung ergab, dass zwei oder drei Jungen gleichzeitig durch Schottland und Irland geschmuggelt wurden, um sie auf betrunkenen Sexpartys zu verwenden, die das Opfer als ‚satanisch‘ bezeichnete.

Bei einer Gelegenheit in Irland sollen 10 Männer abwechselnd die Jungen vergewaltigt haben.

Es wurde gesagt, dass Priester unter den Beteiligten waren und es während seiner Zeit in St. Ninian, das vom religiösen Orden der Christlichen Brüder geleitet wurde, zu Zwischenfällen kam.“

Home / World News /

German nuns 'rented' orphaned boys to businessmen for 'gang bangs & orgies' – suppressed report seen by media

3 Feb, 2021 12:33 Get short URL

Abb. 159: „Deutsche Nonnen „vermieten" verwaiste Jungen an Geschäftsleute für „Gangbangs & Orgien" – unterdrückter Bericht in den Medien"

Das gleiche Muster zeigte sich 2021 im deutschen Nonnenskandal, bei dem Jungen deutschen Geschäftsleuten für Orgien zugepimpt wurden. Die Berichte sind unaussprechlich und zeigen, dass die Nonnen und Missbraucher meines Erachtens mit den kürzlich aufgedeckten Fällen der deutschen Regierung in Verbindung standen, die eine offene Förderung des Missbrauchs in den deutschen Adoptionsdiensten zeigen.

NIEDERSACHSEN NDR 4 Min

Missbrauchsstudie: "Katholische Kirche ist Täterorganisation"

Stand: 13.06.2022 14:49 Uhr

Im Bistum Münster hat es seit 1945 mindestens Hunderte Fälle von sexuellem Missbrauch gegeben. Mindestens 610 Minderjährige waren betroffen. Fast jeder zwanzigste Kleriker war daran beteiligt.

Abb. 160: Bericht beim NDR: Das Team um die Historiker und Uni-Professoren Thomas Großbölting und Klaus Große Kracht hat für die Studie Fälle zwischen 1945 und 2020 untersucht. Mehr als zweieinhalb Jahre haben sie die Daten ausgewertet, am Montag haben sie ihre Ergebnisse präsentiert. Zum Bistum Münster gehören Teile des Oldenburger Landes mit rund 265.000 Katholiken. Der Studie zufolge waren die Opfer des sexuellen Missbrauchs zwischen 10 und 14 Jahren alt, ein Viertel von ihnen Mädchen. 196 Kleriker werden als Täter genannt, damit sind 4,17 Prozent der Priester involviert gewesen. Allerdings sei davon auszugehen, dass die Dunkelziffer bis zu fünfmal höher liege, hieß es

Auch hier ist das Muster identisch, wo die Kirche Kinder für die Netzwerke bereitstellt und vermittelt, um sie zu missbrauchen, zu handeln, rituell zu missbrauchen und sogar zu ermorden.

Mittlerweile gibt es dutzende Fälle, die dieses Muster belegen und diese Netzwerke miteinander verbunden sind. Es gibt keinen Beweis dafür, dass jede Instanz per se verbunden ist, aber viele Fälle zeigen Absprachen mit internationalen Netzwerken, wie im Fall von Savile.

Seit dem Erscheinen von William Kennedys Buch („Lucifer's Lodge") im Jahr 2004 beschäftigt er sich mit diesem Thema. Berge von Fällen und Skandalen sind in der römischen Kirche sowie in ihren Verbindungen zu anderen globalen Ringen und Netzwerken aufgetaucht.

Catholic church in Toledo taking another look at satanic abuse allegations against priests

By Associated Press Apr 28, 2004

Abb. 161: Katholische Kirche in Toledo, die erneut Anschuldigungen untersucht, wegen satanischen Missbrauchs von Priestern

Kennedys Buch ist kein phantasievoller Verschwörungswälzer, sondern eine Sammlung der damals verfügbaren Fälle (Stand: 2004) bekannter römischer Missbräuche. Es ist wichtig zu verstehen, dass dieses Phänomen nicht nur auf diese oder jene Gruppe verwiesen wird, sondern der Grund, warum ich dies oft in Bezug auf Rom anspreche, ist die besondere Prävalenz der rituellen Natur des Missbrauchs dort sowie die Schlüsselrolle der Institution des Vatikans in der globalen Geopolitik.

Als ältester Geheimdienst der Welt sind dem Vatikan geopolitische Intrigen und Spionage sowie Schwarzmärkte und Bankenskandale nicht fremd.

Tatsächlich werden die globalen Pädo-Erpressungsoperationen von böswilligen Betreibern genutzt, um die Kontrolle zu behalten, wie die Epstein-Enthüllungen zweifelsfrei bewiesen haben. Jeder, der David A. Wemhoffs meisterhafte Studie „John Courtney Murray, Time/Life, and the American Proposition" darüber gelesen hat, wie Rom im Kalten Krieg von westlichen Geheimdiensten vereinnahmt wurde, weiß bereits, wie diese Zusammenhänge bestehen.

Leider ist die römische Welt zu voll von naiven, aber aufrichtigen päpstlichen Apologeten, die sich weigern zu sehen, dass ihre Institution Christus vor langer Zeit zugunsten von weltlicher Macht, Reichtum und Einfluss aufgegeben hat.

Das soll nicht heißen, dass die protestantische Welt oder die orthodoxe Welt frei von diesen Korruptionen sind: Sicherlich hat es Missbrauchsskandale in der Orthodoxie gegeben, sowie abweichende Geistliche und Geheimdienste, die Bischöfe und Patriarchate kompromittieren.

Der Unterschied liegt jedoch im Grad und Umfang und in der Von-oben-nach-unten-Natur der Korruption in Rom. Rom ist ein Kartenhaus – es basiert auf der Treue eines Mannes – des lebenden Mannes drüben in Rom, der angeblich der Stellvertreter von Jesus und Petrus ist.

Die römisch-katholische Kritik an „korrupten Bischöfen oder einer korrupten Priesterschaft“ ist schlichtweg heuchlerische Augenwischerei.

Abb. 162: Priester aus Boise, der in der „Welt des Satanismus und der Pornografie“ lebte, zu 25 Jahren Gefängnis ohne Bewährung verurteilt

Die orthodoxe Kirche ist dezentralisiert: Sie haben nicht alles an die Treue eines Stuhls gehängt, wie es der Vatikan eindeutig tat. Katholiken neigen auch dazu, nach historischen Identifikatoren zu suchen, die angeblich zeigen, dass die orthodoxe Kirche von der Vorsehung „verflucht“ wurde und verfiel, zum Beispiel in Byzanz oder an die Bolschewiki.

Dieselbe Logik verwandelt sich in einen „Segen der Züchtigung“, wenn Katholiken ihre Köpfe hängen lassen und über das II. Vatikanische Konzil und Franziskus grübeln.

Aber meiner Einschätzung nach, wenn die römisch-katholische Kirche vor etwa einem Jahrtausend von der Orthodoxie abgewichen und eine Sekte geworden wäre, und wenn sie tatsächlich die „verfluchte“ Institution gewesen wäre, dann würde sie den Vatikan und seine Satelliten als ein gigantisches Netzwerk der organisierten Kriminalität interpretieren: Pädos, Erpressung, Menschenhandel und noch Schlimmeres scheint perfekt mit unserer Erklärung von Roms geistlichem Abfall und der Annahme dämonischer Lehren nach dem Zweiten Vatikanum übereinzustimmen. Tatsächlich ist der heutige Abfall Roms direkt mit seinem moralischen Verfall und seinen erstaunlich vorherrschenden Missbrauchsmustern verbunden.

Tatsächlich wurden in den letzten zehn Jahren viele Artikel und Nachrichtenmeldungen, die die rituelle Natur vieler dieser Verbrechen dokumentierten, bereinigt und unterdrückt. Ganze Bücher wären nötig, um all diese schrecklichen Fälle tatsächlich zu dokumentieren. Viele Katholiken sehen meine Artikel und Bücher wie diesen als persönlichen Angriff: Ich hege keinen Zorn oder Hass gegenüber Katholiken.

Ich möchte, dass die Katholiken ihren aufrichtigen Glauben an die wahre Kirche ausüben und aus der gefährlichen, geistig schädlichen Organisation, von der ich glaube, dass sie von oben korrupt ist, austreten.

Zweifel, dass es viele aufrichtige und eifrige Katholiken gibt, die keine Verbindung zu einem dieser Übel haben, habe ich nicht, aber sie müssen aus diesem versklavenden System herauskommen und ihre wahre Heimat im orthodoxen Christentum finden.

Aber ihre „heiligen“ modernen Ikonen wie Johannes Paul II. , Papst Franziskus, gehören zu diesem Übel:

„Papst Johannes Paul II. förderte den in Ungnade gefallenen ehemaligen US-Kardinal Theodore McCarrick trotz Berichten über sexuellen Missbrauch jahrelang. Ein neuer Bericht beschreibt, wer was wusste, bevor Papst Franziskus ihn 2018 seines Amtes enthoben hat.“

Tatsächlich zeigen jüngste Enthüllungen auch, dass gegen den Orden von Mutter Theresa wegen Menschenhandels ermittelt wird.

Zusammenfassend lässt sich sagen, dass der Vatileaks-Skandal eine Schlüsselkomponente dessen zu veranschaulichen schien, was hier passiert, was zeigt, dass diese Netzwerke und Operationen vor langer Zeit das Papsttum und die Römische Kurie kompromittiert haben. [(141)]

Diese Enthüllungen der „unterirdischen Kanalisation" sind nicht neu – all dies kam auch im berüchtigten P2 / Mafia-Skandal ans Licht, in den die Vatikanbank und Roberto Calvi verwickelt waren – mehr dazu ausführlicher im 3. Teil von Illuminatenblut.

In der zweiten Hälfte des Fazits möchte darauf eingehen, wie die Magie für die Aufgewachten angewendet wird, hier an zwei Beispielen, wie Numerologie und die Sucht nach der Suche einer Verschwörungserzählung die Menschen so tief in den Kaninchenbau treibt, dass kaum noch Energie, Luft und Liebe für die Realität bleiben. Die folgenden zwei Beiträge stammen von dem schwedischen Blogger Joachim Bartoll.

Ein Ritual? Die Numerologie bei dem Erdbeben in Syrien und der Türkei: Das Erdbeben der Stärke 7,8 traf am frühen Montagmorgen, dem 6. Februar 2023, die Südtürkei und das benachbarte Syrien.

Die Geschichte kam jedoch heraus, als im Westen noch der 5. Februar war, wie in 5 / 2, wie 52, die Wetter- und Erdkriegsnummer. Außerdem lag der 6. Februar 52 Tage nach dem Geburtstag von Papst Franziskus, wenn man das Enddatum zählte.

Wie Sie vielleicht wissen, ist ‚7,8' eine ganz besondere Stärke, da der Ausdruck ‚Erdbeben der Stärke 7,8' in der einfachen englischen Chiffre ‚216' ergibt.

216 ist symbolisch für 666, die Zahl des Tieres, da 6 x 6 x 6 gleich 216 ist. Und wie Sie auch wissen, haben wir ein fortlaufendes Ritual, das Buch der Offenbarung nachzustellen, und viele von Menschen verursachte und fabrizierte Ereignisse sind auf die eine oder andere Weise mit 666 codiert.

Stärke 7,8 Erdbeben = 216

6 x 6 x 6 = 216 (Code für 666, Zahl des Tieres)

Die erste gemeldete Zahl der Todesopfer betrug 17 Tote, was mit der ursprünglichen Meldung übereinstimmt, dass das Erdbeben um 4:17 Uhr, der 17. Minute der Stunde, einschlug.

Es ist auch eine bekannte Zahl, die die Freimaurer repräsentiert. Auch die moderne Freimaurerei wurde 1717, im 17. Jahr des 17. Jahrhunderts, gegründet.

Die zweite gemeldete Zahl der Todesopfer kam aus Syrien mit der allseits beliebten ‚42', der Zahl, die in den letzten Jahren in Ritualen weit verbreitet war, und insbesondere seit Beginn des inszenierten und vorgetäuschten Krieges zwischen Russland und der Ukraine.

42 repräsentiert auch Saturn, den Sonnengott, der von den Geheimbünden verehrt wird und auf dem Logo des Jesuitenordens abgebildet ist. Und wieder wurde die Freimaurerei von den Jesuiten und dem von den Jesuiten geschaffenen Orden der Illuminaten geschaffen.

Saturn = 42 (der von den Jesuiten verehrte Sonnengott)
Jesuit = 42
Freimaurer = 42

Und dieses Beben ereignete sich 21 Tage nach dem bevorstehenden 69. Geburtstag von Präsident Recep Tayyip Erdoğan am 26. Februar.

Er wird 69 Jahre alt. In 21 Tagen wird er 69 Jahre alt.

Saturn = 69, 21 (Erdoğan wird in 21 Tagen 69)
Katholische Kirche = 69
Jesuitenorden = 69
Jesuiten = 21

Dann informierte uns CNN, dass dies eines der stärksten Erdbeben ist, das die Türkei seit 100 Jahren getroffen hat. Anstatt uns die echte Zahl zu nennen, haben sie sich für eine Rundungszahl von 100 entschieden, was offensichtlich ist, da die Türkei in der einfachsten englischen Chiffre 100 ergibt.

Türkei = 100

Natürlich entspricht der Ausdruck ‚tödliches Beben' ihrer Lieblingszahl von 56 , und die ‚Weißhelme' erklärten das Gebiet in Syrien zum ‚Katastrophengebiet', weitere 56.

Tödliches Erdbeben = 56
Nachbeben = 56
Freimaurer = 56

Katastrophengebiet = 56
Naturkatastrophe = 56 (Codewort)
Freimaurerritual = 56 (was es ist)
Gesellschaft Jesu = 56 (auch bekannt als Jesuitenorden)

Die dritte gemeldete Zahl der Todesopfer stammte aus der Türkei und war nun auf 76 gestiegen, eine Zahl, die für ein freimaurerisches Ritual sehr passend ist, da sie Skull and Bones repräsentiert.

Schädel und Knochen = 76

Dann fügten sie hinzu, dass weitere 44 0 Menschen wie in 44 durch das Erdbeben und die Nachbeben verletzt worden seien.

Erdbeben = 44
Nachbeben = 44
Jesuiten = 44

Die zweite Aktualisierung der Zahl der Todesopfer für Syrien ergab 111 Tote. Eine Zahl, die sehr interessant ist, da der richtige Name von Papst Franziskus ‚Jorge Mario Bergoglio' gleich ‚111' ist.

Jorge Mario Bergoglio = 111

Und dieses Erdbeben kommt genau 10 Monate und 11 Tage, wie 111, vor dem nächsten Geburtstag des Papstes am 17. Dezember. Es sind auch 51 Tage seit dem letzten Geburtstag des Papstes vergangen, und der 6. Februar kommt mit einer 51 -Datum-Numerologie.

1011 = 111 in der Numerologie

6.2.2023 = 2 + 6 + 20 + 23 = 51

Und 51 Tage sind dasselbe wie 7 Wochen und 2 Tage, also 72. Und dieser Bericht kam aus Syrien, was sich auf 72 summiert.

Syrien = 72

Auch der Präsident von Syrien, Bashar Hafez al-Assad, wurde am 11. September geboren, wie beim 11. September, ihrem Schwindelcode für den Insider-Job, die Zwillingstürme zum Einsturz zu bringen. Und dieses Erdbeben am 6. Februar kommt an seinem 149. Lebenstag, was wiederum einen weiteren Hinweis auf die Freimaurerei und unseren zweiten Volltreffer für Skull and Bones gibt.

Schädel und Knochen = 149

Ich könnte weiter und weiter gehen, während sich diese Geschichte entwickelt, aber wie Sie deutlich sehen sollten, wird alles, was sie berichten, ordentlich durch die Zahlen gemacht.

Das bedeutet auch, dass dieses Erdbeben höchstwahrscheinlich von Menschen mit Erdbebenmaschinen verursacht wurde.

Während die gemeldeten Figuren und Nummern immer passend zum Ritual, zur Numerologie und Gematria fabriziert werden, sind die Datums-Numerologie und ihre perfekte Übereinstimmung mit den Beteiligten viel schwerer durch Zufall zu bekommen. Solche Dinge müssen perfekt geplant und durchgeführt werden.

Ich werde den Artikel aktualisieren, wenn ich andere gute Dekodierungen finde. Wie üblich könnte es viele Verbindungen zu Obama und Revelation geben.

Nachtrag:

Sie behaupten jetzt, dass es das schlimmste Erdbeben seit 84 Jahren war, und es hatte eine Stärke von 7,8, also 78. Wir haben also 84 und 78 …

Jesuit = 84, 78

Um aufzuholen, wie sich die Geschichte mit neuen fabrizierten Informationen entwickelt hat, hier ist eine hervorragende Videodecodierung von Joseph Acquaviva (142)*:*“

https://www.youtube.com/watch?v=M1S-jYsLkeM

Nun zum zweiten Beispiel:

„*Clown-Welt: Ein neues Ritual! Wieder weitere „UFOs" am Himmel abgeschossen!*

Diese fabrizierten und geskripteten Ereignisse werden Baby-Wahrheitssucher natürlich dazu bringen, über die drohende inszenierte Alien-Invasion (Projekt Blue Beam) zu kreischen, vor der sie uns jetzt noch länger gewarnt haben als vor dem zurückgebliebenen Q-Quatsch.

In Wirklichkeit ist es jedoch höchstwahrscheinlich Treibstoff für Regierungen, Embargos zu sanktionieren, die Preise für Konsumgüter zu erhöhen, die Inflation zu erhöhen, auf die Kriegstrommel zu schlagen und den einfachen Mann einfach auszuquetschen, bis er und sie um Veränderung anbettelt, um das Mal des Tieres anzunehmen (die digitale ID), das universelle Grundeinkommen und die Beschränkung auf die 15-Minuten-Smart-Städte (Agenda 2030).

Natürlich folgt diese angebliche Militäraktion dem gleichen Drehbuch wie die vorherigen erfundenen Ballon- und Objektgeschichten.

Die erste Sichtung erfolgte über Washington, dem 42. Bundesstaat in der Reihenfolge der Eigenstaatlichkeit. Und jetzt haben wir dieses Objekt über Kanada, wo die Clown-Puppe Justin Trudeau am 11. Februar, dem 42. Tag des Jahres, dem US-Jet den Befehl gab, dass ‚zylindrische‘ Objekt vom Himmel zu schießen.

Dies geschah am 11. Februar, genau 48 Tage nach Trudeaus Geburtstag am 25 Dezember. 42 und 48 sind die am häufigsten verwendeten Zahlen im inszenierten und völlig falschen Krieg in der Ukraine.

Sehen Sie das Muster?

Und wieder war es ein US F-22-Kampfjet, der das angebliche Objekt mit einer A9X-Rakete abschoss, genau wie im chinesischen Spionageballon-Skript. Ein ‚nicht identifiziertes Objekt' oder ‚nicht identifiziertes Flugobjekt' wird auch als ‚UFO' bezeichnet.

Freimaurer = 42, 48 (sie führen diese inszenierten Ereignisse aus)
Februar = 42, 48 (alle diese Ereignisse ereigneten sich im Februar)
UFO = 42 (es war ein ‚nicht identifiziertes Flugobjekt')
Jesuit = 42 (und ‚84', was ‚48' rückwärts)
Saturn = 42 (der Sonnengott, den sie anbeten, das Symbol der Jesuiten)
Justin Trudeau = 48 (48 Tage nach seinem Geburtstag)
US-Militär = 48 (es war eine US F-22, die das ‚Objekt abgeschossen hat')
A9X-Rakete = 48 (womit die F-22 sie abgeschossen hat)

Natürlich ist 48 in vielerlei Hinsicht eine relevante Zahl, da 48 Tage genau dasselbe sind wie 6 Wochen und 6 Tage, wie 66, der Code für ‚Zahl des Tieres'. Mit anderen Worten, dies geschah 6 Wochen und 6 Tage nach Trudeaus Geburtstag, wie 66.

Und wenn Sie sich an meinen Beitrag von gestern erinnern, habe ich darauf hingewiesen, dass der 11. Februar ein Tag mit sowohl 36- als auch 18 -Datumszahlen ist. Zwei Zahlen, die mit 666, der Zahl des Tieres, verbunden sind.

Zahl der Bestie = 66

2/11/23 = 2 + 11 + 23 = 36.
36 wird symbolisch verwendet, um die ‚Zahl des Tieres' auszudrücken, da 666 die 36. Dreieckszahl ist.

2/11/23 = (2) + (11) + 2+3 = 18.
18 wird symbolisch verwendet, um die ‚Zahl des Tieres' auszudrücken, da 6+6+6 gleich 18 ist .

Und jetzt, das andere Coole an der Zahl 48 ist, dass wenn man 48 Tage vom Jahr abzieht, man 317 Tage übrig hat. Wenn wir also bis zum nächsten Geburtstag von Trudeau vorwärts zählen, haben wir genau 317 Tage. Und was ist das Besondere an 317? Ja, Sie haben es erraten, es ist die 66. Primzahl! Genauso wie 48 Tage 6 Wochen und 6 Tage sind, also 66.

Und dass 317 die satanische 66 ist, ist merkwürdig, da diese Geschichte, wie die letzte, von einem Objekt handelt. Und Objekt ist 317 in der satanischen Chiffre.

Objekt = 317 (und 317 ist 66)

Dies bindet das Ritual, an dem Trudeau und ein ‚Objekt‘ beteiligt sind, sowohl an die Datumsnumerologie als auch an den Zeitpunkt, an dem es von seinem Geburtstag an gezählt wurde. Wirklich sehr gut orchestriert.

Dies geschah an einem Tag mit der autoritären 47 -Datum-Numerologie. Und die Geschichte dreht sich alles um Regierung, Militär und Autorität.

11.02.2023 = 2 + 1+1 + (20) + (23) = 47.

Autorität = 47 (sowohl Justin Trudeau als auch Joe Biden waren beteiligt)
Regierung = 47
Weißes Haus = 47 (Joe Biden war wieder beteiligt)

Und es geschah an einem Tag mit 56-Datum-Numerologie, der Nummer für die Gesellschaft Jesu, auch bekannt als der Jesuitenorden, und die Nummer, die in den meisten langatmigen Psyops und Scherzen verwendet wird.

Und dies war das ‚dritte Mal‘, dass innerhalb einer Woche ein Objekt abgeschossen wurde, und dieses Objekt war angeblich zylindrisch. Ich frage mich, was sie auf diese Idee gebracht hat? Oh, ja, die Numerologie und Gematria …

11.02.2023 = 2 + 11 + 20 + 23 = 56

Third Time = 56 (drittes Mal wurde ein Objekt abgeschossen)
Cylindrical = 56 (das Flugobjekt war angeblich zylindrisch)
Flying Object = 56 (der Zylinder war ein Flugobjekt)
AIM-9X = 56 (es wurde mit einer AIM- 9X-Rakete)
Freimaurerritual = 56 (was es ist)
Gesellschaft Jesu = 56 (auch bekannt als der Jesuitenorden)
Freimaurer = 56 (sie fuhren diese inszenierten Ereignisse aus)

Außerdem wurde es angeblich über dem Yukon abgeschossen, einem Gebiet, das einige Gematria mit den Jesuiten teilt …

Yukon = 86, 22
Jesuiten = 86, 22

US-Militär schießt am Tag des satanischen Super Bowls ein weiteres Objekt ab

Sie können sich einfach nicht helfen. Zuerst gab es einen angeblichen chinesischen ‚Spionageballon', dann ein ‚Objekt' über Alaska am Freitag, dann ein weiteres ‚nicht identifiziertes Objekt' über Kanada am Samstag und nun noch ein ‚Objekt in großer Höhe' am Sonntag, dem Tag des satanischen und extrem ritueller Super Bowl, der Tag des Brotes und der Spiele für die verdummten, schlafenden Massen.

Angeblich wurde an diesem Sonntag, dem 12. Februar, ein weiteres nicht identifiziertes Objekt in 20.000 Fuß Höhe über der oberen Halbinsel von Michigan von einem US-amerikanischen F-16-Kampfflugzeug abgeschossen.

Dieses Mal soll das Objekt ‚achteckig' und nicht zylindrisch wie der über Kanada schwebende Dildo gewesen sein (muss Trudeaus Beitrag zu dem Schwindel gewesen sein – wie Fidel Castros angeblicher Sohn Justin es anscheinend gerne in dem, nun ja, wissen Sie was, voll kommunistischen und katholischen Stil aufnimmt). Tut mir leid für dieses grauenvolle Bild, aber lasst uns wieder auf die Spur kommen.

Diese Drehbuchgeschichte ist natürlich eine Fortsetzung des ‚Spionageballon'-Drehbuchs und legt den Grundstein für zukünftige internationale Konflikte, verschärfte Sicherheitsmaßnahmen, Kriegsdrohungen, Embargos oder sogar die dumme Idee von Außerirdischen.

Und da es sich um ein festgelegtes Ritual handelt, fand es während eines der größten jährlichen satanischen Rituale in den USA statt, dem Super Bowl.

Super Bowl = 131, 41, 49
Spionageballon = 131, 41, 49

Der 12. Februar war auch der Tag, an dem 322 Tage im Jahr bleiben, wie der Orden 322, Skull and Bones. Und denken Sie daran, dass alles mit dem inszenierten ‚Spionageballon' begann, der zum ersten Mal über Montana, dem 41. Bundesstaat, gesichtet wurde, und auch ein Name, der mit Joe Montana verbunden ist, einer Super Bowl-Legende, die ich in meinem ersten Artikel über die alberne Spionageballongeschichte behandelt habe. Und das kommt auch 4 0 Wochen und 1 Tag, wie 41 , vor Joe Bidens nächstem Geburtstag.

Super Bowl = 41

Spionageballon = 41
Schädel und Knochen = 41

Und noch einmal zu Ehren von Joe Montana, dieser Super Bowl und das abgeschossene Objekt kommen genau 3 Monate und 30 Tage, wie die Freimaurer ‚33', vor Montanas Geburtstag am 11. Juni. Natürlich entsprechen 3 Monate und 30 Tage 119 Tagen, ihrem Schwindel-Code, da er den 11. September rückwärts darstellt.

Nun, ab Joe Bidens Geburtstag gerechnet, kommen dieser Super Bowl und das abgeschossene Objekt genau 2 Monate und 23 Tage nach seinem Geburtstag, wie 223 oder 322 rückwärts, wie in Order 322, Skull and Bones. Denken Sie daran, wir sind im Jahr 2023, wie 223 in der Numerologie oder 322 rückwärts. Komischerweise summiert sich die Definition ihres Logos, wie in ‚Skull and Crossbone', auf 223.

Das ‚Objekt' wurde über dem Lake Huron abgeschossen und ist eine Fortsetzung des gestrigen Rituals, das am 42. Tag des Jahres und 48 Tage nach Trudeaus Geburtstag stattfand.

Huronsee = 42, 48

Es wurde von Freimaurern orchestriert und das ‚achteckige' Objekt von der hochgradig freimaurerischen US Air Force abgeschossen.

Achteckig = 155
US Air Force = 155
Freimaurer = 155
Freimaurerritual = 155

Denken Sie auch daran, dass Montana, ein entscheidender Teil dieses Rituals, am 8. November 1889 zum 41. Bundesstaat wurde. Der 12. Februar kommt 3 Monate und 4 Tage, wie der 34. Februar, nach dem Jahrestag der Eigenstaatlichkeit von Montana. Und das Objekt war angeblich achteckig.

Achteckig = 34

Und das Lustigste an dieser Geschichte ist ihre ‚Erklärung', warum plötzlich mehrere Objekte über den USA (und nirgendwo sonst?) auftauchen und abgeschossen werden.

‚Angesichts des Ballons der Volksrepublik China, den wir letzten Samstag abgeschossen haben, haben wir unseren Luftraum in diesen Höhen genauer untersucht, einschließlich der Verbesserung unseres Radars, was zumindest teilweise die Zunahme von Objekten erklären könnte, die wir in der Vergangenheit entdeckt haben.'

Für mich vermittelt dieses Zitat einfach die Botschaft, dass ihr hochmodernes High-Tech-Radar- und Überwachungssystem so schrecklich schlecht ist, dass es die Sichtung eines verdammten Ballons benötigte, um kalibriert und ‚verbessert' zu werden, überhaupt etwas aufnehmen.

Also, wenn das wahr wäre, wie viele Objekte haben sie in den letzten 30 Jahren oder so übersehen? Ich meine, wenn man bedenkt, dass sie in nur drei Tagen drei neue entdeckt haben, lol. Im Ernst, all diese Objekte und Ereignisse sind inszeniert und fabriziert. Es ist ein Drehbuch, passend zu ihren Ritualen. Und ich sehe viele Leute in den sozialen Medien, die all diese Geschichten für Bullshit halten. Gut für Sie.

Die Welt ist eine Bühne, und sie werden bald zu etwas Neuem übergehen, und dies wird vergessen sein, als ob alle Objekte einfach aufgehört hätten, sich zu zeigen. Genauso wie wir Weltuntergangssekten und Serienmörder in den 80er und 90er Jahren hatten, Terroristen in den frühen 2000er Jahren und so weiter und so weiter und so fort. Vielleicht werden wir morgen wieder zu einigen inszenierten Massen- und Schulschießereien zurückkehren, da sie während dieses UFO- und Super Bowl-Rituals auf Eis gelegt wurden … aber ich wette, niemand wird was merken“. (143)

„Die ganze Welt ist eine Bühne und Fraun wie Männer nichts als Spieler. Sie treten auf und gehen ab danach“, heißt es bei William Shakespeares „Wie es euch gefällt". Dieses Brimborium dient der Unterhaltung, sei es in den Sozialen Medien oder bei einem persönlichen Treffen, ausschlaggebend ist nicht die Information, sondern nur was Sie daraus machen, also machen Sie sich nicht allzu viel daraus, sonst bleiben Sie dort stecken, wo Sie hingesteckt werden sollen. Die Freiheit beginnt bei Ihnen und nicht in einer magisch-rituellen Erzählung.

Melius est prevenire quam preveniri. („Es ist besser, dass du zuvorkommst, als dass man dir zuvorkommt.“)

Über den Autor

Nikolas Milan Pravda wurde 1974 in der CSSR geboren und emigrierte 1982 mit seinen Eltern und Brüdern in die BRD. Von 1996 bis 2011 arbeitete er zunächst im Marketing- und Consulting-Bereich für renommierte Unternehmen im Sport-, Entertainment- und Konsumbereich, bevor er ab 2010 ehrenamtlich soziale Einrichtungen betreute.

Seit 2012 ist Nikolas Pravda Betreiber des Blogs *www.pravda-tv.com* und unterstützt soziale Projekte.

Im Juni 2018 erschien sein erstes Buch „Illuminatenblut – Die okkulten Rituale der Elite“ im Amadeus Verlag. Im April 2020 erschien das Buch „Der Hollywood-Code: Kult, Satanismus und Symbolik: Wie Filme und Stars die Menschheit manipulieren“, im Dezember 2020 „Der Musik-Code: Frequenzen, Agenden und Geheimdienste: Zwischen Bewusstsein und Sex, Drugs & Mind Control“, im Mai 2021 „DUMBs: Geheime Bunker, unterirdische Städte und Experimente: Was die Eliten verheimlichen“, im März 2022 „Die moderne Musik-Verschwörung: Popstars, Hits und Videoclips – für die perfekte Gehirnwäsche“ und im August 2022 „Der Hollywood-Code 2: Prophetische Werke, Alien-Agenda, Neue Weltordnung und Pädophilie – sie sagen es uns durch Filme“ bei Apricus Ltd.

Kontakt: *info@pravda-tv.com*

Dieses Buch entstand unter finanzieller Beteiligung von diversen Investoren.

Wenn Sie Interesse an einer finanziellen Beteiligung und Rendite haben, dann schicken Sie uns eine E-Mail an info@pravda-tv.com

EIN DETAILLIERTER BLICK HINTER DEN SCHLEIER DER SUBTILEN MANIPULATION DURCH DIE (ALB)TRAUM-FABRIK

Filme sind moderne Märchen, Legenden die uns in eine Phantasiewelt entführen, emotional berühren und in manchen Fällen erziehen und aufwecken sollen. Es liegt einzig und allein am jeweiligen Betrachter, ob er die bewegten Bilder mit wachen oder schlafenden Augen wahrnimmt. Genau hier setzt dieses Buch an. Wir nehmen Sie mit auf eine Reise, die Ihnen zeigen wird, wie Geheimdienste, ja gar Militärs Einfluss nehmen auf Hollywood-Produktionen.

Bereits in frühen Filmklassikern wie Metropolis oder der Zauberer von Oz wurde mit okkulter Symbolik und ägyptischer Mythologie gearbeitet, die auf verborgenes Wissen und Rituale von Geheimgesellschaften wie Freimaurern und Illuminati verweisen. Indem wir den roten Faden aufnehmen und weiterverfolgen, erfahren Sie bei diesem Trip durch die Filmhistorie, wie Astrotheologie und Esoterik in Blockbustern wie Star Wars, Zurück in die Zukunft, James Bond, Matrix und Harry Potter integriert und verwendet werden.

Selbst so vermeintlich harmlose Unterhaltungsfilme wie die des Disney-Konzerns, sind in Wahrheit gespickt mit okkulten Symbolen und krankhaften sexuellen Anspielungen, die in Kinderfilmen eigentlich nichts zu suchen haben, wenn es dabei in erster Linie um das Kindeswohl gehen soll.

Als beispielhaft dafür, welche Zukunft die Machteliten stattdessen in Form des sogenannten „Tiefen Staates" für die Menschheit vorgesehen haben, sei an dieser Stelle noch auf die propagandistischen Avengers-Machwerke hingewiesen, die voller Verweise auf in der Realität betriebene Agenden wie Künstliche Intelligenz und Transhumanismus bis hin zu milliardenfacher Entvölkerung sind.

Letztendlich ist somit auch im Kino nichts, wie es scheint, denn hinter dem Schein verbergen sich Codes und Agenden, welche die Produzenten und Regisseure bewusst in die Filme integriert haben, mit dem Ziel, sich in unseren Köpfen festsetzen und unser Unterbewusstsein zu manipulieren, damit das Publikum kritiklos und passiv ihre Pläne für die Menschheit hinnimmt.

Mit diesem Buch bekommen Sie daher als filminteressierter Leser einen Leitfaden an die Hand, um besser durch die manipulative Bildmatrix navigieren und selbst entscheiden zu können, was Sie sowohl Ihren eigenen Augen und Ohren sowie Ihrem Gehirn und Herzen antun wollen als auch denen Ihrer Kinder und Enkelkinder.

Wir wünschen Ihnen spannende Einblicke hinter die Kulissen der einflussreichen Filmindustrie, die Sie in die Lage versetzen, selbstbestimmte Entscheidungen darüber zu treffen, welche Filme Sie künftig entweder einschlafern oder aufwecken!

Bonusmaterial: Die Rache der 12 Monkeys, Contagion und Coronavirus, oder wie aus Fiktion Realität wird

EIN FUNDIERTER ÜBERBLICK ÜBER DIE BEEINFLUSSUNG VON KÖRPER UND GEIST DURCH MUSIK UND FREQUENZEN

Die allermeisten Menschen mögen Musik und können dadurch auf seelischer, emotionaler und geistiger Ebene zutiefst berührt werden, sodass Musik ebenso Ausdruck größter Freude, Trauer oder Wut sein kann. Angenehme und harmonische Klänge können heilen, unangenehme und disharmonische aber auch krank machen.

Das vorliegende Buch soll daher zu einem kritischeren Umgang mit Musik anregen und ein Bewusstsein für deren vielfältige Einflüsse auf Körper und Geist schaffen.

In praktisch allen Lebenslagen sind wir mal mehr, mal weniger harmonischen Klängen und Frequenzen ausgesetzt, zumal wir die Ohren nicht einfach schließen können, wie die Augen.

Die wenigsten Menschen sind sich der Tatsache bewusst, dass ein Großteil der Musik durch Geheimgesellschaften, Militär und Geheimdienste in einer Weise beeinflusst ist, durch die das Publikum – insbesondere in Verbindung mit Drogen, unterschwelligen Botschaften und Bewusstseinskontrolle – zugunsten ihrer jeweiligen Agenda manipuliert werden soll.

Angefangen von der Prägung klassischer Komponisten wie Mozart, Beethoven und Wagner durch Freimaurer und Illuminaten, spannt das Buch einen großen historischen Bogen über die allgemeinen Einflüsse der Nationalsozialisten, Rockefellers und Militärs auf den Umgang mit Musik und Frequenzen; Aldous Huxleys, des Tavistock-Instituts und des Schwarzen Adels auf die sog. „britische Invasion“ in Form von Bands wie den Beatles und Rolling Stones; der CIA und ihres MKULTRA-Programms sowie von Drogen wie LSD auf die Hippie-Bewegung; den mysteriösen Zusammenhängen zwischen den Beatles und den Manson-Morden sowie letzteren mit dem Mord an John Lennon; bis hin zum Zusammenhang zwischen der Entwicklung der MKULTRA-Gedankenkontrolle durch Josef Mengele mit deren Weiterentwicklung in Form der Monarch-Gedankenkontrolle bei aktuellen US-amerikanischen Popstars.

Als Zugabe ist ein Kapitel über aktuelle Ereignisse im Zusammenhang mit der Corona-Krise angefügt, wozu etwa Veranstaltungen wie „One World: Together at Home“ mit Lady Gaga oder öffentliche Auftritte Madonnas zur Unterstützung der weltweiten Anti-Corona-Maßnahmen gehören, und woran deutlich wird, wie sehr die damit massiv vorangetriebene Agenda in Form der Neuen Weltordnung von solchen Popstars propagiert wird.

Durch eine detaillierte Analyse der im Hintergrund wirkenden Programme und Strippenzieher wird enthüllt, dass sogenannte „Genies“ und „Popstars“ häufig nichts weiter sind als fremdbestimmte Marionetten, um deren künstlerische Freiheit es kaum besser bestellt ist als um die Meinungsfreiheit in den mittlerweile stark zensierten sozialen Medien und Mainstream-Medien.

EINE TIEFERGEHENDE ANALYSE VON UNTERIRDISCHEN ANLAGEN UND EXPERIMENTEN DIE WIR UNS KAUM VORSTELLEN KÖNNEN

DUMBs („Deep Underground Military Bases") sind den meisten Menschen unbekannt, kein Wunder, denn sie liegen verborgen in tausend Metern Tiefe und beherbergen Hochtechnologie, die wir nur aus Science-Fiction-Filmen kennen.

Dieses Buch ist ein Reiseführer beginnend in der Vergangenheit der Menschheit, denn nicht nur die Erde erschuf natürliche Höhlen und Tunnel, sondern bereits unsere Vorfahren gruben ganze Städte mit einer Infrastruktur, die bis heute die Wissenschaftler vor ein Rätsel stellt. Angefangen in Amerika, über Asien, oder Ägypten, bis nach Österreich, denn dort gibt es unterirdische Gänge, die offensichtlich mit der Präzision heutiger Maschinen gefräst wurden. Selbst in einer Höhle in China finden sich Steinwände, die geschnitten sind, als ob es bereits vor Äonen Lasertechnik gab.

Die modernen DUMBs sind teilweise als Top Secret eingestuft, bei manchen handelt es sich um in der Öffentlichkeit bekannte Militärbasen, Regierungszentralen oder Flughäfen, welche jedoch ihre eigentlichen Geheimnisse im Inneren, in mehrere Stockwerke tiefen Anlagen verbergen, die mit Tunneln verbunden sind – nicht nur unter den USA, sondern auch in Russland und Deutschland. Mancher hat schon von der Area 51, und Fort Detrick – dem angeblichen Ursprungsort des Coronavirus' – in den USA gehört, oder von Pine Gap in Australien, doch nur wenige wissen von den DUMBs unter Washington DC, Stuttgart und Berlin.

Mutige Whistleblower gaben ihr Leben, andere werden bedroht, zum Schweigen gebracht, oder suchen den Schutz der Öffentlichkeit, um die vertuschten Projekte der Kabale ans Licht der Welt zu bringen – wie die Experimente im Montauk-Projekt, die vermeintlich weltweit aus Bunkern und Tunneln geretteten Kinder oder die Klon-Basen der Illuminati, die auf Bestellung Präsidenten, Popstars oder Hollywood-Schauspieler reproduzieren. Das Militär und die Wissenschaft gehen Hand in Hand, um die Öffentlichkeit im Glauben zu lassen, dass das weltweite HAARP-Netzwerk rein zur Erforschung unseres Planeten im Betrieb ist, doch die Anlagen in den USA, Russland und Europa haben tatsächlich einen düsteren und dystopischen Kern.

Es gibt nicht nur Städte, Bunker und Tunnel im Untergrund die militärischen und/oder wissenschaftlichen Zwecken dienen, nein, die Superreichen, die selbsternannte Elite bauen seit Jahrzehnten individuelle Verstecke, da sie offenbar alle über Geheimwissen verfügen, demzufolge die Erde von einer globalen Katastrophe heimgesucht werden wird. Begleiten Sie uns auf die Reise zum Mittelpunkt der DUMBs und zu den geheimen Orten verborgener Experimente!

ENTHÜLLUNGEN ÜBER DIE MACHT DER GEHEIMBÜNDE, WIE DIESE DIE MENSCHHEIT SEIT JAHRHUNDERTEN PERFIDE UND VERBORGEN LENKEN

Der Insider Alfred von Staufen und sein Redaktions-Team haben nach jahrelanger Recherche brisante Informationen zusammengetragen, die unser Weltbild ins Wanken bringen.

In diesem Werk wird fundiert dargelegt, wie verschiedene Geheimbünde und Blutlinien mit einem „geheimen Pakt" omnipräsente Illusionen erschaffen haben, wie die Fälschung unserer Geschichte, die Existenz ganzer Kulturen und die Gesellschaft wie wir sie heute zu kennen glauben.

Ihre Organisationen verwenden zahlreiche Methoden, um die Manipulation der Menschheit still und heimlich zu implementieren. Sie benutzen die Medien und Prominente, damit ihre weitreichenden Pläne eine akzeptable Basis bei der Mehrzahl der Menschen finden.

Stichworte wie Agenda 2030 oder die Neue Weltordnung klingen wie platte Verschwörungstheorien, doch die vorliegenden Beweise sind erdrückend. Sie zeigen eindeutig, dass es nicht allein um ein Ziel in ferner Zukunft geht, sondern auch um den gegenwärtigen Weg, die Menschheit nach einem von den vermeintlichen Herrschern gewünschten Bild zu formen.

Lernen Sie die wahre Historie der Familie Rothschild kennen, welche Rolle die Pyramide der Macht spielt und warum der Tiefe Staat seine Operationen gegen die Menschheit ausführt!

Anhand von Beispielen aus der Vergangenheit, wie den Kreuzzügen der Templer, dem Schwur der Jesuiten, den Fragen, wer die Revolutionen in Frankreich und Russland steuerte, wer den 1. und den 2. Weltkrieg anzettelte und wer sein Wirken mithilfe einer Pandemie forcierte, wird klar:

Nichts ist wie es scheint. Politiker und andere Berühmtheiten aus Fernsehen und Sport mit Dreck am Stecken gehören entweder zum Establishment oder dienen einem bestimmten Zweck und werden deshalb geschützt. Missbrauch, Pädophilie und Einschüchterung bis hin zum rituellen Mord gehören zum Repertoire der Verschwörer in den Logen.

Die nicht unabhängige Denkfabrik Leopoldina diktiert heute das Leben in Deutschland und der Welt. Ihren Ursprung findet sie in einem dubiosen Wanderzirkus und wird zu einem wundersamen Erlöser für die Regierung in der Neuzeit.

Von Staufen beschreibt persönliche Erlebnisse und Erfahrungen, er deutet seinen familiären Hintergrund an und zeigt, obwohl oder gerade weil er die Vorfahren in einer Linie mit den Monarchien sieht, Möglichkeiten auf, der Täuschung durch angebliche Retter und Gruppen zu widerstehen – denn die gewollte Opposition ist nur Teil des Systems. Genau aus diesen Gründen ist die Majorität in einer „Blase" gefangen und weiß nicht wie kafkaesk die Wahrheit in manchen Bereichen ist. Wir sollten wieder Einigkeit praktizieren und uns auf das Einssein konzentrieren. Dieses Buch macht den Anfang!

WIE WIR ALLE VON DER MUSIKINDUSTRIE UND DEREN SINGENDEN UND TANZENDEN „PUPPEN“ MANIPULIERT WERDEN

Die moderne Musik und die Popstars, die in ihren Videoclips auftreten, erreichen mit ihren Messages Millionen von Fans auf der ganzen Welt, von Kindern über Jugendliche bis hin zu Erwachsenen.

Was in vielen Fällen auf den ersten Blick wie witzige künstlerische Kreativität, jugendliche Provokation oder stylische Ausdrucksweise erscheinen mag, ist vielmehr eine ausgeklügelte Symbolik, die offen aber auch verborgen in den Videos eingebaut ist, getragen von destruktiv wirkenden Textpassagen.

Transportiert werden diese abartigen und satanischen Elemente von TV-Sendern, Youtube-Kanälen, Sozialen Medien, auf großen Bühnen wie Preisverleihungen, Galas sowie gigantischen Shows wie dem Superbowl und landen direkt in den Gehirnen der schlafenden Konsumenten.

Doch nicht nur die breite Masse wird gehirngewaschen, sehr viele moderne Popstars stehen unter der Kontrolle von mächtigen Figuren im Hintergrund der okkulten Musikindustrie. Einige der „Künstler“ zeigen sogar öffentlich ihre Zugehörigkeit zu Geheimgesellschaften wie den Illuminati und Freimaurern.

Die produzierten Stars sind komplett fabrizierte Marketingprodukte. Sie sind nicht nur gecastete Schauspieler mit bestellten Songs, sondern ebenso unwissende Opfer von MKULTRA-Programmen, die bereits vor vielen Jahren ausgiebig getestet wurden.

In diesem Buch enthüllen wir was Popstars wie Madonna, Britney Spears, Christina Aguilera, Lady Gaga, Katy Perry, Miley Cyrus, Rihanna, Taylor Swift, Beyoncé, Billie Eilish, Justin Bieber, Eminem, Jay-Z, Kanye West, Justin Timberlake und Busta Rhymes in ihren rituellen Darbietungen wirklich ausdrücken wollen. Die Palette reicht von Pädophilie, Hexerei bis zur Präsentation der Neuen Weltordnung.

Komplettiert wird die Übersicht im Buch mit den dystopischen Visionen des Weltwirtschafsforums (WEF), welche Art von Welt nach der Corona-Pandemie für uns bereitsteht, während die Popstars bei der MET Gala den Wahnsinn der Elite öffentlich zelebrieren.

Final schreiben wir über Musiker, die das Impf-Narrativ anpreisen, wie „Die Ärzte“, Westernhagen, Neil Young und „Die Toten Hosen“, mit freundlicher Unterstützung der Massenmedien oder es kritisieren wie Eric Clapton oder Nena, die dafür medial bestraft werden.

Die im vorliegenden Buch aufgedeckte Agenda der Musikindustrie, deren Marionetten und deren „Kunstwerke“, soll Ihnen helfen zu entscheiden, was Sie und ihre Kinder hören und sehen wollen. Schützen Sie Geist und Herz, denn: Wer die falsche Musik hört, wird zu einer falschen Person!

Das ultimative Nachschlagewerk mit über 600 Bildern aus Videoclips, Presse und Sozialen Medien.

WIE FILMKUNST DAS LEBEN IMITIERT, IMITIERT DAS LEBEN DIE KUNST!

Was als „Unterhaltung“ angesehen wird, fungiert wie ein Behälter für sorgfältig ausgearbeitete Propagandastreifen, die das Publikum ebenso beeinflussen wie unterhalten sollen! Bei dem Spruch „Geld regiert die Welt“ winken viele Teile der Bevölkerung schnell resigniert, jedoch meist zustimmend ab. Die nächste Stufe besteht in der Feststellung, „Eliten“ würden die Welt regieren. Um aus der Resignation und Unwissenheit herauszuwachsen, bedarf es Informationen. Hollywood arbeitet nett und gelinde formuliert mit perfiden und gezielt eingesetzten „Tricks“, um die Konsumenten seiner Filme gezielt in Stimmungen und Denkmuster zu versetzen und dabei nicht zuletzt in eine hypnotisierte Masse zu verwandeln, dies bis zur Anwendung von Gedankenkontroll-Programmen.

In fünf Kapiteln wird in dieser fundiert recherchierten Untersuchung bis hin ins kleinste Detail von Filmsequenzen unzweifelhaft nachgewiesen, dass nichts, aber auch gar nichts dem Zufall überlassen wird.

Schattenregierungen, Revolutions-Terror, Dämonen-Kult, Freimaurer-Symbolik, Konditionierung, Größenwahn, Ankündigungen bzw. Verkündungen für die Zukunft und Symbolismus sind nur einige Aspekte, die in den Filmanalysen mit treffenden Beweisen aufgezeigt werden.

Unterhaltung kann eben auch „unten halten“, so der Plan. Lesen Sie die Analysen zu den Filmen wie z. B. „Der Pate“, „Goonies“, „Lost Boys“, „Akte X“, V wie Vendetta“, „Monty Python“, „Time Bandits“, „Der Exorzist“, „Poltergeist“, „Ghostbusters“, „Doctor Strange“, „Star Wars: Der Aufstieg der Skywalkers“, „Rogue One“, „E.T.“, „Star Trek“, „Idiocracy“, „Geostorm“, „Sie leben“, und ganz aktuell „Squid Game“ oder der Pandemie-Thriller „Songbird“ und bilden Sie sich als Zuschauer genannter Filme aus einer anderen Perspektive Ihre ganz eigene differenzierte Meinung, dieses Mal von einer anderen „Metaebene“.

Wer sich mit heute aktuellen Themen wie Klima, Pädophilie, Pandemie, Geopolitik, Gesellschaft und Fragen der Zukunft unserer menschlichen Existenz befassen möchte, kommt nicht daran vorbei, einen intensiven Blick auf die Hollywood-Industrie, auf deren „Promis“ und ihre wahren Ziele sowie auf „Agenden“ zu werfen, welche eindeutig mit entsprechenden Filmen vorangetrieben und regelrecht „feinstofflich“ eingetrichtert werden.

Alles, was wir täglich vor unseren Augen präsentiert bekommen, gehört zusammen und fügt sich wie Puzzleteile zu einem Gesamtbild zusammen. Dieses Buch hilft Ihnen dabei, weitere solcher Stücke zu entdecken und sie anschließend zu einem großen Ganzen zusammenzufügen.

Quellenverzeichnis

(1) https://www.projectveritas.com/news/antifa-practice-things-like-an-eye-gouge-it-takes-very-little-pressure-to/

(2) https://www.youtube.com/watch?v=PU0YDyThImk

(3) https://www.pravda-tv.com/2015/09/hinter-den-kulissen-der-vereinten-nationen-wer-wirklich-das-sagen-hat/

(4) https://www.pravda-tv.com/2015/12/keine-macht-ohne-drogen-vom-british-empire-bis-zur-neuen-weltordnung-videos/

(5) https://www.thenewhumanitarian.org/news/2020/06/25/UN-car-misconduct-Israel-investigation

(6) https://twitter.com/innercitypress/status/1275510127806865408

(7) https://www.thesun.co.uk/news/politics/5562215/un-aid-workers-raped-60000-people-as-its-claimed-organisation-employs-3300-paedophiles/

(8) https://www.pravda-tv.com/2016/01/die-bizarrsten-straftaten-der uno-173-kilo-marihuana-kinderpornografie-und-eine-kettensaege/

(9) http://www.thedailybeast.com/articles/2016/01/05/feds-go-looking-for-isis-find-child-porn-instead.html

(10) http://m.nextgov.com/defense/2016/05/feds-have-found-unbelievable-amounts-child-porn-national-security-computers-solution/127944/?&utm_term=*Situation%20Report

(11) http://www.dodig.mil/fo/Foia/PDFs/OperationFlickerReports-July2010pdf.pdf

(12) http://www.thedailybeast.com/articles/2015/03/16/the-sickening-child-porn-crisis-infecting-u-s-government-agencies.html

(13) http://www.mcclatchydc.com/news/special-reports/article24766585.html

(14) http://archive.boston.com/news/nation/washington/articles/2011/01/08/pentagon_vows_action_on_porn cases/

(15) https://www.pravda-tv.com/2016/05/kinderpornografie-unwissen-bei-der nsa-und-datenverlust-bei-der-britischen-regierung-videos/

(16) http://www.spiegel.de/politik/deutschland/bundestag-staatsanwaltschaft-ermittelt-wegen-kokain-verdachts-a-100925.html

(17) https://www.bz-berlin.de/archiv-artikel/auf den-toiletten-der-gruenen-wurde-das-meiste-kokain im reichstag-gefunden

(18) https://jungefreiheit.de/politik/deutschland/2021/lauterbach-drogenmythos/

(19) https://hanfjournal.de/2022/12/11/lauterbachs-fehler-bei-der-legalisierung/

(20) https://hanfjournal.de/2023/01/08/holetschek-denkt-cannabislegalisierung-waere-fahrlaessig/
(21) https://www.msn.com/de-de/nachrichten/panorama/holetschek-warnt-cannabis-legalisierung-belastet-gesundheitssystem-w%C3%A4re-fahrl%C3%A4ssig/ar-AA165Jab
(22) https://humansbefree.com/2020/04/the-characteristics-of-an-initiation-ritual-into-the-new-world-order.html
(23) https://www.clintonfoundation.org/sites/default/files/2016_q2_programmatic_update.pdf
(24) Quelle: https://steemit.com/news/@rebelskum/the-cost-of-courage-part-v-monica-petersen-and-the-horrors-in-haiti
(25) https://www.pravda-tv.com/2020/09/das-tuerknopfopfer-ritual-zwoelf-selbstmorde-von-prominenten-im-zusammenhang-mit-vertuschungen-von-paedophilie-videos/
(26) https://www.youtube.com/watch?v=zp5IgxPhee4
(27) https://www.pravda-tv.com/2020/10/ein-opfer-packt-aus-satanische-rituale-folter-und-mord-das-schreckliche-geheimnis-der-maechtigen-und-reichen-video/
(28) https://secure.avaaz.org/community_petitions/nl/MARK_RUTTE_president_of_the_netherlands_STOP_Child_hunting_Child_trafficking_and_satanic_ritual_Child_abuse/
(29) https://web.archive.org/web/20190109093034/http://itccs.org/
(30) http://murderbydecree.com/the-itccs-org-archive/#page-content
(31) http://murderbydecree.com/what-is-the-international-common-law-court-of-justice/#page-content
(32) https://pacificmountain.ca/wordpress2017/wp-content/uploads/2018/11/Annett-Statement-18-11.pdf
(33) https://www.eyeopeningtruth.com/the-hunt-overwhelming-evidence-elite-worldwide-guilty/
(34) https://cathyfox.wordpress.com/2020/07/26/human-hunting/
(35) https://www.cover-up-newsmagazine.de/satanisten-politik-milit-r-2
(36) https://www.cover-up-newsmagazine.de/satanisten-politik-milit-r-2
(37) https://www.pravda-tv.com/2021/08/sie-jagen-missbrauchen-und-toeten-kinder-das-schrecklich-dunkle-geheimnis-der-paedo-eliten/
(38) https://www.gospanews.net/en/2020/07/22/4thousand-toddlers-raped-chilling-report-by-italian-priest-who-helps-police-in-pedophiles-hunting/
(39) https://www.pravda-tv.com/2020/08/tausende-kleinkinder-vergewaltigt-schrecklicher-bericht-einer-organisation-die-der-polizei-bei-der-jagd-auf-paedophile-hilft/
(40) https://www.winterwatch.net/2021/12/the-fbi-declassifies-files-on-the-finders-child-trafficking-case-involving-mcmartin-preschool/
(41) https://created4health.org/unmasking-who-is-behind-the-plandemic-and-

rioting-to-usher-in-the-new-world-order/
(42) https://medicalkidnap.com/2019/10/21/christian-churches-redefine-the-meaning-of-orphan-to-justify-participating-in-child-trafficking/
(43) https://medicalkidnap.com/2019/10/21/christian-churches-redefine-the-meaning-of-orphan-to-justify-participating-in-child-trafficking/
(44) https://www.bitchute.com/video/TNyNj9l9ald7/
(45) https://www.youtube.com/embed/0Ccx18RJI0o?feature=oembed&enablejsapi=1
(46) https://www.huffpost.com/entry/all-the-presidents-women-barry-levine-monique-el-faizy_n_5db064d3e4b0048fac31b5a0
(47) https://www.bitchute.com/video/YlASzbTLFzev
(48) https://truthnews.de/geleakte-dokumente-kinder-wegen-adrenochrom-inhaft/
(49) https://ufile.io/f/p4bxk
(50) https://www.pravda-tv.com/2022/06/neue-beweise-fuer-adrenochromfabrik-frau-findet-liste-mit-namen-von-gefolterten-kindern-auf-usb-stick-videos/
(51) https://vigilantcitizen.com/vigilantreport/the-occult-symbolism-of-the-2012-olympics-opening-and-closing-ceremonies/
(52) Julian Kennedy „Baal-Anbetung“
(53) https://www.pravda-tv.com/2022/08/ein-ritual-fuer-baal-die-okkulte-symbolik-in-der-eroeffnungszeremonie-der-commonwealth-spiele-2022/
(54) https://vigilantcitizen.com/vigilantreport/theres-something-terribly-wrong-with-balenciaga-and-the-rabbit-hole-goes-deep/
(55) https://gorsad-kyiv.com/
(56) https://vigilantcitizen.com/vigilantreport/theres-something-terribly-wrong-with-gorsad-kyiv-and-its-somehow-worse-than-balenciaga/
(57) https://www.tagesschau.de/ausland/europa/osze-menschenhandel-101.html
(58) https://vigilantcitizen.com/vigilantreport/theres-something-terribly-wrong-with-gorsad-kyiv-and-its-somehow-worse-than-balenciaga/
(59) https://www.pravda-tv.com/2022/11/fussball-fifa-und-die-weltmeisterschaft-als-okkultes-ritual/
(60) http://www.neonnettle.com/tags/hillary-clinton
(61) https://www.youtube.com/user/Sibylla31
(62) https://www.conspiracies.net/rothschild-conspiracy/
(63) https://www.pravda-tv.com/2018/05/rothschilds-in-untersuchung-ueber-paedophilenring-der-elite-verwickelt/
(64) https://bigleaguepolitics.com/rothschilds-and-nxivm-sex-cult-tied-to-alleged-sex-trafficking-land-in-tuscon/
(65) http://bostonreview.net/world/jake-johnston-haiti earthquake-aid-caracol
(66) https://thefreethoughtproject.com/selected-elected-rothschild-holds-100000-plate-dinner-fundraiser-guess/

(67) https://blogs.wsj.com/washwire/2016/05/13/hillary-clinton-hosts-100000-a-head-fundraisers/
(68) https://blogs.wsj.com/washwire/2016/05/13/hillary-clinton-hosts-100000-a-head-fundraisers/
(69) https://wikileaks.org/clinton-emails/emailid/250
(70) https://wikileaks.org/clinton-emails/emailid/1570
(71) https://wikileaks.org/clinton-emails/emailid/1570)
(72) https://thefreethoughtproject.com/nxivm-sex-trafficking-slavery-cult-arrest/
(73) https://thefreethoughtproject.com/nxivm-sex-trafficking-slavery-cult-arrest
(74) https://www.pravda-tv.com/2018/06/neues-indiz-fuer-paedophilie-ring-von-rothschilds-clintons-und-nxivm-sexkult-disney-und-legoland-mitarbeiter-wegen-kinderpornografie-verhaftet-videos/
(75) https://www.clintonfoundation.org/press-releases/president-clinton-prime-minister-chastanet-and-president-figueres-open-historic-3mw
(76) https://archive.fo/Imd9S
(77) http://siteresources.worldbank.org/INTHAITI/Resources/Caribbe-anC&VChapter7.pdf
(78) https://archive.fo/Iqg4R
(79) https://www.coreysdigs.com/wp-content/uploads/2018/06/282798.pdf
(80) https://fas.org/sgp/crs/row/RL33200.pdf
(81) https://www.coreysdigs.com/wp-content/uploads/2018/08/Ten-Island-Chal-lenge-Prodoct-Document.pdf
(82) https://archive.fo/BtvE2
(83) https://www.justice.gov/psc
(84) https://www.justice.gov/opa/pr/more-2300-suspected-online-child-sex-offen-ders-arrested-during-operation-broken-heart
(85) https://archive.fo/sQorA
(86) https://archive.fo/LhN6C
(87) https://archive.fo/6EVlF
(88) https://archive.fo/irGDp
(89) https://archive.fo/gqTXq
(90) https://www.foreign.senate.gov/imo/media/doc/022714_Hearing_Testi-mony%20-%20Ernie%20Allen.pdf
(91) https://polarisproject.org/human-trafficking/facts
(92) https://archive.fo/LLAIY
(93) https://www.clintonfoundation.org/clinton-global-initiative/commitments
(94) https://annekelucas.com/
(95) http://www.nytimes.com/1996/09/12/news/king-forced-to-step-in-pedophile-scandal-just-one-of-many-belgiums.html
(96) http://news.bbc.co.uk/2/hi/europe/1774436.stm
(97) https://isgp-studies.com/belgian-x-dossiers-of-the-dutroux-affair

(98) https://www.nytimes.com/topic/person/marc-dutroux
(99) http://www.nytimes.com/1996/10/21/world/275000-in-belgium-protest-handling-of-child-sex-scandal.html
(100) http://www.nytimes.com/2004/06/18/world/belgian-man-is-convicted-of-raping-and-killing-girls.html?_r=1
(101) https://www.pravda-tv.com/2020/09/paedo-netzwerk-mein-name-ist-anneke-lucas-mit-6-wurde-ich-zur-sexsklavin-fuer-europas-elite-videos/
(102) https://leozagami.com/2020/02/05/the-vatican-the-british-royals-and-the-global-pedophile-ring-unleash-the-coronavirus/
(103)https://www.pravda-tv.com/2020/05/elon-musk-nimm-die-rote-pille-%e2%80%92-brief-ueber-seine-mysterioese-illuminati-abstammung-aufgetaucht-videos/
(104) https://vigilantcitizen.com/sinistersites/sinister-sites-the-georgia-guidestones/
(105) https://www.pravda-tv.com/2016/02/bill-gates-impfen-ist-die-beste-art-der-bevoelkerungsreduktion-video/
(106) https://www.pravda-tv.com/2022/10/redner-des-weltwirtschaftsforums-scherzen-ueber-entvoelkerung-videos/
(107) https://www.pravda-tv.com/2022/12/the-economist-titelbild-mysterium-zeigen-uns-die-rothschilds-wie-die-welt-naechstes-jahr-aussehen-wird/
(108) Lynn Picknett und Clive Prince: „The Templar Revelation: Secret Guardians of the True Identity of Christ"
(109) https://www.pravda-tv.com/2017/08/die-okkulte-bedeutung-von-prinzessin-dianas-tod-und-ihre-gedenkstaetten-videos/
(110) https://www.youtube.com/watch?v=tuugKNRpS3w
(111) https://www.newidea.com.au/prince-harry-real-dad-mark-dyer
(112) http://www.news.de/promis/855654358/herzogin-kate-und-prinz-william-cousine-und-cousin-royals-queen-elizabeth-und-prinz-philip-verwandt-inzest-im-britischen-koenigshaus/1
(113) https://www.watson.ch/international/royals/156888397-meghan-markle-ist-verwandt-mit-prinz-harry-aber-auch-mit-9-us-praesidenten-und-james-dean
(114) https://en.wikipedia.org/wiki/John_Hussey,_1st_Baron_Hussey_of_Sleaford
(115) https://www.pravda-tv.com/2018/06/prinz-harry-meghan-markle-die-dunklen-geheimnisse-hinter-ihrer-angeblichen-maerchenhochzeit-videos/
(116) https://www.pravda-tv.com/2022/09/queen-elisabeth-ii-starb-am-08-09-2022-einem-besonderen-datum/
(117) https://www.pravda-tv.com/2022/08/die-178-simulationskuppeln-die-zahl-88-donald-trump-und-der-sogenannte-anti-christ/
(118) bis (120) https://www.pravda-tv.com/2022/07/was-sind-simulationskuppeln-und-warum-erklaeren-sie-die-gesamte-geschichte/
(121) https://www.pravda-tv.com/2022/09/queen-elisabeth-ii-starb-am-08-09-

2022-einem-besonderen-datum/
(122) https://www.kath.net/news/79473
(123) https://leozagami.com/2019/10/14/the-antichrist-fatima-prophecies-and-prince-charles-in-rome/
(124) https://www.pravda-tv.com/2022/09/nwo-eliten-jubeln-wef-marionette-wird-king-charles-iii-video/
(125) https://www.pravda-tv.com/2016/01/unterdruecktes-wissen-energetische-eigenschaften-traditioneller-kleidung-und-natuerlicher-lebensweise-videos/
(126) https://www.pravda-tv.com/wp-content/uploads/2021/03/videoplayback.mp4
(127) https://www.pravda-tv.com/2021/01/david-icke-im-interview-qanon-donald-trump-und-das-erloeser-programm-video/
(128) https://www.pravda-tv.com/2023/01/die-versuchungen-dunkler-maechte-ein-maerchen-aus-1-001-nacht-die-gute-laune-schlaf-schaf-text-nachricht/
(129) https://www.vice.com/en/article/5d3a5a/qanon-twitter-returns
(130) https://en.wikipedia.org/wiki/Ground_Crew_Project
(131) https://www.pravda-tv.com/2022/11/digitales-schlachtfeld-qanon-ist-zurueck-auf-twitter-elon-musk-als-gatekeeper-und-es-wird-noch-schlimmer/
(132) https://www.youtube.com/watch?v=QMrqjFRUy5Q
(133) https://www.nytimes.com/2018/08/14/us/catholic-church-sex-abuse-pennsylvania.html
(134) https://en.wikipedia.org/wiki/Settlements_and_bankruptcies_in_Catholic_sex_abuse_cases
(135) https://www.theguardian.com/uk-news/2017/jul/03/haut-de-la-garenne-house-of-horror-investigation-brought-jersey-abuse-to-light
(136) https://www.blogger.com/blogin.g?blogspotURL=https://empireexposed.blogspot.com/2018/10/chapter-20-savile-occult-death-cult.html&type=blog&bpli=1&pli=1
(137) https://sspx.org/en
(138) https://www.theamericanconservative.com/sspx-abuse-scandal-mainstream-media/
(139) https://www.theguardian.com/world/2017/mar/03/mass-grave-of-babies-and-children-found-at-tuam-orphanage-in-ireland
(140) https://www.bbc.com/news/uk-scotland-48559590
(141) https://jaysanalysis.com/2021/06/29/ritual-abuse-criminal-organizations-in-roman-catholicism/
(142) https://bartoll.se/2023/02/magnitude-78-earthquake-ritual-turkey-syria/
(143) https://bartoll.se/2023/02/feb11-2023-ufo-shot-down-canada-ritual/

Bildquellen

(1) https://yogaesoteric.net/en/agenda-21-the-plan-to-kill-you/
(2) https://www.unodc.org/documents/crop-monitoring/Afghanistan/Afghanistan_Opium_Survey_2021.pdf
(3) https://www.facebook.com/ynetenglish/posts/741507776676788/
(4) bis (6)https://www.pravda-tv.com/2020/09/das-tuerknopfopfer-ritual-zwoelf-selbstmorde-von-prominenten-im-zusammenhang-mit-vertuschungen-von-paedophilie-videos/
(7) und (8) https://cathyfox.wordpress.com/?s=barnett
(9) http://www.evolveandascend.com/wp-content/uploads/2016/08/Galactic_quadrants-1440x849.png
(10) https://twitter.com/jennajameson/status/1284336075968704512
(11) https://www.pravda-tv.com/2022/06/die-menschenjagdpartys-des-neunten-kreise-und-der-elite/
(12) wie (13) https://www.cover-up-newsmagazine.de/satanisten-politik-milit-r-2
(14) bis (17) https://www.pravda-tv.com/2021/08/sie-jagen-missbrauchen-und-toeten-kinder-das-schrecklich-dunkle-geheimnis-der-paedo-eliten/
(18) https://www.pravda-tv.com/2020/08/tausende-kleinkinder-vergewaltigt-schrecklicher-bericht-einer-organisation-die-der-polizei-bei-der-jagd-auf-paedophile-hilft/
(19) https://www.winterwatch.net/2021/12/the-fbi-declassifies-files-on-the-finders-child-trafficking-case-involving-mcmartin-preschool/
(20) bis (26) https://www.pravda-tv.com/2022/06/neue-beweise-fuer-adrenochromfabrik-frau-findet-liste-mit-namen-von-gefolterten-kindern-auf-usb-stick-videos/
(27) https://installations.militaryonesource.mil/military-installation/presidio-of-monterey-dli-flc/housing/government-housing
(28) bis (34) https://www.pravda-tv.com/2022/06/neue-beweise-fuer-adrenochromfabrik-frau-findet-liste-mit-namen-von-gefolterten-kindern-auf-usb-stick-videos/
(35) bis (48) https://www.pravda-tv.com/2022/08/ein-ritual-fuer-baal-die-okkulte-symbolik-in-der-eroeffnungszeremonie-der-commonwealth-spiele-2022/
(49) bis (66) https://vigilantcitizen.com/vigilantreport/theres-something-terribly-wrong-with-balenciaga-and-the-rabbit-hole-goes-deep/
(67) bis (69) https://vigilantcitizen.com/vigilantreport/theres-something-terribly-wrong-with-gorsad-kyiv-and-its-somehow-worse-than-balenciaga/
(70) bis (95) https://vigilantcitizen.com/vigilantreport/theres-something-terribly-wrong-with-gorsad-kyiv-and-its-somehow-worse-than-balenciaga/
(96) bis (103) https://www.pravda-tv.com/2022/11/fussball-fifa-und-die-weltmeisterschaft-als-okkultes-ritual/

(104) bis (106) https://www.pravda-tv.com/2018/06/neues-indiz-fuer-paedophilie-ring-von-rothschilds-clintons-und-nxivm-sexkult-disney-und-legoland-mitarbeiter-wegen-kinderpornografie-verhaftet-videos/
(107) bis (109) https://www.coreysdigs.com/clinton-foundation/shipwrecked-on-ten-islands-with-clintons-branson/
(110) https://en.wikipedia.org/wiki/International_Centre_for_Missing_%26_Exploited_Children#Board_of_directors
(111) https://www.blesk.cz/clanek/zpravy-krimi/444811/sokujici-zpoved-detske-otrokyne-anneke-od-6-let-slouzila-pedofilum.html
(112) https://twitter.com/elonmusk/status/1262076474565242880
(113) bis (128) https://vigilantcitizen.com/latestnews/the-georgia-guidestones-completely-demolished-following-explosion/
(129) https://www.pravda-tv.com/2022/12/the-economist-titelbild-mysterium-zeigen-uns-die-rothschilds-wie-die-welt-naechstes-jahr-aussehen-wird/
(130) bis (138) https://www.pravda-tv.com/2017/08/die-okkulte-bedeutung-von-prinzessin-dianas-tod-und-ihre-gedenkstaetten-videos/
(139) und (140) https://www.pravda-tv.com/2018/06/prinz-harry-meghan-markle-die-dunklen-geheimnisse-hinter-ihrer-angeblichen-maerchenhochzeit-videos/
(141) https://de.wikipedia.org/wiki/Katharina_von_Aragon
(142) https://www.dailymail.co.uk/femail/article-1299794/How-Prince-William-Kate-Middleton-related-thanks-Tudor-tyrant.html
(143) und (144) Netzfund auf Facebook
(145) https://wall.alphacoders.com/by_sub_category.php?id=211684&name=Under+The+Dome+Wallpapers
(146) https://www.mdm.de/muenzwelt/lexikon-a-z/muenzlexikon-b/bartkopeken
(147) https://www.contarcuentos.com/2019/06/danza-sufi/
(148) Netzfund
(149) https://www.microscopemaster.com/chromosomes.html
(150) https://m.media-amazon.com/images/I/51xhOv2WMDL.jpg
(151) https://m.media-amazon.com/images/I/61my7BHxRpL.jpg
(152) https://www.vice.com/en/article/5d3a5a/qanon-twitter-returns
(153) bis (155) https://www.pravda-tv.com/2022/11/digitales-schlachtfeld-qanon-ist-zurueck-auf-twitter-elon-musk-als-gatekeeper-und-es-wird-noch-schlimmer/
(156) https://jaysanalysis.com/2021/06/29/ritual-abuse-criminal-organizations-in-roman-catholicism